本书系贵州财经大学引进人才科研启动项目"绩效考核与国有企业投资结构优化"（2019YJ019）的阶段性研究成果；本书受贵州财经大学学术专著出版资助基金资助

EVA 考核、负债融资与企业投资效率

EVA Performance Evaluation,
Debt Financing and Corporate
Investment Efficiency

李昕潼　著

中国社会科学出版社

图书在版编目（CIP）数据

EVA 考核、负债融资与企业投资效率/李昕潼著．—北京：中国社会科学出版社，2021.9

ISBN 978 - 7 - 5203 - 9012 - 5

Ⅰ.①E…　Ⅱ.①李…　Ⅲ.①国有企业—企业管理—研究—中国　Ⅳ.①F279.241

中国版本图书馆 CIP 数据核字（2021）第 179893 号

出　版　人	赵剑英	
责任编辑	刘晓红	
责任校对	周晓东	
责任印制	戴　宽	

出　　　版	中国社会科学出版社	
社　　　址	北京鼓楼西大街甲 158 号	
邮　　　编	100720	
网　　　址	http://www.csspw.cn	
发　行　部	010 - 84083685	
门　市　部	010 - 84029450	
经　　　销	新华书店及其他书店	

印　　　刷	北京君升印刷有限公司	
装　　　订	廊坊市广阳区广增装订厂	
版　　　次	2021 年 9 月第 1 版	
印　　　次	2021 年 9 月第 1 次印刷	

开　　　本	710×1000　1/16	
印　　　张	15.75	
插　　　页	2	
字　　　数	235 千字	
定　　　价	88.00 元	

前　言

投资是促进经济增长的重要推动力。近年来，我国企业投资总额不断攀升，并一直保持着较高的增长速度；然而，规模扩大的背后却隐藏了低投资效率隐患。尤其是国有企业，非效率投资问题尤为严重。为解决国有企业非效率投资问题、引导国有企业投资由"规模化"向"价值化"转变，国务院国有资产监督管理委员会（以下简称"国资委"）于2009年出台了《中央企业负责人经营业绩考核暂行办法》，引入经济增加值（Economic Value Added，EVA）指标，用其替代了原有的净资产收益率（ROE）指标，建立了以经济增加值为核心的考核指标体系，自2010年，即中央企业负责人考核的第三任期，开始在中央企业范围内全面实施。此后，多个省、自治区和直辖市的国有资产管理部门积极响应中央号召，陆续在其所属的国有控股企业中对企业高管全面推行EVA考核。现如今，EVA考核在中央企业实施已有十一年之久，其对非效率投资的治理效果也获得了理论界和实务界的普遍肯定。随着EVA考核的推广与深入，国资委对其提出了新的要求，并做以部署。2014年年初，国资委出台了《关于以经济增加值为核心加强中央企业价值管理的指导意见》，以正式文件的形式在中央企业的管理中引入以EVA为核心的价值管理理念，争取通过EVA价值管理工具实现资本结构更加优化、资本运营更有效率，从而全面提升企业核心竞争能力。2016年12月，国资委印发了《中央企业负责人经营业绩考核办法》，再次强调要加强国有资产监管的要求，突出经济增加值考核。通过经济增加值考核，着力引导企业资本投向更加合理，资本结构更加优化。那么，国资委是否能够通过 EVA 考核实现优化投融资结构的初衷？其与现阶段其他国有企业改革政策是否存在矛盾冲突？在 EVA 考核全面进入"完善阶段"，探讨以上问题具有一定的理论与现实意义。

基于此，本书以 2005—2014 年我国沪深两市 A 股中央企业和民营企业上市公司为研究样本，采用双重差分法检验了 EVA 考核对非效率投资和负债融资的作用影响。在此基础上，本书将负债作为 EVA 考核影响非效率投资的间接因素，采用温忠麟和叶宝娟（2014）提出的新中介检验流程和 Bootstrap 系数检验法，检验了负债融资在此过程中发挥的作用。本书具体结论总结如下：

（1）EVA 考核影响企业非效率投资的实证结果显示：①实施 EVA 考核后，中央企业的总体非效率投资水平、总体过度投资水平和总体投资不足水平均显著降低。②实施 EVA 考核后，中央企业固定资产过度投资水平、无形资产过度投资水平和长期金融资产过度投资水平均显著降低，且下降幅度按大小排列，分别为无形资产过度投资、长期金融资产过度投资、固定资产过度投资。③实施 EVA 考核后，中央企业的研发投资不足水平明显下降。该结果表明：EVA 考核能够治理中央企业非效率投资行为，其不仅能够对过度投资起到有效的抑制作用，同时也能够在一定程度上缓解企业投资不足。此外，基于 EVA 考核对非效率投资的影响以及作用机理，其也能够治理由代理问题所产生的不同类别的非效率投资，从而有效缓解不同类别资产之间存在的相互挤占问题、优化投资结构。但 EVA 考核对不同类别的过度投资的作用程度不同。这主要是由于不同性质的资产所产生的代理问题程度不同。由此也说明，EVA 考核的治理效果与引发非效率投资的代理问题的程度有直接关系，委托代理问题越严重，EVA 考核的作用效果越明显。

（2）EVA 考核影响负债融资的实证结果显示：①EVA 考核实施后，中央企业的总体负债水平显著提升；②EVA 考核实施后，中央企业的金融性负债水平显著提高，但经营性负债水平没有明显变

化；③EVA考核实施后，中央企业的长期借款水平和短期借款水平
均有所提高。相对而言，短期借款水平提高的程度要高于长期借
款。该结果表明，实施EVA考核对中央企业提高整体负债水平具有
一定的促进作用。这种促进作用主要依靠于金融性负债水平的提
高，而非经营性负债。此外，EVA考核对长期借款水平和短期借款
水平均起到了提升作用，但其对两者的作用效果却有一定差别。这
种差别源自于两种借款的期限差异。这也间接证实了债务存在异质
性。可以说，实施EVA考核能够通过提升负债水平对融资结构产生
一定的影响。对于低杠杆的中央企业而言，这种作用无疑是积极
的。实施EVA考核后，中央企业管理者更倾向于使用债务融资，管
理者能够更加充分地利用杠杆效应，从而实现企业价值提升。这与
国资委大力推行EVA考核、并希望通过EVA考核的实施实现"资
本结构优化"的初衷相吻合，说明EVA考核在中央企业资本结构调
整方面发挥了一定的作用。然而，对于高杠杆的中央企业而言，负
债水平的提高会加剧中央企业的财务风险，不仅使其陷入低效的陷
阱，也会给宏观经济增加动荡。同时，这也对国有企业现阶段"去
杠杆"政策产生了一定的负面影响。

（3）间接效应结果显示：①金融性负债在EVA考核治理中央
企业总体非效率投资过程中发挥了遮掩作用，即金融性负债的增加
加剧了非效率投资的程度。这种遮掩作用主要是由金融性负债加剧
了中央企业过度投资所造成的，在EVA缓解投资不足过程中间接作
用不显著。②长期银行借款在EVA治理非效率投资的过程中表现出
遮掩效应。这种遮掩效应主要表现在EVA考核抑制过度投资的过程
中；在EVA缓解投资不足过程中不存在间接效应。③短期银行借款
的增加并没有影响到EVA考核治理非效率投资的效果，并未表现出
间接效应。该结果表明，在EVA治理非效率投资的过程当中，负债
的增加在一定程度上掩盖了EVA考核的治理效果，尤其是对过度投
资的治理效果；说明在这个过程中负债表现出资产替代效应。负债
表现资产替代效应的前提是股东与经理人的利益趋于一致。因此，

该结论间接说明 EVA 考核的确能够缓解股东和经理人之间的利益冲突，有效缓解股东与经理人之间的代理问题。此外，不同期限的银行借款的间接效果不同，说明不同期限结构的负债所导致的股东与债权人的利益冲突程度存在差异，再次证明了债务异质性的存在。

本书的创新主要体现在以下三个方面：

第一，本书对总体非效率投资的考察不仅包括以往研究所指的实物资产投资，还涵盖了金融类资产投资；且又根据资本投向所固化的资产形态将投资进一步细化为固定资产投资、无形资产投资、长期金融资产投资和研发投资，并深入检验了 EVA 考核对总体非效率投资，以及不同类别项目的非效率投资的作用效果，更为深入地识别了 EVA 考核影响投资活动的不同路径和效果差异性。

第二，本书深入分析了 EVA 考核影响负债融资的作用机理。首次检验了 EVA 考核对总体负债水平的影响。本书基于企业负债的异质性特征，从负债来源维度和期限维度对其进行了区分，并分别检验了 EVA 考核对经营性负债和金融性负债、长期银行借款和短期银行借款的作用影响，将 EVA 考核的经济后果研究推进到融资领域。

第三，本书将负债融资纳入 EVA 考核影响企业非效率投资的分析框架中，首次将负债作为中介变量，考察负债融资在 EVA 考核影响企业非效率投资过程中所发挥的遮掩作用，建立了 EVA 考核、负债融资与企业非效率投资的理论框架，进一步拓展了 EVA 考核与企业投资效率的研究视角。

Preface

Investment is an important driver of economic growth. In recent years, the social capital investment is increasing with high speed. However, low efficiency of the investment becomes a hidden trouble of this large size model of the investment. There is a serious problem of inefficient investment existing in the corporation of China, especially in State – owned enterprises (SOEs) . In order to solve this problem and guide SOEs to change the investment model from "Scale – base" to "Value base", State – Owned Assets Supervision and Administration Commission of the State Council introduced Economic Value Added (EVA) into the "Interim Procedures of Performance Evaluation for the Head of Central Enterprise" as one of the annual assessment indicators, and used it to replace ROE in 2009. The performance evaluation system with EVA as central was built and put into effect in 2010 in the whole central enterprises. Successively, Local State – owned enterprises implement EVA performance evaluation in order to response to the call of State – Owned Assets Supervision and Administration Commission of the State Council. Today, EVA performance evaluation has been implemented for more than 8 years in Central Enterprises. Its governance effect of inefficient investment has been affirmed by both academic and practical departments. With deep popularization and application of EVA performance evaluation, new requirements raised. In 2014, State – Owned Assets Supervision and Administration Commission of the State Council introduced "Guiding of Value Management with EVA as Central", and treated EVA as a tool of value management of central enterprises. The purpose is to achieve capital structure optimization, capital operation efficiency, and core competitive ability increasing. In December of 2006, State – Owned Assets Supervision and Administration Commission of the State Council distributed "Procedures of Performance Evaluation for the Head of Central Enterprise", and re – emphasized the role of EVA performance evaluation. It pointed out that SOEs need to strengthen supervision of state – owned capital and put EVA performance evaluation in the first place so that to achieve the optimization of investment and financing structure. Can EVA performance evaluation achieve its duty which State – Owned Assets Supervision and Administration Commission of the State Council introduced wished? Whether there are conflicts with other policies of the reform of state – owned enterprises? It is important to find the answer of these questions above during the reform of SOEs.

Therefore, this research uses Difference – in differences Model to examine the effect of EVA performance on inefficient investment with data of both central listed companies and private listed companies during 2005 to 2014. Moreover, the paper takes debt as an indirect factor to examine its effect during EVA performance inhibiting inefficient investment by using Intermediary Effect Procedure Test Model and Bootstrap Test measurement. The results and the conclusions as follow:

(1) Results for the effects of EVA performance evaluation on inefficient investment are: ①The level of total inefficient investment, total over – investment and total under – investment of central enterprises decreased after EVA performance evaluation implemented. ②The level of over – investment of fixed assets, intangible assets, and long – term equity and debt of central enterprises are decreased after EVA performance evaluation implemented. ③The level of under – investment of R&D decreased of central enterprises after EVA performance evaluation implemented. The results mean

that EVA performance evaluation can solve the problem of inefficient investment through not only decreasing over – investment level but decreasing under – investment level. Moreover, EVA performance can solve the problem that different assets occupied through decreasing inefficient investment level of different assets. Therefore, it can achieve the purpose of investment structure optimization. There is one thing to note that there are different effects on different kinds of over – investment, because different principal – agent problem that different nature of asset has. It proves that how EVA performance evaluation perform depend on the degree of principal – agent problem.

(2) Results for the effects of EVA performance evaluation on debt financing: ① The level of total debt increased of central enterprises increased after EVA performance evaluation implemented. ②The level of financial debt of central enterprises increased after EVA performance evaluation implemented. However, operating debt has no changed. ③Both long – term and short – term bank loan of central enterprises increased after EVA performance evaluation implemented. The change range of short – term loan is large than short – term one. The results mean that EVA performance evaluation has positive effect on increasing total debt level though increasing financial debt, not operating debt. It can be said that EVA performance evaluation has effect on financing structure though increasing debt level. It is positive to enterprise with low leverage ratio. However, it has disadvantage effect to those which has high leverage ratio. Therefore, it means that there is conflict between EVA performance evaluation and "Leverage Cut" policy.

(3) The results of indirect effect of debt financing shows: ①Financial debts put up suppression effect during EVA performance decreasing inefficient investment. It shows out this effect through aggravating over – investment not under – investment. ② Long – term bank loan put up suppres-

sion effect during EVA performance decreasing inefficient investment. It shows out this effect through aggravating over – investment not under – investment. ③Short – term bank loan is not indirect factor between EVA performance evaluation and inefficient investment. The results mean the increase of financial debt, especially long – term bank debts, weaken the govern effect of EVA. That means asset replacement effect of debt present during EVA performance evaluation effect on inefficient investment, especially on over – investment. Furthermore, it proves that EVA performance evaluation can shut down the degree of principal – agent problem.

The possible innovations are mainly embodied in the following three aspects:

(1) The paper considers not only the investment of physical assets as normal literature did, but also financing assets. Moreover, it categories fix assets over – investment, intangible assets over – investment, long equity and debt over – investment, and R&D under – investment. Furthermore, it examines the effects of EVA performance evaluation on each of them, so that to recognize the different effects and paths EVA performance evaluation effect on different categories inefficient investment.

(2) The paper analyzed how EVA performance evaluation effect on debt financing. It is the first time to examine the effect EVA performance evaluation on debt level. Furthermore, the paper categories debt to operating debt, financial debt, long – term bank loan and short – term bank loan based on the heterogeneity of debt. And then examines the effects that EVA performance evaluation on each of them. It widens the economic consequence research of EVA performance evaluation to the financing areas.

(3) The paper introduced debt financing to the framework that EVA performance evaluation and inefficient investment. It is the first time to examine debt's suppression effects during EVA performance decreasing the inefficient investment level by treating debt as an indirect factor. It builds a

framework among EVA performance evaluation, debt financing and ineffi-cient investment, and widen the horizon of the research between EVA per-formance evaluation and inefficient investment.

目　录

第一章

绪　论

第一节　选题背景与研究意义

一　选题背景

投资是促进经济增长的重要推动力。近年来，我国全社会固定资产投资总额不断攀升，并一直保持着较高的增长速度。然而，投资效率却不容乐观；尤其是国有企业，非效率投资问题尤为严重。这主要是由我国国有企业特殊的产权特征所导致的。由于国有产权虚化，"内部人控制"现象普遍存在，国有企业经理人为了追求个人利益盲目扩大投资规模，忽视了资本投资效率。投资效率的低下体现为两方面：一方面是过度投资问题突出（唐雪松等，2007；汪平、孙士霞，2009）。国资委披露的数据显示，2010年，中央企业平均净资产总额比2009年提高了13.9%，规模已达9.56亿元。然而，中央企业2010年的平均净资产收益率为9.5%，仅比2009年提高了1.9%。由此可以看出，中央企业的资本回报增幅要远低于资本投入增幅。另外，在技术研发、工程建设等对企业可持续发展具有战略性意义但回报期长的项目上存在严重的投资不足。虽然自2000年以来，我国国有企业总体研发投入不断增加，但存在研发活动的企业仍仅占全部企业的10%左右，在从事研发活动的企业中又有 49.25% 的企业的研发活动不稳定。《中国科技统计年鉴》披露的数据显示，2007—2009 年非国有大中型工业企业的研发经费投入额分别为 1064.9 亿元、1446.6 亿元和 2134.4 亿元，研发强度分别为 1.13%、1.4% 和 1.56%。对比而言，2007—2009 年国有大中型工业企业的研发经费投入额仅有 432.3 亿元、505.5 亿元和 644.6 亿元，研发投入强度仅达到 0.49%、0.6%、0.77%。作为国民经济支柱，国有企业的投资行为不仅决定了其自身价值创造和可持续发展的能力，也对我国宏观经济的发展起着至关重要的作用。因此，如何治理国有企业非效率投资是一个亟待解决的问题。

想要提升国有企业投资效率，一种观点认为应当从体制改革入手（张维迎，1999；张五常，2014）。另一种观点则侧重于建立完善的公司治理机制（刘慧龙等，2012；张会丽、陆正飞，2012；方红星、金玉娜，2013）。既然代理问题是导致非效率投资的主要诱因，那么根据代理理论，存在监督和激励两种治理机制可以有效缓解代理问题，进而提升投资效率。其中，设计一套完善的管理层薪酬机制便是一种有效的激励方式。然而，若想要薪酬机制充分发挥激励作用需满足一个重要前提，就是能够对管理者的经营业绩进行恰当评价。这是因为，业绩评价指标的确立实际上是为管理者的行为树立标杆（张先治、李琦，2012；池国华、邹威，2014）。只有当业绩评价指标能够恰当地评价公司业绩且有效代表股东利益时，与之挂钩的管理层薪酬才会激励管理者以股东价值最大化的原则进行投资决策。因此，科学的业绩评价指标是管理层薪酬机制有效发挥激励作用的关键。

为此，国资委于 2009 年出台了《中央企业负责人经营业绩考核暂行办法》（以下简称《办法》），引入经济增加值指标（Economic Value Added，EVA），替代了原有的净资产收益率（ROE）指标，建立了以经济增加值为核心的考核指标体系，自 2010 年开始在中央企业范围内全面实施。此后，多个省、自治区和直辖市的国有资产管理部门也"高调"地在其所属的国有控股企业中对企业高管全面实施 EVA 考核。EVA 指标的优点在于：第一，EVA 在计算时扣除股权资本成本，实现了对股东权益的补偿，提高了管理者利益和股东利益的接近程度，能够引导管理者从股东利益的角度出发进行投资决策。第二，国资委在计算 EVA 指标时，对战略性投资（研发和在建工程投资）进行了会计调整，强调以资本化替代费用化，从而约束了管理者的机会主义行为和短期行为，避免了因管理者降低机会成本和规避投资风险所引起的投资不足。第三，国资委的 EVA 考核将"EVA 的改善值"与管理者利益相挂钩，使管理者的薪酬变化与投资者的价值变化保持高度一致，能够有效地协调投资者与管理者之间的利益，从根本上缓解两者之间的代理冲突，纠正管理者的非效率投资行为，引导企业管理者做出有利于企业价值持续提升的投资决策。

　　然而，实务界在 EVA 考核是否能够提高企业投资效率这个问题上一直存在争议，理论界也对此展开了探讨和研究。总体而言，关于 EVA 考核影响投资效率的问题尽管已有一些探索，但大多数集中在总体投资效率方面，没有细分不同类别项目。此外，国资委于2014 年年初出台了《关于以经济增加值为核心加强中央企业价值管理的指导意见》，以正式文件的形式在中央企业的管理中引入以 EVA 为核心的价值管理理念，旨在通过 EVA 价值管理工具实现资本结构更加优化、资本运营更有效率，从而全面提升企业核心竞争能力。2015 年 11 月，习近平总书记在召开的中央财经领导小组第十一次会议上首次提出了供给侧结构性改革，旨在通过增量改革促存量调整，在增加投资的过程中优化投资结构。基于此背景，本书将在现有的对总体投资效率检验的基础上细分不同类别项目，深入检验 EVA 考核对不同类别项目的非效率投资的治理效应，识别 EVA 考核影响投资活动的不同路径和效果差异性，验证 EVA 考核对优化投资结构起到的作用。

　　与此同时，本书将负债融资纳入 EVA 考核影响企业投资效率的分析框架中，这样做主要基于以下两方面考虑：从理论研究方面，首先，国资委在计算 EVA 指标时扣除了权益资本成本，必然会对企业的融资决策产生一定影响。然而，鲜有文献直接检验 EVA 考核对融资活动的影响；因此，有必要将研究视角拓展到融资领域。其次，MM 的"无关论"指出，在完美资本市场假说下，投资决策取决于企业的技术偏好和产出，并不受融资活动的影响。但在现实中，信息不对称与契约不完善使 MM 的完美市场环境无法得到满足。在这种情况下，融资便成为影响企业投资决策的重要因素之一，尤其是债务融资。Jensen 和 Meckling（1976）指出，在信息不对称的环境下，债务融资能够引发股东与债权人之间的代理冲突，从而影响企业的投资决策，且产生以下两种结果：其一，在股东与经理人之间的代理冲突较弱的情况下，股东与债权人之间的代理冲突能够引发经理人的过度投资（资产替代）或投资不足行为；其二，在股东与经理人之间的代理冲突较强的情况下，负债能够发挥相机治理作用，从而抑制过度投资或缓解投资不足。以上两种理论不仅表明负债对企业投资行为能够产生重要影响，也反映这一影响必须置于股东和经理人的委托代理框架之下。从实践方面考虑，自 2015 年以来，国有企业改革展现出以供给侧结构性改革为核心的指导思路；其中，"去杠杆"也成为推进国有企业改革的一项重要任务。2016 年 10 月，国务院发布的《国务院关于积极稳妥降低企业杠杆率的意见》指出要完善现代企业制度、强化自我约束、优化债务结构、积极稳妥降低企业杠杆率。2016 年 12 月，国资委印发了《中央企业负责人经营业绩考核办法》，强调要加强国有资产监管的要求，突出经济增加值考核。通过考核经济增加值，着力引导企业资本投向更加合理、资本结构更加优化。那么，EVA 考核是否达到了国资委试图优化资本结构的初衷？其对"去杠杆"政策起到了积极的作用，还是存在一定制度冲突？在国有企业改革的大背景下，有必要对以上问题进行深入研究与探讨。

二 研究意义

管理层激励与企业投融资行为之间的关系一直以来都是公司财

务领域所探讨的重要话题，并引发了理论界和实务界的广泛关注。2009 年，国务院国有资产管理委员会修订了《中央企业负责人经营业绩考核暂行办法》，引入了 EVA 指标，替代了原有的净资产收益率（ROE）指标，建立了以经济增加值为核心的考核激励体系。这一举措旨在引导中央企业负责人进行有效的投融资决策，实现企业的可持续发展与价值最大化。本书以国资委大力推行 EVA 考核为切入点，充分检验 EVA 考核、负债融资与非效率投资之间的作用关系，具有如下理论价值与现实意义。

（一）理论价值

第一，厘清并分类检验了 EVA 考核治理不同类别项目的非效率投资的具体作用路径，将 EVA 考核与非效率投资两者之间关系的学术研究推向纵深。目前，已有一些学者对 EVA 考核对非效率投资的影响展开了研究，其中不乏一些实证研究，但大多数局限于总体投资效率，并没有细化分类，未能够分析和检验 EVA 考核对不同类别项目的非效率投资的影响。

第二，分析并检验了 EVA 考核对企业负债融资的影响，丰富了EVA 考核的经济后果与负债融资的影响因素两方面的研究。目前，关于 EVA 考核的经济后果的研究大多数集中于投资方面，鲜有文献关注 EVA 考核对融资活动的影响。本书基于债务异质性特征，检验了 EVA 考核对不同类别的负债融资的作用效果，将 EVA 考核的经济后果研究拓宽至融资领域。

第三，分析并检验了负债融资在 EVA 考核影响企业非效率投资过程中的作用，厘清了 EVA 考核、负债融资与非效率投资之间的作用关系，建立了 EVA 考核、债务融资与企业非效率投资的理论框架。目前，仅有的关于管理层激励、负债融资与企业投资效率之间的关系的文献大多数将管理层激励和负债融资作为独立的激励机制与约束机制，并没有将负债作为一种中介变量；更没有以 EVA 业绩考核为视角的三者关系的研究。因此，本书将负债融资作为 EVA 考核影响企业非效率投资的中介变量，从一个全新的视角梳理这三者之间的作用关系，搭建了 EVA 考核、负债融资与非效率投资的理论框架。

（二）现实意义

第一，有助于相关部门进一步完善、落实和协调 EVA 考核制度。本书通过实证检验 EVA 考核对国有企业非效率投资的影响效果以及负债融资的作用，可以为国家相关部门（如财政部、证监会、国资委等）进一步完善、落实与协调 EVA 考核制度提供经验数据支持，从而起到综合治理效果。

第二，有助于推动供给侧结构性改革，实现经济结构调整和资本配置优化。本书从 EVA 考核角度出发探索国有企业投资效率、投融资结构优化等问题的解决和完善途径，抓住了实现微观企业和宏观经济健康发展的关键，能够为我国国有企业通过加强 EVA 考核提高投资效率、优化投融资结构提供实践指导，从而推动供给侧结构性改革，实现以增效微观经济推动宏观经济发展的最终目的。

第三，有助于澄清关于民营化改革的争议。本书从业绩考核角度出发，探讨并检验了激励机制设计的改变对企业资本配置效率的影响。研究结果表明，在不改变国有企业产权性质的前提下，合理的考核激励机制能够提高企业资本配置效率。这表明，产权民营化并不是提高国有企业效率的唯一途径。因此，本书的研究可以为澄清"民营化改革并不是唯一的"提供证据。

第二节　相关概念界定

一　EVA 考核

1982 年，美国思腾思特管理咨询公司基于经济利润理念，并结合一系列的会计调整，对传统会计剩余收益指标进行了完善，创立了 EVA（Economic Value Added）指标，即经济增加值。此后，经思腾思特公司的不断实践与完善，逐步形成并建立了基于 EVA 的价值管理模式，使 EVA 逐渐从简单的业绩评价指标发展成为系统的、可用于指导管理者进行价值创造活动的管理模式，不仅被各大公司广泛实践，而且也得到了理论界的高度关注。

21 世纪初，国资委就开始酝酿将 EVA 价值管理体系引入我国，终于在 2009 年修订的《中央企业负责人经营业绩考核暂行办法》中引入了 EVA 指标，并用其取代了原有的净资产收益率（ROE）指标，作为中央企业负责人年度考核的指标之一。EVA 发挥价值相关性的关键之一是思腾思特所提出的会计调整设计。思腾思特认为会计调整项目越多，EVA 与企业价值相关性越强。但在实际操作过程中，过度的会计调整内容容易增加 EVA 的计算难度，同时也会增加监管部门的管理成本。因此，国资委针对当时中央企业所存在的几个主要问题，设计了"中国式"的会计调整，包含研发费用、在建工程以及非经常性收益等几个项目。国资委的这种设计不仅简单实用、便于新考核制度的推行，同时具有较强的针对性，能够直接抓住问题的主要矛盾，充分体现我国国情。

2009 版《办法》规定 EVA 指标的计算公式如下：

经济增加值 = 税后净利润 - 资本成本

　　　　 = 税后净营业利润 - 调整后资本 × 平均资本成本率

其中，

税后净营业利润 = 净利润 +（利息支出 + 研究开发费用调整项 - 非经常收益调整项 ×50%）×（1 - 25%）

调整后资本 = 平均所有者权益 + 平均负债合计 - 平均无息流动负债 - 平均在建工程

除此之外，国资委将年度考核与负责人的薪酬相挂钩，将考核结果分为 A、B、C、D、E 五个级别，并以此为依据对企业负责人实施奖惩。年度绩效薪金分为基薪和绩效薪金两个部分。在确定年度绩效薪金的方法上，国资委综合考虑了薪酬的构成以及各部分的比例，充分体现了与经营业绩相挂钩的理念。其中：考核结果为 D 级可获得 0—1 倍基薪，考核结果为 C 级可获得 1—1.5 倍基薪，考核结果为 B 级可获得 1.5—2 倍基薪，考核结果为 A 级则可获得 2—3 倍基薪。年度绩效薪金的 60% 将在年度考核结束后当期兑现，其余 40% 根据人气考核结果等因素，延期到任期考核结束后兑现。

2009 版《办法》规定的年度经营业绩考核综合得分的计算公式为：

年度经营业绩考核综合得分 =（利润总额指标得分 + 经济增加值指标得分 + 分类指标得分）× 经营难度系数 + 奖励分 − 考核扣分

其中，2009 版《办法》规定，在确认相应的分类指标时，需依据企业所处行业和特点，针对企业管理"短板"，综合考核企业经营管理水平、技术创新投入及风险控制能力等因素；在确定军工企业和主要承担国家政策性业务等特殊企业的基本指标与分类指标时，可优先考虑政策性业务完成情况；在确定科研类企业的基本指标与分类指标时，需优先考虑创新投入和产出等情况。

2012 年，随着中央企业业绩考核工作进入第四任期，国资委加大了推进力度，将经济增加值指标的考核权重由 2009 年的 40% 提升至 50%，利润总额指标的权重则由 30% 下降到 20%。此外，在计算经济增加值指标时，企业通过变卖主业优质资产等取得的非经常性收益在税后净营业利润中全额扣除。

本书的研究对象 EVA 考核即是指国资委的《中央企业经营负责人业绩考核暂行办法》中的 EVA 考核，也是本书提到的"中国式"EVA 考核。

二　负债融资

从债务来源维度看，企业负债分为经营性负债和金融性负债。经营性负债是指随着企业的正常活动自然形成的负债，一般包含应付账款、应付票据、预收账款、应付利息和其他应付款项等。金融性负债是指源于金融市场的负债，包含银行借款和债券等。两者虽然都属于企业的债务，但在成本计量上却存在本质上的差别。经营性负债是在日常经营中形成的债务，一般来源于供应链赊购行为，根据债务期限长短应属于流动负债。经营性负债并不是企业主动融资的结果,一般情况下,这部分负债不需要向债权人支付利息。金融性负债属于企业主动融资的结果,借款人为银行等专业的金融机构;因此,这部分负债是需要计量成本的,企业需向债权人支付利息。从负债的期限结构看,金融性负债又分为长期金融性负债和短期金融性负债。长期金融性负债是指期限大于一年的金融性负债;短期金融性负债是指期限小于或等于一年的金融性负债。多数西方学者在讨论激励与负债融资时,大多数基于债务同质性假设,忽视了债务的异质性特征。然而在我国,企业的债务融资结构与西方国家存在较大的差异。因此,本书在考察 EVA 考核对负债融资的影响时,将债务的这种异质性特征纳入考察范围之内。值得注意的是,经营性负债中,应付利息和其他应付款项占比很小;因此,本书的经营性负债是指应付账款、应付票据、预收账款之和(企业商业信用)。此外,我国发行债券的上市公司较少,金融性负债主要来源于银行借款。因此,本书的金融性负债暂不将公司债券纳入研究范围之内,仅考虑银行借款部分,包括长期银行借款和短期银行借款。

三 投资与非效率投资

(一)投资

"投资"是一个多定义的概念,不同科学领域对投资概念的界定有所不同。最早从经济学视角对投资的概念进行界定的是著名经济学家凯恩斯。其认为,投资即为"购置一项资产所产生的支出"。这个定义是基于投资自身的特征,主要是微观层面的定义。此后,凯恩斯又从宏观层面对投资的概念做了重新界定,其认为宏观层面的投资是指"资本设备在当期的增加额"。《新帕尔格雷夫经济学大辞典》和《辞海》等也均以资本理论为基础对投资进行了界定。

财务学根据资产类别将投资分为两类:一是实物资产投资;二是金融资产投资。实物资产投资是指企业为了扩大再生产而进行的资产投入,包括购建固定资产、无形资产、其他长期资产和开发支出等。金融资产投资是指企业以获取预期收益为目的而购买的金融类资产，主要包括股权资产投资和债权资产投资。本书所研究的投资既包含了实物资产投资，也考虑了金融资产投资。

（二）非效率投资

基于新古典经济学理论，当资本边际收入等于资本边际成本时，资本配置效率达到最优水平，这也被称为"帕累托最优效率"。Modigliani 和 Miller（1958）基于完美市场假说指出，只要资本成本小于资本收益的条件达到满足，投资就会增加企业价值。因此，在资本收益等于资本成本时，企业资本配置达到均衡。然而，在现实中，由现代企业的两权分离制度和信息不对称所引起的代理问题，使企业资本配置偏离了均衡状态，从而产生了非效率投资。目前，关于均衡资本配置的研究主要从两个方向展开：一是以 Jogenson（1963）的研究为代表的对最优资本存量的研究；二是以 Jensen 和 Meckling（1979）的研究为代表的对投资决策标准的研究。综合以上两方面研究，企业存在最优资本配置量；但由于信息不对称和代理冲突等内部摩擦的存在，企业在进行投资决策时，会选择一些净现值小于零的项目，导致实际投资量超过最优资本配置量，从而造成过度投资（Morgado and Pindado，2003；Jensen and Meckling，1979）；或选择放弃一些净现值大于零的投资项目，导致企业实际投资量低于最优资本配置量，造成投资不足（Jensen and Meckling，1979）。无论是投资过度还是投资不足，都偏离了最优的资本配置状态，属于非效率投资，不能实现企业价值最大化的目标。本书所探讨的非效率投资问题既包含了过度投资问题也包含了投资不足问题。

四　中介效应与遮掩效应

（一）中介效应

中介效应主要是指第三变量在自变量与因变量的因果过程中所产生的作用影响（James and Brett，1984）。在一个中介假设中，存在两条作用路径：第一条路径是自变量对因变量的直接影响，这种影响被称为直接效应；第二条路径是自变量通过中介变量对因变量产生影响，这种影响被称为中介效应或间接效应。因此，中介效应是一个自变量先对中介变量产生影响，后反过来影响因变量的过程（Holland，1988；Sobel，1990）。借鉴 Alwin 和 Hauser（1975）的研究，本书将中介关系采用图的形式进行了描述，如图 1-1 所示。其中：X 为自变量；Y 为因变量；M 为中介变量；λ 为自变量 X 对因变量 Y 的直接效应；α 为自变量 X 对中介变量 M 的效应；β 为控制了自变量 X 后，中介变量 M 对因变量的效应；αβ 为自变量 X 对因变量 Y 的中介效应。值得注意的是，在中介关系中，αβ 的符号与 λ 的符号相同。假设在不存在中介关系的情况下，X 对 Y 的总效应等于 X 对 Y 的直接效应 λ；然而，在存在中介关系的情况下，X 对 Y 的总效应等 X 对 Y 的直接效应与 X 对 Y 的中介效应之和，即 λ + αβ。这意味着，中介效应增强了自变量 X 对因变量 Y 的总效应（MacKinnon，2000）。

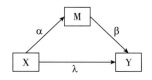

图 1-1　中介效应作用路径

（二）遮掩效应

遮掩效应是中介关系的另一种情况和表现形式。在中介效应中，自变量 X 通过作用于中介变量 M 因而对因变量 Y 所产生的中介效应与自变量 X 对因变量 Y 的直接效应的作用方向相同，即 αβ 与 λ 同号。相反，在遮掩效应中，自变量 X 通过作用于中介变量 M 因而对因变量 Y 所产生的中介效应与自变量 X 对因变量 Y 的直接效应的作用方向相反，即 αβ 与 λ 的符号相反（Chliff and Earleywine，1994）。因此，遮掩效应也被称为非一致性中介效应（Davis，1985）。由于

X 对 Y 的中介效应与 X 对 Y 的直接效应作用方向相反，因此，在检验 X 与 Y 的直接效应的回归模型中加入中介变量 M，自变量 X 的系数会增大；这也意味着，遮掩效应削弱了自变量 X 对因变量 Y 的总效应（Tzelgov and Henik，1991）。因此，本书所指的负债融资在 EVA 考核治理非效率投资中的遮掩效应是负债对 EVA 考核治理非效率投资起到的反作用影响。

通常情况，检验中介关系（中介效应或遮掩效应）的方法是假设存在中介效应，接下来根据对系数 λ、α、β 和 αβ 检验结果判断是否存在中介关系，并根据 αβ 与 λ 的符号判断其是中介效应还是遮掩效应。Baron 和 Kenny（1986）提出了判断中介关系的三个原则：一是自变量与因变量显著相关；二是自变量与中介变量显著相关；三是在检验 X 与 Y 的直接效应回归模型中加入中介变量 M，M 的系数显著。Baron 和 Kenny（1986）的三项原则也被称为逐步检验法。除此之外，Sobel 检验法和 Bootrstrap 检验法也是检验中介关系的两种常用方法。在此基础上，我国学者温忠麟和叶宝娟（2014）将几种中介关系检验方法进行了融合和完善，提出了新的中介效应检验流程，使对中介关系的检验更加科学合理。因此，本书采用了温忠麟和叶宝娟（2014）的检验流程对负债融资在 EVA 考核治理非效率投资过程中的遮掩效应进行了检验。

第三节　研究目标与研究内容

一　研究目标

本书的研究目标主要有三方面：

其一，以我国中央控股上市公司为研究样本，以 EVA 考核以及非效率投资为研究内容，试图检验实施 EVA 考核对企业非效率投资行为的影响。基于资产类别的异质性，进一步检验 EVA 考核对不同类别的非效率投资的作用影响及效果差异。

其二，以我国中央控股上市公司为研究样本，以 EVA 考核以及负债融资为研究内容，分析并检验 EVA 考核对企业负债水平的影响。基于企业债务异质性假说，进一步检验 EVA 考核对经营性负债和金融性负债、长期借款与短期借款的作用影响和效果差异。

其三，基于研究目标一和研究目标二，将负债融资作为中介变量，检验负债融资在 EVA 考核治理非效率投资过程中所发挥的作用。基于债务期限结构的不同约束作用，检验长期银行借款和短期银行借款的不同的作用效果和作用程度。

二　研究内容

本书的研究内容主要包括以下八个章节，总结如下：

第一章　绪论。本章主要介绍本书的选题背景及研究意义；界定本书所涉的相关概念，包括 EVA 考核、负债融资、投资与非效率投资；阐述本书的研究目标和内容；描述本书的研究思路及采用的研究方法；概括本书的创新之处。

第二章　文献回顾与评述。本章主要从三个方面对国内外相关研究成果进行梳理：一是 EVA 方面。该部分主要回顾了与 EVA 的相关研究，通过文献梳理将现有的国内外与 EVA 相关的研究归纳为三类，"EVA 的价值相关性研究"、"EVA 的评价可行性研究"和"EVA 的经济后果研究"。二是管理层激励与企业投资行为研究。三是管理层激励与企业融资结构研究。在此基础上，本章对以上文献梳理进行了详细评述，旨在明确现有研究的现状及局限性，指出本书的理论价值所在。

第三章　理论基础与逻辑框架。本章主要对本书所涉及的基础理论进行介绍，包括现代企业理论、企业投融资理论、管理层激励理论和业绩评价理论。并基于这些理论，搭建了 EVA 考核、负债融资与非效率投资三者之间的逻辑框架。本章旨在为本书的理论分析、假设推导提供理论依据和基础。

第四章　制度背景与现状分析。本章主要介绍国资委引入 EVA

考核并大力推行 EVA 考核的制度背景。描述并分析了 EVA 考核在我国国有企业实施的现状，以及我国国有企业投资和负债现状。

第五章　EVA 考核对非效率投资的影响研究。本章在前四章的基础之上分析了 EVA 考核影响企业非效率投资的作用机理；并以 2005—2014 年（即国资委在中央企业全面推行 EVA 考核的前后五年）我国沪深两市 A 股中央企业和民营企业上市公司为研究样本，采用双重差分模型进行回归检验。进一步地，本章根据企业不同投资类别将非效率投资分为固定资产非效率投资、无形资产非效率投资、长期金融资产非效率投资和研发非效率投资。分别检验了 EVA 考核对不同类别的非效率投资的作用效果。

第六章　EVA 考核对负债融资的影响研究。本章分析了 EVA 考核影响企业负债融资的作用机理，并以 2005—2014 年（即国资委在中央企业全面推行 EVA 考核的前后五年）我国沪深两市 A 股中央企业和民营企业上市公司作为研究样本，采用双重差分模型进行回归检验。进一步地，本章根据债务的来源维度将其划分成经营性和金融性两类；又根据期限结构将金融性负债分为长期和短期两类。分别检验了 EVA 考核对这四种不同类别的负债的影响效果。

第七章　EVA 考核与非效率投资的治理：负债融资的遮掩效应。本章在 EVA 考核与企业投资行为的框架中引入了债务融资因素，将其作为中介变量，探讨其在 EVA 考核治理非效率投资过程中所起到的作用；接下来，以 2005—2014 年我国沪深两市 A 股中央企业和民营企业上市公司为研究样本，采用新中介检验流程和 Boot-strap 系数检验法，对所提出的研究假设进行了实证检验。

第八章　研究结论与政策建议。本章将根据第五章、第六章与第七章的实证检验结果总结本书的主要研究结论。接下来，根据所归纳的研究结论提出相应的政策建议。最后，本章分析并总结了本书的不足之处，并在此基础上指出未来的研究方向。

第四节　研究思路与研究方法

一　研究思路

本书的结构框架与技术路线详见图 1 - 2。

二　研究方法

（一）规范研究

在文献回顾章节中，本书系统地梳理和分析了 EVA 考核研究、管理层激励影响企业投融资行为研究方面的相关学术文献，归纳并总结了现阶段这两方面研究的现状以及存在的不足，并在此基础上提出本书的研究方向和研究内容。接下来，在理论基础与制度背景章节中，介绍了本书研究所涉及的基础理论，包括代理理论、企业投融资理论与管理层激励理论；并结合我国实施 EVA 考核的制度背景以及现阶段我国国有企业投融资现状，从理论上论证 EVA 考核对企业非效率投资和负债水平的影响，并进一步分析了负债融资在 EVA 考核影响企业非效率投资过程中可能起到的作用。构建 EVA 考核、负债融资与非效率投资三者之间的理论框架，为本书的实证研究奠定理论基础。

（二）实证研究

1. 描述性统计分析

描述性统计不仅能够使分析者在进行多元回归前对样本数据的趋势及变化有一个初步的了解与掌握；同时，也能够反映出所要研究的问题的大体现状。因此，本书首先在第四章的现状分析部分采用了描述性统计分析，旨在从整体上反映现阶段 EVA 在我国实施的现状，以及国有企业投资与负债现状。接下来，在实证章节中，本书对回归样本的均值、中值、最大值、最小值、25% 分位值、75% 分位值以及标准差等能够反映变量平均水平、趋势分布以及离散程度的数据特征进行报告。

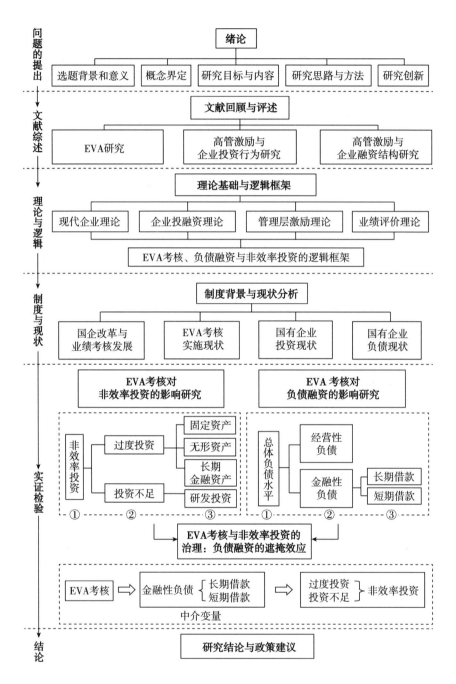

图 1-2　本书的结构框架与技术路线

2. 单变量分析

描述性统计分析的目的是从直观层面反映样本的特征和趋势，但若要进一步了解样本数据的这些特征及趋势在统计上显著与否则需要通过单变量检验进行进一步分析。因此，本书主要采用均值 T 检验方法，从横向（产权）与纵向（时间）两个维度对本书多元回归中的实验组和对照组进行单变量检验。初步检验了解释变量与被解释变量之间相关性的显著程度，为此后的多元回归检验提供基础。

3. 相关性检验

在回归分析之前，本书对模型所涉及的实证分析变量进行相关性检验，以避免多重共线性等因素对回归结果产生的不利影响。本书的实证章节主要采用 Spearman 相关性检验。

4. 多元回归分析

在第五章与第六章中，本书采用双重差分（Difference－In－Differences，DID）回归模型与固定效应（Fixeel Effect，FE）模型分别对实施 EVA 考核影响企业非效率投资、负债融资进行检验。在第七章中，本书采用了新中介检验流程以及 Bootstrap 系数检验法检验了负债融资在 EVA 考核影响企业非效率投资过程中所起到的作用。

5. 稳健性检验

为了使检验结果更具有可靠性和可验证性，本书在第五章、第六章和第七章中分别设置了稳健性检验。借鉴相关研究，本书在第五章和第六章中采用了倾向匹配得分法、分组法，以及采用地方国有企业样本检验；在第七章中采用了 Sobel 检验法和采用地方国有企业样本检验。

第五节　研究创新

本书的创新点主要体现在三个方面：

第一，本书对总体非效率投资的考察不仅包括以往研究所指的实物资产投资，还涵盖了金融类资产投资；且又根据资本投向所固化的资产形态，将投资进一步细化为固定资产投资、无形资产投资、长期金融资产投资和研发投资，并深入检验 EVA 考核对总体非效率投资以及不同类别项目的非效率投资的作用效果，更为深入地识别了 EVA 考核影响投资活动的不同路径和效果差异性。

第二，本书深入分析了 EVA 考核影响负债融资的作用机理，首次检验了 EVA 考核对总体负债水平的影响。进一步地，本书基于企业负债的异质性特征，从负债来源和期限两维度进行区分，并分别检验了 EVA 考核对经营性负债和金融性负债、长期银行借款和短期银行借款的作用影响，将 EVA 考核的经济后果研究推进到融资领域。

第三，本书将负债融资纳入 EVA 考核影响企业非效率投资的分析框架中，首次将负债作为中介变量，考察负债融资在 EVA 考核影响企业非效率投资过程中所发挥的作用，建立了 EVA 考核、负债融资与企业非效率投资的理论框架，进一步拓展了 EVA 考核与企业投资效率的研究视角。

第二章

文献回顾与评述

第一节　EVA 研究

1991 年，美国思腾思特公司首次提出了 EVA 的概念。此后，国外学者便对 EVA 展开了深入的探讨与研究，并获得了较为丰富的研究成果。我国对 EVA 的研究起步较晚，但随着越来越多的发达国家的企业对 EVA 的应用，国内学者也逐渐意识到了 EVA 的优势，并开始了对 EVA 的研究。尤其是国资委引入 EVA 考核后，与我国的 EVA 考核的相关研究也逐渐丰富起来。本书将从以下三方面对 EVA 的相关研究进行梳理。

一　EVA 的价值相关性

Modigliani 和 Miller（1958）指出，"经济收益"是企业创造价值的源泉，资本回报率取决于投资者所预计的风险。EVA 是在会计利润的基础上扣除股权和债权资本成本所获得，本质上属于"经济利润"指标。因此，与其他会计指标相比，EVA 指标最接近企业的真实价值。诸多研究表明，EVA 与企业价值之间具有较强的相关性。如 O'Byrne（1996）的研究将 EVA 与税后净利润对比，发现 EVA 比税后净利润更能够反映企业的市场价值。Lehn 和 Makhija（1996）选取了 241 家美国上市公司为研究样本，分别考察了 EVA、

ROA、ROE、EPS 四个指标与市场价值的相关性。比较发现，EVA 与市场价值的相关性高于其他三个指标。Uyemura et al.（1996）搜集了美国的 100 家银行数据，分别考察了 EVA、ROA、ROE、EPS 和 NI 对 MVA 的解释度，发现 EVA 对 MVA 的解释度高于其他指标。Chen 和 Dodd（1997）发现 EVA 能够比传统会计指标提供更多信息，其与公司股票收益之间存在较强的相关性。Ken 和 McCabe（2001）采用了 1995—1994 年美国上市公司的数据，分别验证了 EVA 和 EPS 对公司股票价值的解释程度，发现 EVA 与股票的价值相关性更高。孙铮和吴茜（2003）指出，相比其他指标，EVA 对企业价值的解释力更强，采用 EVA 指标计量企业价值具有较强的合理性。姚颐等（2013）的研究显示，EVA 与公司价值具有较强的正相关关系，EVA 薪酬强度越大，公司的市场价值越高。

然而，也有部分研究得出了相反的结论。如 Chen 和 Dodd（1998）搜集了 1983—1992 年 566 家美国国有企业的数据，分别考察了 EVA 指标、营业收益和剩余收益与股票收益的相关性。结果显示，剩余收益和营业收益对股票收益的解释力均强于 EVA。Ismail（2008）选取了 2252 个英国公司为研究样本，实证检验了 EVA 指标与传统会计指标对公司股票收益的解释程度。研究结果发现，EVA 与公司股票收益之间的相关性要小于传统会计指标与公司股票的相关性。Visaltanachotin（2008）采用 2003—2005 年 100 个行业的数据，检验了营业现金流、剩余收益、息税前利润和 EVA 与股票行业收益的相关性。研究发现，EVA 指标的解释力最弱。刘力和宋志毅（1999）选取了 1993 年前在沪市的 30 家公司为研究样本，对比了 EVA、REVA 以及 ROA 三个指标与股票超额收益的相关性。研究结果显示，EVA 和 REVA 对股票超额收益的解释力并没有比 ROA 对股票超额收益的解释力强。华侨和张双全（2001）采用经验研究方法，考察了 EVA 对 MVA 的解释度。研究结果表明，在我国市场，EVA 对 MVA 的解释力远不及其在资本市场发达的国家；在我国，EVA 指标对公司市场价值的解释能力要低于税后净利润指标。王化成等（2004）的研究表明，EVA 指标并没有比净利润指标反映出更多信息；因此，在相对信息含量方面，EVA 指标并没有比传统收益指标体现出明显优势。

二　EVA 的评价可行性

对 EVA 的评价可行性研究是建立在 EVA 与企业价值相关的结论基础之上的。EVA 是一种经济利润指标，其在会计利润指标的基础上扣除了全部资本成本，同时又对会计规则性失真进行了调整。从理论上讲，EVA 是一种与企业价值更为接近的指标。因此，基于 EVA 的价值相关性研究，国内外也逐渐涌现出大量的关于对 EVA 的业绩评价可行性的研究。早期的相关研究主要将 EVA 与其他业绩评价指标进行对比，证明 EVA 绩效评价的合理性。如 Lehn 和 Makhija（1996）发现，在业绩评价方面，EVA 比传统的评价指标更具优势；EVA 不但能够真实反映企业价值，还能够提供更多的战略信息。Wallace（1997）的研究表明，EVA 的计算包含了大量的会计调整项，能够在一定程度上改善由会计规则所导致的业绩失真，使评价更加真实客观，从而增加了薪酬设计的科学性。Malmi 和 Ikäheimo（2003）指出，相比传统评价指标而言，采用 EVA 指标对企业经营业绩进行评价更为客观；因此，将 EVA 业绩考核与薪酬制度相结合，能够引导经营者在提高自己的薪酬水平的同时实现企业价值的提升。张纯（2003）指出，在新经济时代，采用 EVA 指标来衡量管理者的业绩比采用其他业绩评价指标更具有合理性和效用性。陈之荣（2010）指出，EVA 在计算过程中进行了大量的会计调整，在反映企业经营业绩的真实性、客观性方面比其他评价指标更具有优势。林文杰（2012）研究了 EVA 业绩评价在商业银行中的应用。研究发现，EVA 在价值管理方面具有很强的优势，将其引入商业银行的绩效考核体系中，能够起到引导管理者谨慎权衡风险与收益的作用，从而促进商业银行的管理改革。

从以上研究结论可以看出，EVA 业绩评价的优越性已被大多数学者所肯定。然而，一些学者认为，采用 EVA 评价指标在实践操作过程中仍存在一定弊端。David（1999）指出，在计算 EVA 指标时，进行过多的会计调整并不能够起到提高 EVA 指标准确性的作用。其建议，在实践过程中，企业应全面考虑自身和所处行业特征，选择4—5 项较为重要的项目进行调整即可。Chari（2009）也指出，在计算 EVA 指标时，应具有选择性地进行会计调整，如选择能够提高 EVA 对企业价值解释能力或对企业决策制定产生重要作用的会计项目。此外，EVA 并不是一个全能性的指标，EVA 的计算也是基于财务报表数据。因此，EVA 与其他财务指标一样，也具有一定的滞后性。因此，在进行绩效评价时，应该适当地将 EVA 指标与一些非财务指标结合使用。许多学者也逐渐注意到了这一点，并在理论研究与实务操作过程中将 EVA 与其他绩效评价工具相结合，如平衡计分卡、作业管理法、超越预算等，建立了全方位、多维度的评价体系（王斌、高晨，2004；印猛、李燕萍，2006；刘运国、陈国菲，2007；高晨、汤谷良，2007）。

三 EVA 的经济后果

国外对 EVA 的研究开始较早，与 EVA 考核的经济后果相关的研究成果也相对丰富。如 Kleiman（1999）用 71 家实施 EVA 考核的企业与未实施 EVA 考核的企业进行了比对，结果发现实施 EVA 考核的企业的业绩要高于未实施 EVA 考核的企业。Tortella 和 Brusco（2003）的研究发现，使用 EVA 作为考核指标能够使管理层更加关心资本成本，对企业提升投资效率和现金流量起到了促进作用。Prakash（2003）的研究也表明 EVA 考核能够起到有效的激励作用，实施 EVA 考核后，流动比率和速动比率显著降低，存货周转率、固定资产周转率和资产回报率显著提高。然而，国外也有部分学者得出了相反的结论，认为 EVA 考核能够导致管理层的机会主义行为、增加企业非系统风险和总体风险，损害企业长期价值（Biddle，1999）。

我国学者对 EVA 经济后果方面的研究起步较晚。自 2010 年国资委在中央企业大力推行 EVA 考核开始，才陆续有学者对国资委的

EVA 考核所带来的经济成效进行探讨研究，并且大部分集中在投资领域。如张先治和李琦（2012）以 2006—2012 年中央企业上市公司为研究样本，实证检验了 EVA 考核的实施对中央企业过度投资的影响。研究结果显示，实施 EVA 考核后，中央企业过度投资水平显著降低；表明 EVA 考核能够抑制中央企业过度投资行为。一些学者在此基础上引入了市场竞争和政府干预因素，结果显示两者都能够影响 EVA 考核的治理效果（刘凤委、李琦，2013；池国华等，2015）。池国华等（2013）从管理层的投资决策视角探讨了 EVA 考核与企业价值的关系。研究发现，实施 EVA 考核能够通过抑制企业过度投资进而提升企业价值。进一步地，池国华和邹威（2014）引入了薪酬 EVA 敏感性度量 EVA 考核的激励效果，深入挖掘了 EVA 考核治理过度投资的作用机理是降低代理成本。此后，一些学者发现，实施 EVA 考核能够使企业加大研发投入、提高自主创新能力，从而提升企业价值（池国华等，2016；余明桂等，2016；郝婷、赵息，2017）。

本书的 EVA 考核是指我国国资委版本的 EVA 考核，所探讨的 EVA 考核对非效率投资、负债融资的影响是指国资委版本的 EVA 考核所带来的经济后果。因此，便于明确现阶段"中国式"EVA 考核的经济后果研究现状，本书将 2010 年后与之相关的经典文献列示于表 2 - 1。

表 2 - 1   "中国式"EVA 考核的经济后果研究的经典文献

研究主题	学者（年份）	主要观点	研究方法
投资效率	张先治和李琦（2012）	EVA 业绩评价能够抑制中央企业过度投资	以 2008—2011 年沪深 A 股中央企业为研究样本，采用 OLS 回归模型进行检验。其中，采用虚拟变量度量 EVA 考核的实施与否（实施为 1，未实施为 0）；采用 Richardson 投资效率模型度量过度投资

续表

研究主题	学者（年份）	主要观点	研究方法
投资效率	刘凤委和李琦（2013）	（1）EVA 评价体系能够降低中央企业过度投资； （2）市场竞争环境会对 EVA 考核抑制过度投资的效果产生影响；市场竞争程度越高，EVA 的治理作用越明显	以 2006—2010 年沪深 A 股中央企业为研究样本，采用 OLS 回归模型进行检验。其中，采用虚拟变量度量 EVA 考核的实施与否（实施为 1，未实施为 0）；采用 Richardson 投资效率模型度量过度投资；采用赫芬达尔指数度量市场竞争程度
	池国华和邹威（2014）	（1）基于 EVA 的管理层薪酬机制能够降低代理成本； （2）基于 EVA 的管理层薪酬机制能够治理非效率投资，且这种抑制作用是通过降低代理成本实现的	以 2010—2012 年沪深两市已实施 EVA 考核的国有上市公司为研究样本，采用 OLS 回归模型进行检验。引入薪酬 EVA 敏感性（Pay - EVA Sensitivity，PES）作为 EVA 薪酬考核机制的代理变量；采用 Richardson 模型度量非效率投资程度
	池国华等（2015）	（1）EVA 考核能够抑制过度投资； （2）政府干预能够影响 EVA 考核抑制过度投资的效果；政府干预越弱，EVA 考核抑制过度投资的效果越明显	以 2008—2012 年沪深 A 股国有上市公司为研究样本，采用 OLS 进行检验。其中，采用虚拟变量度量 EVA 考核的实施与否（实施为 1，未实施为 0）；采用 Richardson 投资效率模型度量过度投资；采用樊纲指数度量政府干预程度
	池国华等（2016）	（1）EVA 考核与内部控制能够相互协调对过度投资产生综合治理效应； （2）EVA 考核和内部控制对投资不足没有产生综合治理效应	以 2010—2013 年沪深 A 股国有上市公司为研究样本，采用 OLS 回归模型进行检验
研发和创新	袁晓玲等（2013）	（1）短期视角下，EVA 考核对企业创新没有影响； （2）长期视角下，EVA 考核有助于提高企业创新能力	选取 2007—2011 年我国沪深 117 家中央企业控股公司为研究样本，构建了三年周期的 EVA 计算模型进行回归分析。其中，被解释变量为 EVA 值

研究主题	学者（年份）	主要观点	研究方法
研发和创新	李志学等（2014）	（1）EVA 考核能够促进中央企业的技术转型升级、提升研发能力；（2）EVA 考核提升研发能力的作用在高新技术行业中发挥得更为明显	以 2009—2012 年中央企业上市公司为分析对象。采用 T 检验比较样本公司 EVA 考核实施前后研发支出的变化；通过分位数回归分析 EVA 考核对不同水平上的研发支出的影响程度
	鲁冰等（2015）	（1）EVA 考核能够提高中央企业研发投入；（2）产品市场竞争环境能够影响 EVA 促进研发投入的效果；产品市场竞争力越强，EVA 的促进效果越明显	以 2007—2012 年沪深 A 股中央企业为研究样本，采用 OLS 回归模型进行检验。其中，采用虚拟变量度量被解释变量 EVA 考核的实施与否（实施为 1，未实施为 0）
	池国华等（2016）	（1）EVA 考核能够提高中央企业的自主创新能力；（2）在 EVA 考核影响企业自主创新能力的过程中，管理者风险特质起到了正向调节作用（3）EVA 考核对不同行业的企业的自主创新能力的影响效果不同	以 2010—2013 年沪深两市 A 股国有上市公司为研究样本，采用 OLS 进行检验
	余明桂等（2016）	（1）中央企业的创新水平在实施 EVA 考核后显著提高；（2）EVA 考核能够通过提升创新水平增加企业价值	以 2007—2012 年沪深两市 A 股中央企业和民营企业为研究样本，采用双重差分法进行检验
	郝婷和赵息（2017）	（1）EVA 考核能够提高国有企业研发投入；（2）EVA 考核对高新技术行业企业的研发投入有显著促进作用；对普通行业的企业没有影响	以 2009—2013 年沪深国有上市公司为研究样本，采用双重差分法进行检验
企业价值	池国华等（2013）	（1）实施 EVA 考核能够通过治理过度投资提升企业价值；（2）实施 EVA 考核引发了企业的投资不足行为	以 2010—2012 年沪深主板 A 股国有上市公司为研究样本，采用 OLS 检验。其中，采用虚拟变量度量 EVA 考核的实施与否（实施为 1，未实施为 0）；采用 Richardson 模型度量过度投资

第二节　管理层激励与企业投资行为研究

Jensen 和 Meckling（1976）的研究构建了委托代理、公司治理和投资行为三者之间的理论逻辑框架。Jensen 和 Meckling（1976）指出，现代公司制度的建立产生了所有权与经营权的分离。所有者（委托人）的利益的实现与否以及获得利益的多少取决于管理者（代理人）努力的程度。然而，基于"经济人"假设，在股东与管理者之间存在利益冲突的情况下，管理者便会利用其信息优势做出有利于实现个人利益最大化但有损于股东利益的决策，导致企业投资偏离最优水平，引发过度投资和投资不足等非效率投资行为。

管理者的非效率投资行为主要出于以下几种动机：构建和维持个人帝国（Murphy，1985；Jensen，1986；Shleifer and Vishny，1988）、提高和维护个人声誉（Narayanan，1985；Homstrom and Costa，1986）、追求安逸舒适的生活（Bertrand et al.，2003；Aggarwal and Samwick，2006）。一些学者讨论了代理问题与企业投资—现金流敏感性的关系，认为代理问题才是导致公司投资—现金流敏感的主要原因（Vogt，1994；Degryse and Jong，2006；何金耿、丁加华，2001；连玉君，2007；徐晓东、张天西，2009）。由于不完全契约和信息不对称的存在，管理者在缺乏监管的情况下，道德风险和逆向选择行为会使公司可能偏离最佳投资水平，从而引起非效率投资（Myers and Mahluf，1984）。Shin 和 Kim（2002）以 1984—1994 年美国制造公司为研究样本，以现金持有量、企业规模和多元化程度为代理成本的替代变量，实证考察了代理成本对企业投资支出的影响。结果发现，代理成本越高，企业过度投资越严重。Biddle 等（2009）的研究证实了受代理冲突的影响，公司存在选择净现值小于零的项目或拒绝净现值为正的项目的行为，从而产生非效率投资。建立有效的激励机制是一种有效解决代理问题的办法。在实践中，有效的激励能够调动代理人的工作积极性和创造性，使其能够在努力实现委托人利益最大化的同时也能够实现个人利益最大化。因此，设计一套良好的管理层激励机制能够使委托人与代理人的利益最大化目标趋于一致，从而在一定程度上缓解代理冲突、降低代理成本，最终达到抑制非效率投资的效果（Jensen and Meckling，1976；Lambert et al.，1986）。现有大量文献以管理层激励与企业投资行为两个热议的研究为主题。国外与管理层激励影响企业投资行为的研究多以股权激励为主；这是因为，发达国家的资本市场机制以及诚信水平的成熟度较高，相比货币薪酬激励的短期激励性质而言，具有长期激励效果的股权激励更能够拉近管理层与股东的利益。然而，我国的资本市场受转轨经济的影响及其自身的政府主导等特征，较西方发达国家有很大差距，市场有效性和完善性较低；加之我国国有企业的产权差异较大，因此，对高管的激励体制较国外有很大差别。对政府控制的上市公司的高管激励契约的研究主要以货币薪酬的显性激励和以职位晋升的隐形激励为主；对非政府控制的上市公司的高管激励契约主要有货币薪酬激励和股权激励（夏冠军、于研，2012）。此外，国内外关于高管激励与投资效率的文献较少，大多关注高管激励与资本投资量的关系，且并没有得出一致的研究结论。本书将国内外与管理层激励影响企业投资行为的经典文献进行梳理并列示于表2-2中。

表2-2　　　管理层激励与企业投资行为的经典文献

研究主题	学者（年份）	主要观点	研究方法
薪酬激励	Smith 和 Watts（1992）	有效的薪酬契约能够约束股东与经理人之间的代理问题，降低经理人自利行为的可能性，增加股东与经理人利益相关性；从而使经理人放弃对净现值小于零的项目的投资，约束由代理问题所产生的过度投资行为	理论分析

研究主题	学者（年份）	主要观点	研究方法
薪酬激励	辛清泉等（2007）	（1）经理薪酬过低能够引发企业投资过度，但能够支撑薪酬过低导致投资不足这一假说的证据很微弱； （2）经理薪酬过低导致过度投资现象仅存在于国有资产管理机构和地方国有企业所控制的上市公司中；而在中央企业上市公司和私有产权控制的上市公司中不存在此现象	以 2000—2004 年上市公司的数据为研究样本；区分了产权性质；采用 OLS 回归
	杨兴全等（2012）	（1）货币薪酬激励能够抑制企业的过度投资； （2）这种抑制效果会受到政府控制程度的影响，当政府控制程度强时，这种抑制效果会随之减弱；相反，当政府控制程度减弱时，这种抑制作用会增强	基于公司大小股东的代理冲突
	田利辉和李春霞（2014）	（1）负债与经理薪酬都能够对企业过度投资起到抑制作用，且二者对过度投资的影响具有互补作用； （2）产权因素对两者的作用会产生一定影响，当终极控制人为政府时，负债对于过度投资的约束作用会减弱	基于约束与激励的互补效应
	李春霞和叶瑶（2015）	（1）管理层薪酬契约的作用不仅体现在治理过度投资方面，更重要的是其能够激励管理者不放弃净现值为正的项目，缓解企业的投资不足； （2）管理层薪酬与负债对企业投资不足的缓解作用具有替代作用； （3）管理层薪酬激励对投资不足的缓解作用在国有企业中发挥得更明显	基于负债的信号理论、隐含激励和破产风险
	张洪亮等（2017）	薪酬激励能够加剧我国国有企业的过度投资行为。 主要原因：国有企业高管掌握企业所有经营权，加之国有企业高管的薪酬激励的"刚性管制"色彩，加剧了国有企业高管谋求其他"隐性"薪酬、获取控制权收益的动机，加大投资便是其最好的选择之一	基于管理层寻租动机

续表

研究主题	学者（年份）	主要观点	研究方法
股权激励	Anderson 等（2000）	企业过度投资水平与其高管持股比例负相关。主要原因：高管持股比例越高，他们在未来获得的公司的收益越多，这些收益能够与其通过过度投资而获得的收益相抵销，甚至超越通过过度投资所获得的收益	采用 1985—1994 年 103 家随机非金融企业为研究样本；OLS 回归
	Broussard 等（2004）	高管激励水平与企业投资现金流量呈负相关关系，这种关系在成长机会较低的企业表现得更为突出。这表明，基于股权的高管激励机制能够抑制高管过度投资行为	以 1993—1997 年美国的上市公司为研究样本；以经理人持股和股票期权作为经理人激励的代理变量
	Zhang（2005）	（1）企业投资现金流敏感性与 CEO 持有股票期权数量负相关；（2）企业投资现金流敏感性与 CEO 持股比例不相关	以 1993—2004 年 1557 家公司为研究样本；以 CEO 持股和 CEO 股票期权为高管激励的代理变量
	Aggarwal 和 Samwick（2006）	企业的投资水平会随着高管激励水平的提升而增长。基于股权的高管薪酬激励对由自由现金流产生的代理成本没有影响	以 1993—2001 年为研究区间；采用 SP500 指数计量前五大高管股权激励水平；OLS 回归
	唐雪松等（2007）	高管持股能对我国上市公司高管的过度投资行为具有有效的抑制作用；这种抑制作用要比发放现金股利与使用负债融资更强	以 2000—2002 年制造业上市公司为研究样本；OLS 模型回归
	罗富碧等（2008）	高管股权激励对企业投资具有显著的正向影响	固定效应模型
	冉茂盛等（2008）	高管股权激励能够促使其提高研发投资量；但这种中作用程度会随着高管股权比例的增加而降低	以高新企业为研究对象；建立高新企业股权激励与研发支出的契约模型。在委托代理关系下求解模型，得到管理层最优股权激励比例和最优研发投资量的参数表达式

续表

研究主题	学者（年份）	主要观点	研究方法
股权激励	吕长江和张海平（2011）	我国的股权激励制度能够缓解管理层和股东之间的利益冲突，解决上市公司的非效率投资问题，具体表现为抑制过度投资和缓解投资不足	以我国 2006—2009 年实施股权激励的上市公司为研究样本
	罗付岩和沈中华（2013）	（1）股权激励能够通过解决代理问题抑制上市公司的总体非效率投资，这种作用在非国有企业中变得更显著； （2）股权激励对上市公司的过度投资行为抑制作用有限，但对投资不足行为的抑制作用显著	基于代理成本的中介作用和产权性质的调节作用；研究样本为 2002—2010 年沪深两市 A 股上市公司；研究模型为 OLS
	徐倩（2014）	（1）股权激励制度能够减轻环境不确定性导致的代理冲突，从而抑制企业过度投资行为； （2）股权激励能够降低管理者的风险厌恶程度，从而缓解企业投资不足	基于环境不确定性的探讨；研究样本为 2006—2012 年沪深 A 股所有上市公司；OLS 模型回归
	卢闯等（2015）	（1）实施股权激励能够促进管理层提高企业资本投资； （2）实施股权激励下，国有上市公司的投资力度要大于非国有上市公司	以 2006—2010 年实施股权激励的上市公司为研究样本；采用倾向匹配得分法和双重差分模型检验
	翟淑萍等（2017）	（1）管理层激励能够缓解由业绩预期压力所带来的投资不足； （2）相对于限制性股票和激励型股权激励，股票期权与福利型股权激励对业绩预期压力引起投资不足的缓解作用更强	以 2007—2015 年 A 股上市公司为研究样本；采用倾向匹配得分法和双重差分模型进行检验

第三节　管理层激励与企业融资结构研究

管理者是融资决策的行为主体，对企业融资结构起到一定的决定作用。现代企业的两权分离制度引发了委托代理问题。由于委托人与代理人之间的效用函数不一样，使两者之间产生了利益冲突。同时，信息不对称问题的存在为管理者追求自身利益最大化而做出有损股东利益的行为提供了契机（Fama，1980）。因此，管理层在选择资本结构时，可能会按照自身利益最大化来做出决策而不惜牺牲股东的利益。Jensen 和 Meckling（1976）提出了资本结构的代理理论，并指出高管激励能够增加管理者与股东之间的利益相关性、缓解代理问题，促使管理者选择对企业有利的财务决策、采用最优的资本结构。自此，国内外学者开始了对管理层激励与融资结构关系的讨论。

现阶段，对管理层激励与融资结构关系的讨论主要从薪酬激励与股权激励两方面展开，但观点并没有得到统一。本书将与两者关系相关的经典文献列示于表 2 - 3。

表 2 - 3　　　　管理层激励与企业融资结构的经典文献

研究主题	学者（年份）	主要观点	研究方法
薪酬激励	Aghion 和 Bolton（1989）	管理者拥有对企业的一定控制权，可以影响自身薪酬，并倾向于根据薪酬激励方案设计企业融资结构、调节财务杠杆	理论分析和模型推导
	Mehran 和 Hamid（1992）	在激励计划中，企业的杠杆水平会随着高管薪酬比率的增加而升高	以 1973—1983 年 Compu-tat 数据库中制造业企业为研究样本；OLS 回归
	Augustine 等（2012）	高管激励能够抑制杠杆融资，降低过高负债所带来的违约风险和破产风险	以 1993—2003 年美国非金融上市公司为研究样本；OLS 回归
	刘海英（2009）	高管薪酬激励与公司的资产负债率呈负相关关系，管理层契约在降低负债代理成本方面发挥着积极的作用	以 2004—2006 年沪深制造业上市公司为研究样本；固定效应模型

续表

研究主题	学者（年份）	主要观点	研究方法
薪酬激励	黄继承等（2016）	经理薪酬激励能够缓解代理问题导致的资本结构决策扭曲。经理薪酬激励越强，经理人在资本结构决策上的扭曲会越小	基于动态权衡理论；以2001—2012年沪深A股上市公司为研究样本；采用标准的部分调整模型
	赵宇恒等（2016）	高管薪酬激励与企业融资结构的关系呈倒"U"形。当高管薪酬水平较低时，提高薪酬能够促使高管增加对负债融资的使用；但当薪酬激励水平达到一定程度后，再对高管进行加薪激励，会促使其减少对负债的使用	以2007—2012年沪深两市上市公司为研究样本；OLS回归
股权激励	Friend和Lang（1988）	高负债不仅会增加企业的破产风险，还会增加债权人对管理者的监督；因此，为了规避风险或者获得更多的资金支配权，管理者会更倾向于低杠杆融资	将纽约证券交易所的984家公司分为"相近持股"和"分散持股"两大类
	Smith和Watts（1992）	给管理者发放股票期权可以激励管理者增加企业的风险。随着管理者薪酬中未行权股票期权所占比例的增加，管理者有动机去增加企业的杠杆	理论分析
	Agrawal和Knoeber（1996）	高管股权激励能够缓解高管与股东在融资决策中的代理冲突	理论分析
	Berger（1997）	高管持股过高给企业进行完全分散化的投资组合增加了难度，出于规避风险的动机，管理者会选择降低负债融资	以Yermack（1996）搜集的452家工业行业公司数据为研究样本；OLS回归
	Dong等（2010）	高管持股能够增加CEO与股东之间的利益相关性，为追求更多风险所带来的收益，他们会更倾向于债务融资，导致企业的财务杠杆提高	以1993—2007年Computat数据库中制造业企业为研究样本；OLS回归

续表

研究主题	学者（年份）	主要观点	研究方法
股权激励	刘媛媛（2013）	管理层激励能够抑制公司对负债的使用；且管理层持股激励对负债筹资的抑制作用明显大于薪酬激励的抑制作用	以 2008—2010 年沪深主板 A 股上市公司为研究样本；采用结构方程模型检验
	冯根福和马亚军（2004）	上市公司高管有调整公司资产负债率的动机；增加高管持股能够抑制高管对负债的使用，降低公司的资产负债率水平	以 2002 年年底以前沪深两市挂牌并发布年报的上市公司为研究样本；采用 OLS 回归
	杨志强等（2016）	对企业高管实施股权激励对高管的融资防御行为具有显著抑制作用；激励水平越高，抑制作用越强，企业实际资本结构越接近最优	基于目标资本结构的动态调整；以 1999—2014 年上市公司为研究样本；采用局部调整模型
	赵宇恒等（2016）	高管股权激励与企业融资结构的关系呈正"U"形	以 2007—2012 年沪深两市上市公司为研究样本；OLS 回归

第四节　文献评述

通过对 EVA 研究、管理层激励对企业投资行为的影响研究、管理层激励对企业融资结构的影响研究三方面的文献梳理，可以看出，现有的相关研究在以下三方面仍有进一步完善和深化的空间。

其一，EVA 考核与投资效率研究。自 2010 年国资委在中央企业大力推行 EVA 考核，国内学者便就 EVA 考核所带来的经济后果展开了研究，并取得了一定成果。就目前而言，对 EVA 考核的经济后果研究大多集中在投资领域（包括研发投资），仅有一篇经典文献直接讨论并检验了 EVA 考核对企业价值的影响，且仍基于 EVA

考核影响投资效率这条作用路径之上。此外，在鲜有的 EVA 考核影响企业投资效率的研究之中，大部分都是对实物资产非效率投资或过度投资和投资不足的探讨，没有考虑到企业的金融资产。同时，现有的研究也没有进一步对实物性资产的类别进行划分，并分别考察。然而，由于资产性质之间存在差异，不同资产投资背后隐藏的代理成本也有很大差别。EVA 考核对不同类别资产的非效率投资的作用效果自然也有很大不同。因此，在研究过程中有必要给予考虑。此外，现阶段对 EVA 考核影响非效率投资的研究方法略为单一，大部分仍将 EVA 考核作为虚拟变量（实施 EVA 考核为 1，未实施 EVA 考核为 0）进行 OLS 回归检验。虽然，其在主回归后进行了大量不同的稳健性检验，但仍然无法有效控制企业自身特征差异所产生的噪声；因此，有必要采用准自然实验的检验方法进行进一步验证。

其二，EVA 考核与负债融资研究。通过对相关文献的梳理，可以看出，国内外与管理层激励影响融资结构的研究颇为丰富，但以业绩评价作为研究视角的实证文章比较罕见，更没有发现直接验证 EVA 考核与融资结构关系的实证文章，EVA 考核的经济后果研究主要集中在投资领域。然而，融资是考察经济后果的重要角度之一，EVA 指标在计算时扣除了权益资本成本，且其结果直接与负责人的薪酬和晋升相挂钩；采用 EVA 作为考核指标势必会对企业融资决策产生影响。因此，在进一步挖掘 EVA 考核对投资的影响的同时，有必要将研究内容拓宽至融资领域。此外，2016 年 12 月，国资委对《办法》进行了修订，强调考核应以落实管资本为主，突出 EVA 考核，争取通过 EVA 考核引导企业资本结构更加优化。那么，EVA考核的实施是否达到了国资委力求实现优化资本结构的初衷？其对现阶段大力提倡的"去杠杆"制度起到了促进作用还是带来负面影响？在我国大力推动国有企业改革的大背景下，对这些问题的探讨不仅重要且必要。因此，应试图通过对 EVA 考核影响融资决策、尤其是负债融资的理论分析与实证检验，为深化国有企业改革提供有力的理论和实践证据。

其三，负债融资在 EVA 考核治理非效率投资过程中的作用研究。现有的与管理层激励、负债融资和非效率投资的相关文献仅围绕管理层激励对非效率投资的影响、负债融资对非效率投资的影响以及两者影响非效率投资的互补或替代关系，并对上述关系进行了理论探讨和实证验证。并没有发现将负债融资作为管理层激励和非效率投资的中介因素的文献。鲜有的几篇将管理层激励、负债融资与非效率投资纳入同一框架的研究均将管理层激励和负债融资视为互相独立的激励机制与约束机制，在默认两种机制相互不影响的前提条件下研究它们对非效率投资的联合效用。但事实上，激励机制的设计对管理层的融资方式及融资结构选择具有一定的影响。因此，仅将两者作为相互独立的机制进行探讨存在一定的内生性问题。因此，有必要选择一种新的研究思路，对三者之间的关系进行逻辑捋顺和实证检验。

第三章

理论基础与逻辑框架

第一节　现代企业理论

　　投资效率和融资结构是企业投融资决策最终所固化的经济结果。因此,投融资决策的有效性取决于决策行为主体的目标与企业目标的一致性程度。那么,决策行为的主体是谁?其目标是否与企业目标一致?了解以上问题是分析企业投融资决策及其所带来的经济后果的基础。因此,本书首先将以上两个问题作为本书的逻辑起点,并运用信息不对称理论和代理成本理论予以解释。

一　信息不对称理论

　　经济学经典理论通常假定市场完善,其认为市场参与者所获取的信息是充分且均匀分布的。然而,从现实角度考察资本市场,资本市场的参与者所获取的信息难以实现"完全充分";不仅如此,在不同参与主体之间,信息的分布也并不是均匀和对称的,这严重影响了现实资本市场运行的有效性。信息不对称的概念最早由 Aker-lof(1970)提出。此后,学者延其思路,对信息不对称理论进行了丰富和发展。信息不对称是指一方拥有比另一方更多的信息优势,其描述了信息在不同交易主体之间呈不均匀分布的状态。比如,相对于外部投资者而言,公司管理者拥有更多公司内部信息;同样是外部投资者，知情交易者所掌握的信息多于不知情的交易者。信息的不对称性使掌握更多信息的市场主体能够在交易过程中获取更多的利益。因此，市场参与者在进行交易的过程中愿意花费适当成本去获取更多相关信息。这也推翻了有效市场理论的信息无成本假设。

对信息不对称的划分可以从时间和内容两个维度进行。从时间维度看，信息不对称分为事前信息不对称和事后信息不对称。事前信息不对称发生在参与者签约之前，容易产生逆向选择问题；事后信息不对称发生在参与者签约之后，容易引发道德风险问题。从内容维度上看，信息不对称又分为由参与者的行动引发的信息不对称和由参与者的知识引发的信息不对称。对由参与者的行动引发的信息不对称的研究形成了隐藏行动模型；对由参与者的知识引发的信息不对称的研究则形成了隐藏知识模型。信息不对称的经济后果涉及了信息经济学中的代理问题，信息经济学的核心就在于通过机制的设计降低代理问题对市场效率的负面影响（Rothschild and Stiglitz，1976；Spence，1973）。

二 代理成本理论

随着科学技术水平和市场经济的日益进步与发展，企业交易范围不断扩大，企业资本积累不断增加，企业的规模也随之增大。企业所有者所拥有的时间、精力、相关知识以及管理能力等已经不足以满足其对企业效益的预期。在这种情况下，企业所有者便会将企业的经营控制权转交给更有能力的人。由此，形成了所有权与控制权的相互分离，委托代理关系建立。事实上，委托代理关系属于一种契约关系（Jensen and Meckling，1976）。在这种契约关系下，委托人给予代理人一些权利来代表他们进行决策。委托代理关系的建立引发了一系列的委托代理问题。主要有两方面原因：从委托人的角度看，委托人可能因缺乏相关知识和经验以至于没有能力对代理人进行有效监督；或因其工作繁忙而没有精力和时间对代理人实施监控。从代理人的角度看，其利益和目标与委托人的利益和目标可能存在潜在的冲突。由于信息不对称的存在，代理人的行为很难被委托人监控；因此，代理人有动机且有能力做出有损于委托人利益的行为。

基于此，Jensen 和 Meckling（1976）提出了代理成本的概念。其认为，代理成本的产生源于企业管理者并不是企业的所有者或完全所有者。在管理者是企业的部分所有者的情况下：①当管理者尽力工作时，其可能承担全部成本而仅获取一部分利润；②当管理者进行额外消费时，其得到全部好处却只承担一小部分成本。由此，管理者工作积极性不高，热衷于追求额外消费。故企业的价值小于管理者是完全所有者时的价值，这两者之间的差异被称为代理成本。代理成本包括：订约成本、监督和控制代理人的成本、确保代理人做出最优决策或保持委托人由于遭受次优决策的后果而获得补偿的保证成本和不能完全控制代理人的行为而引起的剩余损失。公司中存在的代理成本主要有四类：第一类是由股东与管理者之间的关系所产生的代理成本；第二类是由股东与债权人之间的关系所产生的代理成本；第三类是公司大股东和中小股东之间的代理成本；第四类为公司和非投资者但存在利害关系的人或组织之间的代理成本。根据本书的研究主题，本章在分析过程所涉及的代理冲突和代理成本主要是指前两类，即股东与管理者之间的代理冲突和股东与债权人之间的代理冲突，以及由这两种代理冲突所带来的代理成本。

第二节　企业投融资理论

一　企业投资融资无关论

Modigliani 和 Miller（1958）以"经济个体理性""市场信息对称性""市场竞争完全性"为前提假设，对以下三种关系进行了研究和讨论：其一，企业资本结构选择与企业价值之间的关系；其二，财务杠杆与股东收益之间的关系；其三，企业投资决策与融资决策之间的关系。在此基础上，Modigliani 和 Miller（1958）提出了兼具开创性和时代性意义的 MM 定理，使公司财务理论无论是在科学体系还是在研究方法方面都产生了巨大飞跃。MM 定理指出，在完美资本市场假设条件下，公司的市场价值并不受融资方式的影响，公司的价值只等于投资项目未来现金流的净现值。这意味着，在满足理性经济个体、对称市场信息、完全市场竞争的假设前提下，企业价值与融资结构的选择无关、企业所有者收益与企业财务杠杆无关、企业融资方式与企业投资决策无关。这就是著名的"MM 无关论"在公司财务领域的诠释。

"MM 无关论"是建立在一系列完美市场假设基础上的。然而，现实市场存在企业和个人所得税、企业破产风险等摩擦。Modigliani 和 Miller（1963）在其 1958 年的研究的基础上放宽了约束条件，将所得税纳入了考虑范围。研究结果表明，由于企业对负债支付的利息被计入成本，在存在企业所得税的前提条件下，负债能够发挥税盾效应降低企业的所得税，从而增加股东的税后利润。也就是说，在存在企业所得税的情况下，企业应采用债务融资方式来获取投资所需资金。然而，现实企业并不存在完全负债的情况，因此，MM 的避税理论仍具有一定局限。Baxter（1967）将破产成本因素纳入 Modigliani 和 Miller（1963）的研究框架；此后，Stigliz（1972）又对之进行了拓展，形成了破产理论。破产理论认为，对于经营不善的企业而言，大量举债容易使其陷入资不抵债的困境，从而导致企业破产。破产不仅会产生清算费用等直接成本，还会产生一系列的间接成本，如资金冻结、财产强制处置等。从表面看，这些成本会减少债权人最终所获得的财产的价值。但事实上，债权人可以通过事前合约来避免这部分损失的发生，如在期初签订债权合约时提高利率来抵销对破产成本的补偿。在这种情况下，企业因举债所产生的破产成本仍由企业承担。因此，企业在选择负债融资时，需谨慎对避税收益和破产成本进行权衡。

基于破产成本和避税效应的权衡理论，Milller（1977）从个人所得税和债权收益的角度分析了负债的所得税效应。其指出，在个人所得税的累进制度下，企业的最优债券需求量与供给量无法确定，企业的债券收益率取决于市场的总供需均衡。因此，在债券市场均衡的情况下，企业若想通过增加负债而获得更多由避税效应所带来的收益就需要提高债券的收益率。只有这样，才能够弥补增加负债而带来的破产风险，从而被债券投资者接受。然而，对于企业而言，提高债券收益率会抵销负债的避税效应。因此，与股权融资比较，此时的负债融资并没有相对优势，两种融资方式并无差别，"MM 无关论"依然成立，即资本结构的选择与企业价值无关、股东收益与企业财务杠杆无关、企业融资方式与企业投资决策无关。这就是 Miller 的均衡命题。

可以说，MM 理论虽然缺乏实证支持，对企业财务实践的理论指导也存在一定局限。但其却对公司投融资理论的发展奠定了基础，开启了对现代公司投融资理论研究的大门。

二 基于信息不对称理论和代理理论的企业融资行为

Stigliz（1972）的破产成本理论和 MM（1997）的均衡命题均是探讨"外部因素"对企业融资结构的影响。自 20 世纪 70 年代信息不对称和委托代理概念提出以后，理论界对信息不对称现象和委托代理问题的研究逐渐渗透到经济学和管理学的各个分支领域。许多学者以信息不对称和委托代理问题为视角，试图从企业"内部因素"分析企业融资结构选择的问题，将早期融资理论的平衡问题转化成为结构或制度的设计问题，并取得了一定的成绩。信息不对称因素和委托代理因素的引入，为企业融资理论研究开辟了新方向，使企业融资理论得到了重大的发展和突破，将企业融资理论研究推向了一个新阶段。

（一）企业的优序融资理论

Ross（1977）建立的信号传递模型，首次将信息不对称引入企业融资理论中。其提出，当企业管理者与外部投资者存在信息不对称时，负债便成为一种将企业内部信息传递给外部市场的工具。当企业负债比例增加时，表明企业管理者对企业未来收益有较高的期望，对外部投资者而言，是一种积极的信号。与之相反，当企业负债比例降低时，表明企业管理者对企业未来的收益并没有足够的信心，对外部投资者而言，是一种消极的信号。因此，发行债券能够降低企业的融资成本，从而增加企业价值。在此基础上，Myers 和 Majluf（1984）提出了"优序融资"理论。优序融资理论的基本观点是：在存在信息不对称下，企业的融资顺序是，内源融资、债务融资、股权融资。这是由于，在内部管理者与外部投资者存在信息不对称的情况下，资本市场并不能准确真实地反映公司价值，公司股票价值可能被高估，也可能被低估。假设管理者能够按照股东价值最大化进行投融资决策，那么，当公司股票被低估时，管理者会拒绝发行新股，因为这样做会造成原有股东的利益转移。只有在新投资所带来的利益能够抵销原有股东的利益损失时，公司才会考虑发行新股。当公司股票被高估时，公司进行外部股权融资很可能被外部投资者视作公司股价被高估的信号，从而导致股价下跌。在此情况下，公司便不得不放弃新的投资项目。相对于股权融资而言，债务融资具有优先行使的特点；且债务对管理者能够起到一定约束作用，为外部投资者传递了一种积极的信号。因此，发行债券对公司股价的影响要小于发行新股。因此，优序融资理论认为，在存在信息不对称的情况下，企业会优先选择内源融资。在必须要采用外源融资的情况下，企业会优先考虑债务融资，最后才是股权融资。

（二）企业融资的代理成本理论

Jensen 和 Meckling（1976）提出了代理成本理论，依据 Jensen 和 Meckling 对代理成本的解释，代理成本理论是以代理理论、企业理论和财产所有权理论系统地分析和解释信息不对称下的企业融资结构问题的学说。Jensen 和 Meckling（1976）将委托代理关系定义为"委托人授予代理人某些决策权，并要求代理人提供有利于委托人利益的服务的关系"。因此，企业所有权与经营权分离下的企业所有者与经营者之间的关系亦属于其所定义的委托代理关系。在信息不对称的环境下，委托代理关系的建立伴随的是委托代理问题的产生。基于经济人假设，委托人与代理人都追求个人利益最大化，在委托人与代理人的目标函数不一致的情况下，代理人便会以自身利益最大化为目标进行决策，从而损害委托人的利益。缓解委托代理问题可以从两方面入手：其一，委托人可对代理人实施监督和激励，引导其以委托人的利益最大化为目标进行决策。其二，在契约签订时，委托人可以要求代理人提供一定财产做担保，当代理人侵害委托人利益时，能够给予委托人一定补偿。然而，即便是采用以上两种措施，委托代理问题也并不可能完全被消除，代理人的行为与使委托人利益最大化的行为仍会存在一定差异，而由这部分差异所导致的委托人的损失被称为"剩余损失"。代理成本即由委托人的监督成本、代理人的担保成本和剩余损失所构成。Jensen 和 Meckling（1976）认为，代理成本是企业所有权结构的决定因素之一，企业代理成本的产生源于经营者并不是企业的所有者或完全所有者。在这种情况下，经营者努力工作却只能够获得企业的部分收益。这在一定程度上抑制了经营者工作的积极性，助长了其追求在职消费的动机。因此，当企业经营者并不是企业的完全所有者时，企业的实际市场价值要低于经营者是完全所有者时的实际市场价值。两种情况下，企业的实际市场价值之差即为外部股权的代理成本。想要完全消除股权代理成本的唯一途径就是让经营者成为完全所有者，然而，这又会受到经营者自身财富的限制。外部债权融资能够突破这种限制，但采用债权融资会引发另一种代理成本。这是因为，在采用债权融资的情况下，经营者有动机选择机会较小但一旦成功能够获利较大的高风险项目进行投资。因为，这些投资项目一旦成功，经理人和股东能够获得大部分收益；而一旦失败，大部分损失却由债权人承担。这部分成本即为外部债权代理成本。基于对股权代理成本和债权代理成本的分析，Jensen 和 Meckling（1976）指出，企业的融资结构是由股权代理成本和债权代理成本之间平衡关系决定的。当股权融资和债权融资的边际代理成本相等时，总代理成本最小。此时，企业融资结构达到最优。

三　基于信息不对称理论和代理理论的企业投资行为

现代企业投资理论始于 MM 定理。根据 MM 理论，企业的投资决策仅取决于投资所带来的现金流收益，而不受融资方式的影响。然而，由于信息不对称和委托代理问题的存在，使 MM 的结论缺少一定的实践支撑。随着信息经济学的不断发展以及公司财务与公司治理研究的逐渐融合，对企业投资决策的影响逐渐融入了道德风险、逆向选择、融资成本等因素。从而，逐步形成了基于信息不对称理论和代理理论的企业投资理论体系。

（一）股东与管理者代理冲突下的投资行为

前文已述，在企业所有者的时间、精力、相关知识以及管理能力等已经不足以满足其对企业效益的预期时，企业所有者会将企业的经营控制权转交给更有能力的人，从而形成了所有权与控制权相分离的委托代理关系。在此种情况下，经营者并不是企业的完全所有者，甚至并不是所有者。他们仅能够获得企业的部分剩余，但却要承担与其不相匹配的经营风险和人力机会成本。因此，企业的管理者（即代理人）为谋求个人收益最大化，利用其掌握企业的大部分控制权的优势做出侵害股东（即委托人）的利益的行为。在企业实体中，资本是流动和交易功能最强的资产；因此，资本投入和购置便成为企业实际控制人获取私利的"本源"和基本途径（Shleifer and Vishny，1986；Grossman and Hart，1988；Glassens，2002）。因此，在所有权与控制权分离的现代企业制度下，掌握实际控制权的管理者有能力且有动机进行非企业价值最大化的过度投资和投资不足行为，从而实现企业财富到个人利益的转化。股东与管理者之间的代理冲突越严重，企业的过度投资和投资不足问题越突出。比如，在管理者不拥有企业所有权的情况下，其投资行为的道德风险倾向要远高于其拥有部分公司所有权的情况。

在所有权和控制权分离的背景下，除管理者的个人利益动机外，其个人声誉、职业偏好等因素也会诱发股东与管理者的代理冲突，并引发管理者的非效率行为。能够导致过度投资的管理者的动机主要有：①构建帝国动机。Jensen 和 Meckling（1986）的研究指出，管理者有打造企业帝国的动机，使他们倾向于扩大投资规模，从而导致企业过度投资。这主要是因为，企业规模的扩张能够使企业管理者掌握更多的企业控制性资源，从而增强管理者对企业的控制能力。控制性资源的增加以及控制能力的增强，使管理者更容易从中获取更多的私人利益。此外，对于那些追求规模效应的企业而言，企业规模的扩张能够给企业管理者带来更多的加薪和晋升机会。因此，管理者会动用一切可以利用的资金来进行投资，其中也包括那些净现值为负的投资，从而引发企业的过度投资。②防御动机。管理者为了稳固其自身地位和收益，通常倾向于投资或维持能够发挥其特殊技能的投资项目，因为增加或维持这样的投资项目能够增加股东对他们的解雇成本，从而增加其与股东谈判的筹码、降低其被其他经理人替代的风险。然而，能够发挥其特殊技能的投资项目很可能并不符合股东财富最大化的目标，甚至有一些投资的净现值小于零。因此，管理者防御动机所带来的股东与管理者之间的代理冲突容易导致企业的过度投资。能够导致投资不足的管理者的动机主要有：①卸责动机。管理者能够从投资项目中获得个人收益的同时，也要付出一定成本（Bertrand and Mullainathan，2003；Aggarwal and Samwick，2006）。管理者对企业投资具有监管责任。当企业投资新项目或对现有项目进行更新时，管理者需要花费更多的时间进行监管。尤其是当新投资项目涉及了新领域时，管理者便需要付出更多的个人时间学习以提高自己对该项目的监管能力。在投资收益低于私人时间成本时，那些偏好更多私人时间的管理者便会放弃一些净现值大于零的投资项目，导致投资不足。②短期机会主义动机。在现代企业的两权分离制度下，管理者存在短期机会主义动机。这是因为，相比对企业未来价值提升的投资而言，那些较短提升企业收益和股价的投资更容易提升管理者的短期业绩，提升管理者在人力资本市场的短期声誉（Narayanan, 1985；Stein, 1989）。因此，管理者更倾向于那些能够更快获得个人利益的投资方式，而放弃那些能够为企业未来创造更多价值的投资项目，从而导致投资不足。

（二）股东与债权人代理冲突下的公司投资行为

当企业存在外部负债时，便形成了基于负债契约的股东与债权人的委托代理关系。企业原有的由两权分离制度所产生的股东与管理者之间的博弈便发展成为股东、管理者与债权人三者之间的博弈。

当股东与管理者之间的代理冲突较弱时，即管理者能够从股东价值最大化出发进行投资决策，股东与债权人之间的代理冲突便显现出来。具体作用在投资决策上，其能够引发企业的非效率投资问题。这是因为，当企业存在外部债权人时，一项能使股东价值最大化的投资项目并不一定使债权人的利益最大化得到同时满足（Fama and Miller, 1972）。因此，代表股东的经理人有动机选择机会较小但一旦成功能够获利较大的项目进行投资。这些投资项目一旦成功，股东能够获得大部分收益；而一旦失败，大部分损失却由债权人承担。因此，在债务契约签订后，管理者很可能会违背合约中进行低风险投资的承诺，将债务融资资本转移到高风险高收益的投资项目中，从而引发由资产替代效应而产生的过度投资问题（Mikkelson, 1981）。然而，若债务人在签订债务契约前充分预见了发生资产替代行为的可能性，债务人便会对债券价值和利率水平进行相应评估和调整，并在债务合约中提高负债利率。那么，这部分债务融资成本自然要由股东来承担。在这种情况下，管理者不得不放弃一些净现值为正的投资机会，造成投资不足（Hennessy, 2004）。许多研究都验证了股东与债权人的代理冲突能够导致企业的投资行为扭曲，这种扭曲程度会受到资产性质、债务期限长短以及企业经济周期等因素的影响（Parrino, 1999；Paul, 2005；Lyandres, 2007；Santos and Winton, 2008）。

当股东与管理者之间的代理冲突较强时，管理者的投资行为便表现出以股东与管理者代理冲突为主的投资行为。此时，负债融资便转变成一种监督约束机制，缓解股东与管理者之间的代理冲突，从而抑制管理者的过度投资和投资不足行为。这是因为，负债本金偿还与定期支付利息的特性在一定程度上缓解了管理者对企业自由现金流的滥用，抑制经理人的过度投资行为。同时，债务还本付息的特性具有一定的监督作用。企业负债越多，意味着管理者面临的监控更严、破产风险更高。当企业不能够按时偿还债务时，企业的所有权就掌握在债权人手中；此时，经理人便会面临失业风险（Stulz，1990）。因此，高负债融资在一定程度上能够降低由经理人卸责而导致的投资不足行为。

第三节　管理层激励理论

现代企业制度中的两权分离引发了信息不对称和代理成本。由于企业所有者与经营者的目标利益不一致，导致经营者以个人利益最大化为出发点进行决策，对企业投融资产生了一定的负面影响。因此，如何缓解所有者与经营者之间的代理冲突是提高投融资效率的关键。现有研究指出，建立合理的激励机制即为一种有效的方法（Jensen and Meckling，1976；Jensen and Murhy，1990；Smith and Watts，1992）。关于对激励理论的研究，存在管理学和经济学两种研究视角。管理学视角下的激励理论主要依赖行为科学中对需要、目标、动机以及行为之间关系的分析；经济学视角下的激励问题主要是围绕着现代企业制度中的两权分离所带来的问题而展开。现代企业的所有者与经营者既是管理者与被管理者的关系，也是委托人和代理人的关系。因此，管理层激励既是管理学问题也是经济学问题。因此，本部分将分别从管理学和经济学两个视角对激励理论进行介绍，以便分析解决所有者与经营者之间的代理问题的有效路径。

一　管理学视角的激励理论

基于研究激励问题侧重点的差异和激励对象行为之间的关系的差异，管理学的激励理论可以划分为内容型激励理论、过程型激励理论、行为改造型激励理论和综合激励理论。

（一）内容型激励理论

内容型激励理论是基于人的心理需要和动机研究而形成的激励理论，其重点研究的是影响工作动机的构成因素以及如何满足人的需求。内容型激励理论主要包括需要层次理论、双因素理论和 ERG 理论。需要层次理论是由美国著名心理学家 Maslow（1943）提出的。需要层次理论将人类的需要分为五个层次，由低至高分别为生理需要、安全需要、社交需要、尊重需要和自我实现需要。Maslow（1943）认为，当某一层次的需要相对满足了，人类的需要就会向更高的层次发展，追求更高一层次的需要就成为驱使行为的动力。因此，对一个人实施激励时，必须先了解此人所处的需求层级，然后试图去满足该层级及更高层级的需求。在需要层次理论基础上，Herzberg（1959）提出了双因素理论（即激励因素和保健因素），激励因素是指能造成员工满意的因素，主要包括个人成就感、发展潜能、能力提升等。保健因素是指能够造成员工不满的因素，主要包括员工薪酬、企业政策、工作条件等。Herzberg（1959）指出，保健因素得到满足并不一定产生激励作用，只有激励因素得到满足才能够发挥激励作用调动人们的积极性；然而，倘若保健因素得不到满足却会引起人们的不满。同样，基于需求层次理论，Alerfer（1972）提出了 ERG 理论。所谓 ERG，即生存（Existence）、关系（Relatedness）和成长（Growth）三种需求，然而，不同于马斯洛需求理论中的层级关系，Alerfer（1972）认为各需求层级结构并不是刚性的，即便一个人的生存和关系需要尚未得到完全满足，其仍可以追求成长需要，这三种需要可以同时起作用。此外，ERG 理论提出了"受挫"观点，其认为，假如较高层次的需求的满足受到一定限制时，人们的需求可能会转向较低层级。

（二）过程型激励理论

过程型激励理论重点研究的是人从动机产生到采取行动的心理过程，其主要目的是通过挖掘和了解动机与行为之间的相互联系来预测和控制人的行为。过程型激励的代表理论是期望理论和公平理论。期望理论由美国著名心理学家 Vroom（1964）提出。该理论认为，人的积极性被调动的大小取决于其对实现目标的可能性程度和达到目标后能够满足个人需要的价值。一个人对目标的把握越大、实现目标后得到的能够满足个人需要的价值越高，激励效果越明显。公平理论是研究人类的动机和知觉之间的关系的一种激励理论，最早由美国心理学家 Adams（1965）提出。公平理论认为，人的公平感直接影响其动机和行为。人总是会自觉或不自觉地将自己的劳动回报与他人的劳动回报进行比较，并对报酬分配的公平程度做以判断。在工作过程中，员工的工作积极性不仅仅取决于其个人实际报酬的多少，报酬在不同个人之间的公平分配也是影响员工工作积极性的重要因素。因此，公平激励是 Adams 理论所强调的核心。

（三）行为改造型激励理论

行为改造型激励理论强调人的行为会受外部环境的影响，激励的目的是改造和修正人的行为方式。行为改造理论不仅考虑引发积极行为的环境因素及其对积极行为的保持，更侧重于对消极行为的改造。具有代表性的行为改造激励理论包括归因理论和强化理论。归因理论侧重于人本主义，强调的是通过人的自我感觉、自我认识的改变来实现人的行为的改变。归因理论最早由美国心理学家 Herder（1958）提出，其认为，在工作过程中，员工的工作态度和积极性受到不同归因的影响，从而影响员工的行为和绩效。也就是说，人们对自己过去成功或失败的原因的总结会影响未来的期望和行为。在此基础上，Weiner（1974）建立了归因模型，指出人可做出四种归因：努力程度、能力大小、任务难度和运气机会。强化理论主要以行为主义为基础，是由 Skinner（1971）所提出的。强化理论侧重于通过学习的强化对人的行为的理解与修正。强化即是对某种行为的肯定或否定的后果，其能够在一定程度上决定此种行为在未来是否会重复发生。强化包括正强化和负强化两种。在管理上，正强化是指通过对需要的行为实施褒奖来加强这种行为；负强化即是通过对与组织不相容的行为进行惩罚，从而抑制这种行为。Skinner（1971）认为，惩罚等负强化措施能够很快消除消极行为，但这种效果通常只是暂时的，并且很容易引发矛盾和冲突。因此，在管理过程中对员工应多采用褒奖等正强化的措施，而减少负强化的使用。

（四）综合激励理论

综合激励模式是由 House 提出来的。House（1976）建立了一个综合激励公式将上述几类激励理论综合起来，并将内部因素与外部因素统统考虑了进来。House（1976）的综合激励公式强调任务本身的效价的内在激励作用；突出完成任务的内在期望值与效价；兼顾了因任务完成而获取外在报酬所引起的激励，对人员将会有极大的启发。House（1976）认为，想要提高人们的积极性，必须同时从内部激励与外部激励两方面入手。内部激励因素包括：活动本身所提供的报酬效价；对工作能否达到预定的期望值以及对完成工作任务的效价。外部激励因素包括：完成工作任务所带来的外在报酬的效价，如加薪和晋升的可能性。

二　经济学视角的激励理论

经济学中的激励理论主要是基于现代企业制度中由两权分离所带来的委托代理问题。最具代表性且最为核心的经济学激励理论是委托代理理论，其创始人包括 Willson（1969）、Spence 和 Zeckhauser（1971）、Ross（1973）、Mirrless（1974，1976）、Holmstrom（1979，1982）、Grossman 和 Hart（1983）等。委托代理理论研究的核心问题是，在信息不对称的环境下，委托人如何通过设计一项最优的契约约束代理人使其代理行为满足以委托人利益最大化的目标。委托代理理论建立在两个基本假设基础之上：一是委托人和代理人之间存在利益冲突；二是委托人和代理人之间存在信息不对称。这是因为，当委托代理关系建立时，倘若委托人与代理人之间存在利益的冲突但信息是对称的；那么，委托人就能够准确观察到代理人的努力和付出，从而对代理人实施准确且有效的激励。也就是说，当委托人与代理人之间存在利益冲突但信息对称的情况下，他们能够找到最优契约，解决两者之间的代理问题。当委托人与代理人之间不存在利益冲突时，即便是存在信息不对称，也不会产生代理问题。只有当委托人与代理人之间存在代理冲突，且又存在信息不对称时，由于委托人很难观察到代理人的行为，代理人可能会从自身利益最大化出发利用信息优势损害委托人的利益，代理问题才会产生。

由于代理问题的存在，委托人就必须建立一套有效的契约，约束并激励代理人的行为、缓解代理问题、降低代理成本、提高代理效率，使委托人与代理人的自身利益同时达到最优。值得注意的是，上述的分析是建立在委托代理关系已经形成的基础之上，要建立委托代理关系还需要具备两个条件：一是委托人支付的报酬的效用不能够低于代理人从事其他工作所获得的报酬的效用，即市场机会成本。倘若委托人支付给代理人的报酬的效用小于代理人的市场机会成本，那么代理人就会拒绝接受该契约，并不会形成委托代理关系。这被称为委托代理关系的参与约束。二是在信息不对称的环境下，委托人不能够完全掌握代理人的努力程度，因此无法在合约中反映。为了保证契约的可执行性，委托人期望代理人的努力水平必须要符合代理人的自身利益。也就是说，委托人要求的代理人的努力程度不仅要满足委托人自身的效用最大化，还要满足代理人的效用最大化。这就是委托代理关系的激励相容约束。因此，在参与约束和激励相容约束条件下寻找并设计一套最优契约即为委托代理理论的基本分析逻辑。

委托代理理论的分析基于数学模型，且其结论均来自数学公式推导。最具代表性且最基础的数学模型的推导是 Holmstrom（1971）的研究。Holmstrom（1971）建立了委托人期望效用函数，并采用拉格朗日乘数法将最优契约问题转化为在参与约束和激励相容约束两个条件下对委托人效用函数最大化的求解问题。求解出的答案即为最优契约应具有的特征。Holmstrom（1971）的公式推导结果表明：在委托人与代理人之间存在利益冲突但信息对称的情况下，委托人能够观察到代理人的努力。因此，委托人与代理人的边际效用之比保持不变，可以实现帕累托最优。这意味着，代理人的报酬由委托人和代理人的最优风险分布来决定，委托人可以设计具有强制性的契约，并根据代理人的努力水平支付薪酬。然而，在委托人与代理人存在利益冲突且信息不对称的条件下，由于委托人无法观察到代理人的努力程度，便会产生一定的效率损失。在参与约束与激励相容约束两个条件同时满足的前提下，无法达到帕累托最优。此时，代理人必须要承担一部分风险，最优的契约取决于委托人的效率目标和代理人的激励目标之间的权衡。

第四节　业绩评价理论

根据激励理论，在信息不对称的环境下，解决代理问题的关键是建立一套行之有效的契约，给予代理人恰当的约束和激励，使其在满足自身利益目标的同时实现契约中委托人所规定的目标。Holmstrom（1971）的模型推导是将代理人的努力程度转换成企业产出，并进行比较。在此模型的基础上，Holmstrom 对标准的委托代理模型进行了拓展，将公司股票价格纳入管理者（即代理人）的激励契约。其指出，公司股价能够反映管理者的努力程度，当观测公司股价可以不花费成本时，将其纳入对管理者的激励契约中，能够降低管理者承担的风险，从而使风险分担更接近帕累托最优水平。这说明了，对代理人起到有效激励作用的并不是契约中所包含的观测变量本身数值的大小，而是这些观测变量能够向委托人所反映的信息质量。因此，若想要激励机制能够充分发挥激励作用，对代理人的工作业绩进行恰当的评价是基本前提（Jensen and Meckling，1976；Jensen and Murphy，1990）。

从西方早期的以成本为主的评价体系，到后来的杜邦分析和平衡计分卡等评价方法，可以看出，业绩评价的核心就是寻找到一个或多个能够准确衡量和反映管理者（代理人）努力的指标来正确评价其工作努力程度，从而给予其恰当的激励，以促使其行为更符合股东（委托人）利益最大化。Mercy 和 Oyer（2001）指出，选择恰当的业绩评价指标能够实现经营者有效激励和代理成本降低的均衡，有助于实现委托代理的激励相容。综观国内外业绩评价体系，其变革与发展均具有时代性特征，以适应社会经济发展与企业管理要求。环境变化是业绩评价体系变化的主要动因，业绩评价体系的变化主要以评价指标的变化为主，且始终都是以适应企业内外部环境为目标。然而，无论业绩评价体系如何变化，都遵循两个基本原则：一是评价的客观性；二是激励的有效性。二者密不可分，评价的客观性是保证激励有效性的前提，激励有效性是评价客观性的具体体现。因此，设计科学的评价指标体系对于保证激励契约的有效性、缓解委托代理问题至关重要。

第五节　EVA 考核、负债融资与非效率投资的逻辑框架

基于前文对本书所涉及的基础理论的介绍和分析，本书整理并建立了 EVA 考核、负债融资与企业非效率投资的逻辑框架。

根据代理成本理论、信息不对称理论和企业投融资理论，现代企业的两权分离制度引发了股东与经理人之间的委托代理问题。由于股东与经理人的目标不一致，在信息不对称环境下，经理人有动

机且有能力为了追求个人利益最大化做出有损于股东价值的投融资决策，导致非效率投资和非效率融资。对于我国国有企业而言，委托代理问题更为严重。就委托人而言，国有企业存在"多重委托"关系。理论上讲，全体人民是国有企业的所有者。国家作为全体人民代表，无法像普通法人一样进行经营。因此，国家只能将国有企业委托给各级人民政府，而各级人民政府又将其委托给履行出资人职责的国有资产监督管理委员会；最终，由各地方政府和各国有资产监督管理委员会将其所管理的国有企业委托给最终代理人。这种层层委托的过程，加剧了国有企业的委托代理问题。就代理人而言，其具有"政治人"和"经济人"的双重特征。国有企业经理或高级管理人员的人事任免是由各级履行出资人机构和各级政府来决定，而不是像市场竞争下的股份制公司代理人那样通过市场选拔。因此，国有企业经理人的任免具有政治性或党性特征，并非是经营性和管理性。这种"能位不相宜"的人力资源错配容易导致国有企业经理忽视企业长期发展、谋取短期利益的行为，从而实现个人政治晋升目标。此外，国有企业承担了一定的社会性和政策性负担，多重的委托代理层级加剧了信息不对称程度，经理人很可能会把由个人谋求私利而造成的经营亏损归咎于政府的社会性和政策性负担，而政府又很难分辨亏损的原因，因此，加剧了经理人的道德风险。

根据管理层激励理论和业绩评价理论，设计科学的激励机制能够有效缓解股东与经理人之间的委托代理问题，从而解决非效率投融资问题。然而，想要使激励机制充分发挥激励作用的前提条件是要建立一套科学的，能够准确衡量经理人业绩的评价机制。这是因为，只有业绩评价能够准确反映公司业绩且代表股东权益时，与之挂钩的管理层激励机制才能够激励管理者以股东价值最大化进行投融资决策。根据业绩评价理论，选择合理的评价指标是实现业绩评价引导管理层正确决策的关键。2009年，国资委在《中央企业负责人业绩考核办法》中引入EVA作为年度考核指标，并与负责人薪酬和任免相挂钩。其是否能够治理非效率投资问题？其对融资结构又会产生什么样的影响？这是本书试图解决的前两个问题。

根据代理成本理论和信息不对称理论，债务融资会影响企业投资决策，并引发股东与债权人的代理冲突。Jensen 和 Meckling（1976）解释了负债融资影响企业投资行为的两种机理：一是股东与经理人利益完全趋同的情况下，股东与债权人的冲突对投资有直接影响，其后果表现为过度投资（资产替代）与投资不足；二是在股东与经理人利益趋同较弱的情况下，负债能通过减轻股东与经理人冲突而抑制过度投资（相机治理作用），间接影响非效率投资行为。因此，在 EVA 考核影响股东—经理人的委托代理问题前提下，EVA 考核实施所带来的负债水平的变化在 EVA 考核影响非效率投资的过程中起到了何种作用？这是本书试图解决的第三个问题。

根据以上分析，本书将逻辑框架列示于图 3 - 1。

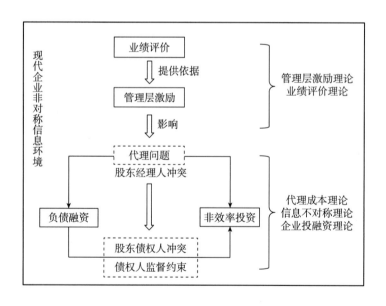

图 3 - 1　逻辑分析

第四章

制度背景与现状分析

第一节　国有企业改革与业绩考核发展历程

一　计划经济时期的绩效考核制度（1978年以前）

中华人民共和国成立初期，国家物质和资源匮乏，资本密集优先发展成为我国这一时期的主要战略方针。因此，效仿苏联的经济模式，我国将遗留的民族工商业进行了公有制改造，国有企业应运而生。计划经济体制下，国有企业的经营计划由国家统一下达，企业没有自主经营权，所有资金统贷统还，物资统一调配，产品统收统销，就业统包统揽。企业的经营目标就是完成国家下达的计划指标；考核内容主要是用年终实际完成情况与国家在年初规定的计划指标相比较。这样的体制虽然能够在一定程度上保证国有资产不被侵蚀，但却严重影响了企业的运营效率。

在计划经济时期，国家对国有企业的考核主要以实物产量为主。1951年，政务院发布了《关于过硬工业企业生产建设的决定》，规定企业完成生产、销售、财务等方面的12项指标后，可以从计划利润中提取2.5%作为企业奖励基金。1975年，国家制定了工业企业八项经济技术指标完成情况统计表，1977年制发了《工业企业八项经济技术指标统计考核办法》，选用了产品产量、品种、质量、原材料燃料动力消耗、流动资金、成本、利润、劳动生产率八项指标来考核地区、企业经济效益。虽然考核也包含了利润指标，但由于能源和原材料的价格均由国家制定，生产产品也由国家按计划价格收购和调配，整个价格体系不能反映生产成本，产值和利润也就不能够反映企业的真实绩效。国家只能采用产品产量、产品质量、解决降耗等实物产量作为对国有企业的主要考核指标，并以计划任务作为考核对比的标准。在对管理层激励方面，这一时期主要以精神激励为主，政府按照企业的行政级别制定相应的管理者薪酬待遇，对绩效考核完成出色的管理人给予行政晋升激励，并辅以少量货币奖金。

二 国有企业改革探索期的绩效考核制度（1978—1993年）

1978年12月，党的十一届三中全会明确指出，要将党的工作中心转移至经济建设，吹响了中国经济体制改革的号角，拉开了国有企业改革的帷幕。在改革初期，社会物资短缺仍是国有企业面临的第一大问题。因此，改革的首要举措就是"放权让利"。在计划经济体制下，国有企业是由中央集中控制，国有企业获利全部上缴国家。因此，"放权"是指将中央对企业的控制权适当下放至地方政府和企业。"让利"是指允许企业适当保留利润。这样一来，企业拥有了更多的经营自主权，释放出长期被束缚的主动性和创造性，提高了国有企业的生产能力。1984年10月，党的十二届三中全会发布了《中共中央关于经济体制改革的决定》，其指出，增强企业的活力是整个经济体制改革的中心环节。此后，政府颁布了一系列扩大企业自主权的文件，旨在使国有企业成为自负盈亏、自主经营、自我约束、自我发展的"四自"经济实体，推动了国有企业经营权层面的改革。并先后在国有企业推进了扩大企业经营自主权、利润递增包干和承包经营责任制的试点，调整了国家与企业的责权利关系，进一步明确了企业的利益主体地位，调动了企业和职工的生产经营积极性，增强了企业活力，为企业进入市场奠定了初步基础。

在改革初期阶段，国有企业的主要目标已不再是计划经济时期的单纯地完成国家所下达的任务，更多的是要实现企业自身的发展、创造更多的利润。随着放权让利和利润承包经营责任制的推行，对国有企业的考核也由计划经济时期的实物考核转变为对以企业产值和利润等指标为主的经济效益考核。具体方式是用国有企业实际产值和利润与承包指标进行对比。此外，这一阶段的考核内容不再局限于单一指标考核，而是开始尝试多指标的综合考核。1982年，国家六部委联合发布《企业16项主要经济效益指标》，包含总产值和其增长率、销售收入和其增长率、实现利润和其增长率以及销售收入及其利润率等，并要求企业从中选择10项指标进行自评。在管理层激励方面，主要根据国有企业指标的完成情况制订相应的分配方案。但为了调动国有企业管理层的积极性，对管理层的激励在原有的行政晋升激励的基础上增加了薪酬激励。1986年、1988年、1992年，国家先后制定了一系列关于国有企业管理层薪酬与企业经济效益相挂钩的政策，规定完成任期考核任务的国有企业负责人薪酬可以达到职工平均收入的1—3倍。

三　国有企业突破期的绩效考核制度（1993—2002年）

党的十四届三中全会的召开标志着国有企业改革已全面进入了突破阶段。会议指出，国有企业改革突破期的核心任务是通过建立"产权清晰、权责明确、政企分开、管理科学"的现代企业制度建立完善的社会主义市场经济体制。此后，党的十五大提出，国有企业改革要与企业改组、改造和加强管理相结合，鼓励兼并、规范破产、下岗分流、减员增效和再就业工程，形成企业优胜劣汰的竞争机制。

党的十四届三中全会后，中央对国有企业工作重点也随之进行了调整，明确了要以结构调整和国有企业经济效益提高作为国有企业的核心目标，解决国有企业改革初期以产值和利润为主的考核所带来的产能过剩等不良问题。由此，进入了以投资报酬率为核心指标的国有企业绩效考核阶段。随着我国市场经济的不断发展，国有企业业绩考核制度也逐步完善。为综合评价企业经济状况，1995年，财政部发布了《企业经济效益评价指标体系（试行）》，包括销售利润率、总资产报酬率、资本收益率、资本保值增值率、资产负债率、流动比率（或速动比率）、应收账款周转率、存货周转率、社会贡献率、社会积累率10项指标，旨在全面考核国有企业生产要素投入效率。1999年，财政部等四部委联合发布了《国有资本金绩效评价规则》，首次尝试采用财务指标与非财务指标相结合的考核模式；其中包含24个定量指标和8个定性指标，从财务效益、资产运营状况、偿债能力和发展能力四个方面对国有企业实施综合性考核，并将考核结果作为国有企业负责人实施奖惩的主要依据。这一时期，国家更加注重对具体企业的考核，同时，加强了对国有企业负责人的监管。在考核方法上，主要采用同业比较等横向比较法，增强了考核的客观性。

四　国有企业改革深入推进期的绩效考核制度（2003年至今）

党的十六大的召开，标志着我国国有企业改革进入了深入推进阶段。党的十六大指出，在深入推进阶段的国有企业改革应以推进国有资产管理体制的改革为主要核心任务，并提出，通过制定法律法规，建立中央政府和地方政府分别代表国家履行出资人职责，享有所有者权益，权利、义务和责任相统一，管资产和管人、管事相结合的国有资产管理体制，以缓解长期制约我国国有企业改革发展的体制性矛盾。为落实党的十六大精神，中央相继出台了《企业国有资产监督管理暂行条例》、《企业国有资产法》等一系列政策法规，进一步激发了国有企业的活力，使国有企业改革取得了阶段性的进展。

党的十六大以后，为了弥补国有企业缺少专门管理机构的缺陷，加强对国有企业监管的统一性和有效性，国务院于2003年成立了国有资产监督管理委员会，对中央企业履行出资人职责。随后，各地方政府国有资产监督管理委员会也相继成立，对其所管理的国有企业履行出资人职责。这一阶段对国有企业考核的重点主要放在国有资本的保值增值以及国有企业的可持续价值创造方面。2003 年 11 月，国资委出台了《中央企业负责人经营业绩考核暂行办法》，对中央企业统一进行考核。此次考核包含了两大类：一是年度考核，二是任期考核。年度考核主要采用利润指标和净资产收益率指标，其结果直接与中央企业负责人的薪酬挂钩；任期考核主要采用国有资产保值率指标和主营业务收入增长率指标，任期考核的结果直接影响中央企业负责人的任免。然而，第一轮考核暴露了考核办法的弊端，很多中央企业只注重短期绩效的提高而忽略了企业长期的可持续价值创造。因此，在第一任期结束后，国资委对考核办法重新进行了调整，计划引入 EVA 指标作为年度考核的内容之一，并在一些中央企业设置了 EVA 考核试点。从第二任期起，鼓励中央企业实施 EVA 考核，对实施结果只奖励不惩罚。2009 年，国资委对《中央企业负责人经营业绩考核暂行办法》进行了修订，正式将 EVA 指标引入考核办法中，并替代了原有的净资产收益率指标。此后，多个省、市国资委响应中央号召，陆续引入了 EVA 指标对其监管的国有企业进行考核。自此，国有企业全面进入价值考核阶段。

第二节　EVA 考核的实施现状

一　国资委的全面推进

国资委是 EVA 引入中国以及在中国大力推进的重要力量。为了实现 EVA 考核体系能够更好地服务于中国国有企业的目标，2009 年，国资委制定了《中央企业经济增加值考核实施方案》（以下简称《实施方案》）。基于任期时限，《实施方案》将 EVA 考核的实施进程划分为引入（2010—2012 年）、强化（2013—2015 年）和完善（2015 年后）三个阶段。同时，明确了 EVA 考核在我国推广的基本思路。具体地，从中央企业入手，遵循试点、引入、推广的基本步骤，逐步完成 EVA 考核的全面推广工作。目前，距国资委引入

EVA 考核已过去八个年头，EVA 考核在我国已度过引入和强化期，并产生了较好的经济效果。

（一）EVA 考核的引入阶段

2010—2012 年，即第三任期，为 EVA 考核的引入阶段。引入阶段的主要任务是要将 EVA 指标纳入对中央企业负责人的考核体系，实现新考核制度与旧考核制度的良好衔接与平稳过渡。通过 EVA 考核，引导中央企业重视资本成本、做强主业、加大研发力度、优化结构，为企业的可持续发展奠定坚实基础。事实上，在 2010 年 EVA 指标正式引入考核体系以前，国资委就已经做了大量准备工作。在制定具体考核办法的过程中，国资委多次召开研讨会，围绕"如何完善 EVA 考核机制""如何稳步推进新考核制度"等问题进行交流与商议，不仅对 EVA 的引入和推广指明了方向，也为 EVA 指标引入后的考核工作定下基调。同时，国资委于 2009 年 11 月举办了中央企业负责人培训班，强调 2010 年对中央企业负责人的考核要紧紧围绕"做强主业、增进实力"的总体要求，完成完善价值管理、完善全员业绩考核、完善中长期激励等工作任务。

此外，为强调 EVA 考核推进工作的紧迫性和重要性，国资委于 2012 年 1 月下发了《关于认真做好 2012 年中央企业经营业绩考核工作的通知》，要求中央企业加速 EVA 考核推进进程、加强对全员考核的深化、突出"短板"考核；认真分析所属单位所处周期、行业以及企业功能，逐步将 EVA 考核的范围扩大。《关于认真做好 2012 年中央企业经营业绩考核工作的通知》提出，2012 年，对中央企业的考核范围要覆盖到所有三级企业，集团公司对二级企业的 EVA 考核权重要比上年有所提高，具备条件的企业力争达到 40% 以上。争取尽快建立完善的 EVA 动态监控机制，对我国国有企业，尤其是中央企业，展开全面的价值评估和诊断，从而实现我国国有企业整体价值的提升。经各方的不断努力，第三任期（2010—2012 年）的 EVA 考核初显成效。大多数中央企业的投资决策更加理性化，对国有资本大量占用现象逐步缓解，对研发等有益于企业未来发展的投入大幅度增加，企业的可持续价值创造能力显著提升。
2012 年 12 月 28 日，国资委副主任黄淑和在中央企业负责人经营业绩考核工作会议上指出：第三任期，中央企业的资本占用年均增长 13%，比第二任期的增幅低了 5.7 个百分点；管理费用科目中的研发投入项达到 3123 亿元，是第二任期的 2.5 倍；经济增加值总额为 1.1 万亿元，较第二任期增长 46%[①]。

（二）EVA 考核的强化阶段

2013—2015 年，对中央企业负责人的经营业绩考核工作进入了第四个任期，这也标志着中央企业的 EVA 考核已进入强化阶段。强化阶段的核心工作主要围绕 EVA 考核办法的进一步加强与深化而展开。为此，国资委对中央企业负责人第四任期经营业绩考核工作做以重要部署。其强调，要突出 EVA 考核的价值导向作用，强化质量效益和科学发展考核，争取在第四任期构建起以 EVA 指标为核心的、与企业功能相适应的业绩评价体系。基于此，2012 年 12 月，国资委对《中央企业负责人经营业绩考核暂行办法》进行了第三次修订，即 2012 版《办法》，并自 2013 年 1 月 1 日起施行。2012 版《办法》将大部分中央企业的 EVA 指标考核权重提升至 50%，将利润总额指标的考核权重降至 20%。同时，为了强化中央企业的价值评估和价值管理，2012 版《办法》规定了考核指标的基准值，提高了 EVA 目标指标的报送要求。此外，2012 版《办法》还设置了 A 级企业的晋级门槛，对于那些 EVA 值或利润总额为负且没有改善的企业，原则上考核结果不允许进入 A 级。由此可见，EVA 指标在中央企业负责人经营业绩考核体系中已占据了重要地位，以 EVA 指标为核心的价值管理体系已基本构建。

2014 年，中央企业实现利润总额 1.28 万亿元，同比增长 5.2%，经济效益再创新高，增幅是三年来最高水平；其中，军工、

---

① 详见国资委副主任黄淑和《在中央企业负责人经营业绩考核工作会议上的讲话》（2012 年 12 月 28 日）。

汽车、电子、服务等行业利润总额增幅超过 15%，电力、水运等行业的经济增加值改善幅度均超过 15%。① 在 2015 年的中央企业负责人经营业绩考核工作会议上，国资委副主任张喜武指出，2015 年，面对需求疲软、产能过剩、价格下跌和政策性让利等错综复杂的外部环境，中央企业战胜了前所未有的外部压力，实现了稳增长的艰巨任务。这与中央企业业绩考核发挥的"稳增长、促改革、调结构、强管理、防风险"的引导作用密不可分。2015 年是中央企业第四任期考核工作的结束年、收尾年。回顾并总结第四任期的考核工作，中央企业探索了许多新做法，取得了一批新成果，为推动中央企业改革发展做出了新贡献。②

（三）EVA 考核的完善阶段

2016—2018 年，既是中央企业业绩考核工作的第五任期，也是 EVA 考核的完善阶段。这一阶段的根本任务是通过对 EVA 考核办法的逐步完善，建立能够接轨国际且又具有中国特色的绩效考核制度；以中央企业为龙头，推动以价值创造为核心的中国国有企业文化，提高我国国有企业在国际市场中的竞争力。2015 年 11 月 10日，习近平总书记在召开的中央财经领导小组第十一次会议上首次提出了供给侧结构性改革的概念。旨在通过增量改革促存量调整，在增加投资过程中优化投资结构；同时，优化融资结构，促进资源整合，实现资源优化配置与优化再生。此后，国有企业改革展现出以供给侧结构性改革为核心的指导思路。2015 年 12 月的中央企业负责人经营业绩考核工作会议上，国资委副主任张喜武指出，第五任期业绩考核工作要求是"适应经济发展新常态，围绕做强做优做大中央企业核心目标，进一步完善业绩考核体系，着力引导中央企业提质增效升级"。2016 年 1 月，国资委发布了《关于认真做好

---

① 详见国资委副主任张喜武《在中央企业负责人经营业绩考核工作会议上的讲话》（2014 年 12 月 28 日）。
② 引自"国资委召开中央企业负责人经营业绩考核工作会议"（2016 年 12 月 28—29 日）。

2016 年中央企业负责人经营业绩考核工作的通知》，其首要任务就是要贯彻并落实好新修订的业绩考核办法，中央企业要按照新修订业绩考核办法的精神和要求，结合企业经营特点和发展实际，抓紧修订的完善本企业内部的考核制度，更加精准、科学、有效地发挥业绩考核的功能作用。其一，对企业功能的界定要遵循科学性，对差异化考核指标的设置要具备合理性，要加强对分类考核工作的推进以及考核的针对性和有效性。其二，要准确把握考核的主要方向，着力引导企业加快打造新产业、新业态、新模式，去产能、去库存、去杠杆、降成本、补短板，加速处置"僵尸企业"，不断提质增效升级。其三，要坚持将增活力与强监管相结合，进一步强化考核的激励与约束作用。2016 年 12 月，国资委印发了《中央企业负责人经营业绩考核办法》，强调要落实以管资本为主、加强国有资产监管的要求、突出经济增加值考核。通过考核经济增加值，着力引导企业资本投向更加合理、资本结构更加优化，最终实现企业价值的可持续提升。

二　地方国资委的积极跟进

在国资委出台了 2009 版《办法》后，各地方国资委积极响应国资委的号召，通过各种工作形式在其所监管的地方国有企业全面推进 EVA 考核制度。其中包含一些省级国资委和市级国资委。如2009 年 8 月，安徽省国资委在铜陵有色金属集团举办了经济增加值专题讲座，决定将铜陵有色金属集团作为安徽省 EVA 考核试点；在总结试点实施经验的基础上，于 2010 年将 EVA 指标引入到考核体系中，并在省属国有企业全面实施。同年，广东省国资委在条件成熟的省属国有企业试行 EVA 考核，并于 2011 年全面推广至全部省属国有企业。广西省国资委于第四任期，即 2013 年起，全面在省属国有企业推行 EVA 考核，并定期开展具有针对性的培训工作，且提出要努力将培训覆盖到三级企业领导班子和考核部门。此外，一些市级国资委也紧跟上级形势，借鉴中央企业以及省属国有企业的经验，逐步在市属国有企业引入 EVA 考核。如青岛市国资委，在

2009 版《办法》发布以后，在对部分企业的调研和测算基础上，制定了 EVA 考核的试行办法。并于 2011 年，在市属国有企业全面实施了 EVA 考核政策。

截至 2017 年 12 月，已有 14 个省属国资委、14 个市属国资委正式推行了 EVA 考核制度；实施 EVA 的地方国有企业已经达到 639 家，占整个地方国有企业数目的 68％。[①] 本书将 2010—2017 年，中央企业和地方国有企业实施 EVA 考核的情况制作成了图表，以便更清晰地展示现阶段 EVA 考核在我国国有企业的实施情况（见表 4－1、表 4－2 和图 4－1）。

表 4－1　　　2010—2017 年实施 EVA 考核的地方国资委名录

省属		市属	
名称	开始年份	名称	开始年份
安徽省国有资产监督管理委员会	2010	厦门市国有资产监督管理委员会	2010
湖北省国有资产监督管理委员会	2010	深圳市国有资产监督管理委员会	2010
湖南省国有资产监督管理委员会	2010	武汉市国有资产监督管理委员会	2010
辽宁省国有资产监督管理委员会	2010	西安市国有资产监督管理委员会	2010
甘肃省国有资产监督管理委员会	2011	珠海市国有资产监督管理委员会	2010
广东省国有资产监督管理委员会	2011	株洲市国有资产监督管理委员会	2010
山东省国有资产监督管理委员会	2011	北京市国有资产监督管理委员会	2010
陕西省国有资产监督管理委员会	2011	杭州市国有资产监督管理委员会	2010
山西省国有资产监督管理委员会	2012	南通市国有资产监督管理委员会	2010
广西省国有资产监督管理委员会	2013	青岛市国有资产监督管理委员会	2011
河北省国有资产监督管理委员会	2013	无锡市国有资产监督管理委员会	2012
贵州省国有资产监督管理委员会	2014	长沙市国有资产监督管理委员会	2012
江苏省国有资产监督管理委员会	2017	南京市国有资产监督管理委员会	2014
云南省国有资产监督管理委员会	2017	上海市国有资产监督管理委员会	2016

① 各个地方国有企业是否实施 EVA 考核数据均通过查阅各地方国资委网站手工搜集所获取。

表 4－2　　　　　　　　国有企业实施 EVA 考核情况　　　　　单位：家

终极控制人名称	年份								总计
	2010	2011	2012	2013	2014	2015	2016	2017	
国务院国有资产监督管理委员会	307	313	307	316	321	330	339	325	2558
安徽省国有资产监督管理委员会	11	12	16	16	16	17	17	17	122
湖北省国有资产监督管理委员会	2	2	4	4	6	5	4	4	31
湖南省国有资产监督管理委员会	11	11	11	10	10	10	10	11	84
辽宁省国有资产监督管理委员会	7	7	8	8	8	8	8	10	64
甘肃省国有资产监督管理委员会	—	6	7	7	8	9	10	10	57
广东省国有资产监督管理委员会	—	11	12	12	12	13	15	15	90
山东省国有资产监督管理委员会	—	21	23	22	21	21	21	21	150
陕西省国有资产监督管理委员会	—	8	8	9	11	10	12	13	71
山西省国有资产监督管理委员会	—	—	15	17	16	16	16	18	98
广西省国有资产监督管理委员会	—	—	—	5	5	5	6	6	27
河北省国有资产监督管理委员会	—	—	—	8	8	8	8	8	40
贵州省国有资产监督管理委员会	—	—	—	—	3	3	3	3	12
江苏省国有资产监督管理委员会	—	—	—	—	—	—	—	13	13
云南省国有资产监督管理委员会	—	—	—	—	—	—	—	11	11
厦门市国有资产监督管理委员会	6	6	7	8	7	7	7	7	55
深圳市国有资产监督管理委员会	18	19	19	19	18	18	18	20	149
武汉市国有资产监督管理委员会	7	7	6	5	4	4	4	4	41
西安市国有资产监督管理委员会	4	5	6	6	6	6	6	7	46
珠海市国有资产监督管理委员会	5	5	5	5	5	5	5	5	40
株洲市国有资产监督管理委员会	1	2	2	2	2	2	2	2	15
北京市国有资产监督管理委员会	27	27	27	27	28	30	33	34	233
杭州市国有资产监督管理委员会	2	3	3	3	3	4	5	6	29
南通市国有资产监督管理委员会	2	2	2	2	2	1	1	1	13
青岛市国有资产监督管理委员会	—	7	7	7	7	6	6	6	46
无锡市国有资产监督管理委员会	—	—	3	3	3	3	3	3	18
长沙市国有资产监督管理委员会	—	—	2	2	2	2	2	3	13
南京市国有资产监督管理委员会	—	—	—	—	7	8	8	8	31
上海市国有资产监督管理委员会	—	—	—	—	—	—	47	48	95
合计	410	474	500	523	539	551	616	639	4252
全部国有企业数量	908	910	913	915	914	919	940	939	7358

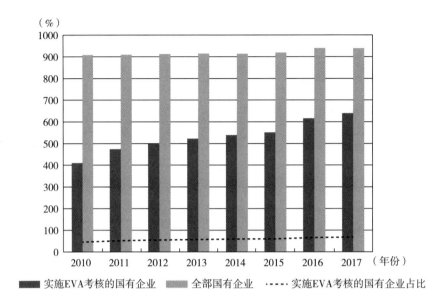

图 4-1 国有企业实施 EVA 考核情况

第三节 国有企业投资现状

投资是企业生产经营的核心内容,是企业价值增长的原动力,是拉动经济增长的重要因素。企业的投资规模和投资结构合理与否,不仅决定着企业自身的生存发展能力,而且关系着社会的经济运行和经济增长。改革开放以来,我国国有企业的资产投资一直保持着较大的规模和较高的增速,尤其是国有企业,其对中国的经济增长做出了重要的贡献。然而,国有企业在扩大资本投资规模的同时也伴随着投资结构不合理、投资效率低下等问题。本书通过搜集、计算得到了一些能够反映我国 2005—2017 年国有上市公司的投资情况的数据,并从投资效率与投资结构两方面对我国国有企业投资现状进行相应描述。

一 投资效率

国有企业在我国经济体制中占有主导地位，也是拉动我国宏观经济增长的主要动力源泉。因此，为了先从宏观层面对我国国有企业总体投资效率有一个初步的了解，本书搜集了2005—2017年我国上市公司整体资本存量变动和GDP变化的数据，计算出增量资本—产出比（Incremental Capital – Output Ratio）[①]，并将结果列示于表4–3。从表4–3的数据结果可以看出，2005—2017年，我国资本存量变动均大于GDP的变化量。在2009年，ICOR已达到5.37；这意味着，平均5.37元的资本投资才能够增加1元的GDP产出。在2009年之后，ICOR虽有下降趋势，基本保持为2—3，但到了2015年，ICOR又上升至7.25。

表4–3   2005—2017年中国上市公司实际增量资本与产出情况

年份	Δ资本存量（亿元）	ΔGDP（亿元）	ICOR
2005	64987.08	25478.70	2.55
2006	69136.01	32119.60	2.15
2007	89381.90	50793.80	1.76
2008	92509.57	49283.20	1.88
2009	158884.83	29565.90	5.37
2010	146194.55	63948.90	2.29
2011	164914.25	76270.30	2.16
2012	169194.49	51066.80	3.31
2013	144169.55	54877.00	2.63
2014	83389.51	48729.60	1.71
2015	326896.06	45078.10	7.25
2016	252565.16	54533.40	4.63
2017	174842.81	83536.50	2.09

资料来源：计算资本存量变动的相关数据来自Wind数据库，GDP数据来自国家统计局统计年鉴网站。

---

① 增量资本—产出比（Incremental Capital – Output Ratio，ICOR）能够从宏观角度反映一个国家企业的整体投资效率。ICOR是用资本存量的变动额与GDP变化量做比所获得的（即Δ资本存量/ΔGDP），其表示每产生一个单位的GDP所需要的资本投资是多少。

　　为了更直观地反映我国宏观投资效率情况，本书将表 4 - 3 的数据信息绘制成趋势图（见图 4 - 2）。明显地，资本存量变动的趋势线在 2005—2017 年都处于 GDP 变化的趋势线之上，且两者在 2009 年和 2017 年差距较大。虽然 2009 年和 2017 年后 ICOR 均略有下降，但 2005—2017 年，我国的 ICOR 整体呈上升趋势。这说明我国企业投资规模不断扩大，但投资效率却在降低；即意味着我国当前的高投资率及高投资增速是以牺牲资本利用效率为代价的。因此，这种高投资率的企业经营模式不利于中国经济增长方式的转变和可持续发展。

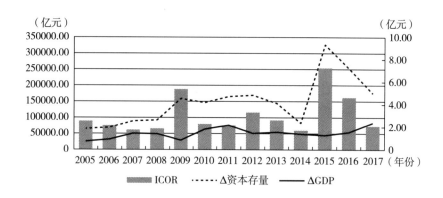

图 4 - 2　2005—2017 年中国上市公司实际增量资本与产出趋势

　　进一步地，本书搜集并整理了 2005—2017 年我国国有上市公司平均净资产总额和平均净资产收益率指标以及它们的变化额（见表 4 - 4），旨在借助企业微观财务指标分析我国国有企业的整体投资效率情况。从表 4 - 4 可以看出，我国国有上市公司的平均净资产总额呈逐年上升趋势。然而，国有上市公司的平均净资产收益率却没有较大的改变，甚至有所下降。可以看到，2008 年和 2009 年，受国际金融危机的影响，我国国有上市公司平均净资产收益率均大幅度下降，平均净资产总额的增加幅度也不高。2010 年，净资产收益率有明显回升，此后便处于下滑趋势。2017 年，我国国有上市公司平均净资产总额已达到 156.17 亿元，比 2016 年增长了 9.3 个百分点；而平均净资产收益率为 9.75%，仅较上一年提高 3.16 个百分点。

表 4 - 4   2005—2017 年国有上市公司投入与产出情况

年份	平均净资产总额（亿元）	平均净资产收益率（%）	平均净资产总额变化（%）	平均净资产收益率变化（%）
2005	17.63	7.61	—	—
2006	25.45	12.88	44.34	5.28
2007	47.36	28.27	86.12	15.38
2008	56.61	6.82	19.54	−21.45
2009	62.26	0.02	9.98	−6.80
2010	73.65	17.28	18.29	17.26
2011	85.31	9.51	15.82	−7.78
2012	94.14	3.68	10.35	−5.83
2013	100.82	7.24	7.10	3.56
2014	113.89	8.65	12.96	1.41
2015	129.37	3.00	13.59	−5.65
2016	142.88	6.59	10.44	3.58
2017	156.17	9.75	9.30	3.16

进一步地，本书将表 4 - 4 中的数据绘制成趋势图（见图 4 - 3）。可以看出，2005—2017 年我国国有上市公司的平均净资产总额的趋势线一直处于平均净资产收益率的趋势线之上，且处于逐步上升趋势。从两者的变化程度看（即柱状图），2005—2017 年国有上市公司的年平均净资产收益率变化程度较小，甚至在 2008 年、2009 年、2011 年、2012 年和 2015 年出现负值；而平均净资产总额的变化量均为正，且远大于平均净资产收益率的变化程度。由此可见，我国国有企业的资本回报的增长速度要远远低于其规模扩张的速度，我国国有企业当前的高投资规模及高投资增速是以牺牲资本利用效率为代价的。这再次说明，国有企业存在严重的非效率投资问题。

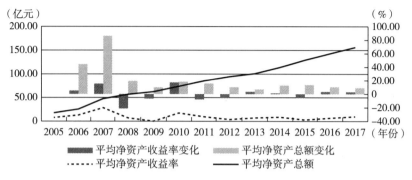

图 4 - 3 2005—2017 年国有上市公司投入与产出趋势

二 投资结构

表 4 - 5 为 2005—2017 年我国国有上市公司各类资产投资情况。可以看出，2005—2009 年，我国国有上市公司的平均固定资产投资总额整体呈上升趋势，2009 年达到最高 82230.75 万元，此后开始下降；到 2017 年，我国国有上市公司平均固定资产投资总额降至 43568.12 万元。其间，我国国有上市公司长期金融资产投资（包括长期股权投资和长期债券投资）的平均总额的浮动频率较大。从表 4 - 5 的数据描述可以看出，2005 年，我国国有上市公司平均长期金融资产投资总额仅为 2100.86 万元；而到 2008 年，其飙升至 408032.78 万元，又在 2009 年猛降至 74094.93 万元。此后，该指标又迅速增长，2012 年达到 277747.39 万元。然而在 2012 年以后，该指标逐年下降。2017 年，我国国有上市公司平均长期金融资产投资总额降至 - 14947.02 万元。2005—2017 年，我国国有上市公司无形资产的年平均投资总额整体呈缓速增长模式。2005 年，我国国有上市公司的无形资产平均投资总额为 1037.25 万元，到 2017 年增至 17709.48 万元，提高了约 17 倍。在此期间，该指标略有浮动，但浮动幅度不大，基本保持在 15000 万元上下。与无形资产投资相似，研发投资总额呈逐年增长趋势。2005 年，我国国有上市公司的年平均研发投入仅为 0.21 万元，在 2009 年前均以缓慢速度增长。2009 年，我国国有上市公司平均研发投入忽增至 9234.10 万元，比

表 4 – 5　　　　　　2005—2017 年国有上市公司资本投资情况

年份	固定资产投资		无形资产投资		长期金融资产投资		研发投资	
	平均总额（万元）	占比（%）	平均总额（万元）	占比（%）	平均总额（万元）	占比（%）	平均总额（万元）	占比（%）
2005	27880.66	89.88	1037.25	3.34	2100.86	6.77	0.21	0.00
2006	40524.58	74.34	2486.78	4.56	11456.18	21.02	44.64	0.08
2007	32064.49	10.19	11546.21	3.67	270064.27	85.79	1127.23	0.36
2008	59907.34	12.33	15822.73	3.26	408032.78	83.95	2267.21	0.47
2009	82230.75	46.48	11348.49	6.41	74094.93	41.88	9234.10	5.22
2010	71418.05	32.34	9574.31	4.33	134269.51	60.79	5603.10	2.54
2011	59435.31	18.08	15452.53	4.70	241643.37	73.50	12221.66	3.72
2012	65620.29	17.53	14345.18	3.83	277747.39	74.20	16597.69	4.43
2013	62946.80	28.02	12278.41	5.46	137284.14	61.10	12174.01	5.42
2014	65185.01	30.87	14826.74	7.02	116617.95	55.23	14503.67	6.87
2015	71958.31	33.43	17877.37	8.30	103393.18	48.03	22048.56	10.24
2016	55708.50	26.22	13830.28	6.51	118791.38	55.91	24156.96	11.37
2017	43568.12	58.31	17709.48	23.70	-14947.02	-20.00	28391.70	38.00

资料来源：占比是指各类投资占总投资的比重。计算各类投资平均总额的相关数据均来自 Wind 数据库。

2008 年提高了 3 倍。此后，该指标以基本稳定的速度增长，2017 年达到 28391.70 万元。

从各类投资的占比情况看，2005—2017 年，我国国有上市公司的各类投资占比发生了较大变化；但总体上，固定资产投资和长期金融资产投资仍占总投资的绝大部分。表 4 – 5 的数据显示，2005 年和 2006 年，我国国有上市公司的固定资产投资占比达到了 89.88% 和 74.34%，长期金融资产投资占比为 6.77% 和 21.02%；但 2007 年和 2008 年，长期金融资产投资占比反超固定资产投资，增至 85.79% 和 83.95%，而固定资产投资占比降至 10.19% 和 12.33%。可以看出，在 2009 年以前，固定资产投资和长期金融资产投资几乎占据了企业投资的全部，且两者的占比情况并不稳定；

无形资产投资占比仅有 3%—4%；研发占比基本为 0。这反映出，2009 年前，我国国有企业存在一定程度的资本挤占问题，企业的固定资产投资和长期金融资产投资严重挤占了研发投资，投资结构存在不合理性。2009 年以后，情况略有好转，研发投资占比逐年增加，固定资产投资和长期金融资产投资的占比情况也逐步稳定。到 2017 年我国国有上市公司研发投入占比已达到 38.00%；固定资产投资占比为 58.31%；无形资产投资占比为 23.70%；长期金融资产投资占比为 −20%，这可能是由于部分长期债券到期，或企业出售了部分长期股权所致。

为了更直观地反映我国国有上市公司资本投向情况，本书将表 4−5 的数据绘制成了趋势图，便于读者观察（见图 4−4）。

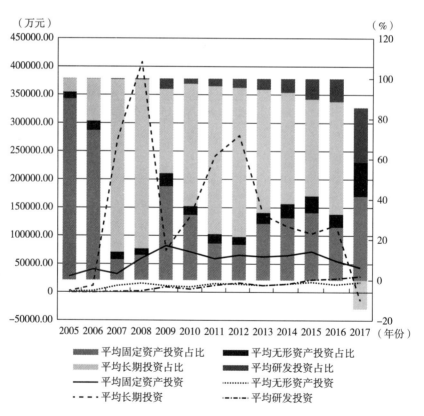

图 4−4　2005—2017 年国有上市公司资本投资情况

第四节　国有企业负债现状

2008 年金融危机爆发以来，国际经济进入了持续衰退期，经济系统风险逐渐凸显。其中，最重要的标志就是家庭和企业的债务水平逐步攀升。我国的债务也以较快的速度直线增长，并在世界重要经济体中处于较高水平。国际清算银行（BIS）的统计数据显示，截至 2017 年 3 月末，我国非金融企业的债务规模已达到 126.3 万亿元，财务杠杆（债务规模/GDP）高达 165.3%。[①] 进一步地，根据所有制将非金融企业进行划分，截至 2017 年 3 月末，我国国有企业负债规模占非金融企业债务规模的 71.2%；相比之下，民营企业仅占 28.8% 的比重。[②] 由此可见，我国国有企业负债是非金融企业负债产生的主要来源。另根据财政部发布的全国国有企业经济运行数据显示，截至 2017 年 9 月末，国有企业负债总额达到 98.4 万亿元，同比增长 12.1%。这也再次说明了现阶段我国国有企业的确存在负债过高的问题，这不仅会增加整个宏观经济的系统性风险，同时也容易使微观企业陷入财务危机。

一　时间特征

本书搜集了 Wind 数据库中 2005—2017 年国有上市公司各项债务数据，并通过计算整理，将各项负债的规模和占比情况列示于表 4 - 6。[③]

---

① 数据来源于国际清算银行网站中的 BIS Statistics Warehouse；其中，财务杠杆用债务规模与 GDP 的比重衡量。

② 该比率忽略了不同统计口径之间的数据差异。由于国际银行和中国财政部并没有统计国有非金融企业负债占所有非金融企业负债的比率，因此，该数据由 2017 年 3 月末"国有企业负债总额 90 万亿元（财政部统计）/我国非金融企业的债务规模 126.3 万亿元（国际清算银行统计）"计算所得。

③ 本部分与国有企业负债的时间特征和行业特征相关的数据均通过计算整理所得，原始数据来源于 Wind 数据库；其中，剔除金融类公司和 ST、*ST 类公司。此外，为保证本书的研究在整体上兼具合理性和一致性，本部分选择的时间跨度为 2005—2017 年，即后文实证检验部分样本的起始年份至今。

从数据统计结果看，2005—2017 年，国有上市公司的商业信用、应付债券、银行借款（包括短期借款和长期借款）的年度总额均呈逐年增长的趋势，这也是导致国有企业总体负债规模大幅度增加的主要原因。可以看到，2005 年，国有上市公司的债务总额为 1.94 万亿元，而 2017 年已达到 21.47 万亿元，净增加额为 19.53 万亿元，约为 2005 年的 11 倍。从表 4 - 6 的各项负债占总资产的比例来看，2005—2017 年，商业信用和应付债券占总资产的比例呈逐年上涨趋势。其中，商业信用所占比例由 2005 年的 16.65% 增至 21.61%；应付债券由 0.68% 增长到 3.66%。相反，长期银行借款和短期银行借款均呈下降趋势，因此导致银行借款总额占比逐年降低。可以看到，2005 年，国有上市公司银行借款占总资产的 24.31%；而 2017 年，其占比下降到 18.67%。不难看出，我国国有上市公司的债务主要来源于商业信用和银行借款。这两者之和约占国有上市公司负债总额的 2/3。然而，应付债券虽然呈逐年上涨的趋势，但在总体负债中所占份额依旧较低；2017 年，应付债券占国有上市公司总体负债的比例仅为 5.9%。本书将国有上市公司 2005—2017 年债务规模和占比的时间趋势绘制成图形，便于更直观和更清晰地展示并列示于图 4 - 5 和图 4 - 6。

表 4 - 6   2005—2017 年国有上市公司负债规模和占比情况①

年份		总负债	商业信用	应付债券	银行借款	长期借款	短期借款	总资产
2005	规模（万亿元）	1.94	0.60	0.02	0.88	0.43	0.44	3.61
	占比（%）	53.76	16.65	0.68	24.31	12.00	12.31	
2006	规模（万亿元）	2.67	0.82	0.04	1.15	0.59	0.56	4.79
	占比（%）	55.75	17.08	0.89	23.92	12.28	11.64	
2007	规模（万亿元）	4.03	1.33	0.11	1.55	0.78	0.77	7.70
	占比（%）	52.29	17.28	1.37	20.08	10.07	10.01	
2008	规模（万亿元）	5.08	1.61	0.19	2.08	1.03	1.05	9.39
	占比（%）	54.14	17.12	1.98	22.13	10.95	11.18	

① 表 4 - 6 中的占比是指各项负债占总资产的比例。

续表

年份		总负债	商业信用	应付债券	银行借款	长期借款	短期借款	总资产
2009	规模（万亿元）	6.96	2.42	0.41	2.56	1.44	1.11	12.02
	占比（%）	57.89	20.14	3.44	21.27	12.01	9.27	
2010	规模（万亿元）	8.50	3.01	0.56	2.96	1.66	1.30	14.51
	占比（%）	58.56	20.76	3.89	20.40	11.42	8.98	
2011	规模（万亿元）	10.80	3.80	0.73	3.67	1.98	1.69	17.73
	占比（%）	60.93	21.45	4.12	20.69	11.16	9.53	
2012	规模（万亿元）	12.28	4.30	0.94	4.19	2.22	1.97	19.94
	占比（%）	61.58	21.57	4.70	21.02	11.14	9.87	
2013	规模（万亿元）	13.79	4.82	1.00	4.68	2.52	2.16	22.21
	占比（%）	62.07	21.71	4.51	21.06	11.34	9.72	
2014	规模（万亿元）	15.22	5.27	1.07	5.07	2.86	2.21	24.51
	占比（%）	62.12	21.49	4.36	20.70	11.68	9.02	
2015	规模（万亿元）	16.83	5.79	1.24	5.40	3.25	2.15	27.37
	占比（%）	61.50	21.16	4.54	19.73	11.87	7.86	
2016	规模（万亿元）	19.42	6.75	1.46	5.63	3.37	2.26	31.33
	占比（%）	61.98	21.54	4.67	17.98	10.76	7.22	
2017	规模（万亿元）	21.47	7.52	1.27	6.49	3.81	2.68	34.78
	占比（%）	61.73	21.61	3.66	18.67	10.96	7.72	

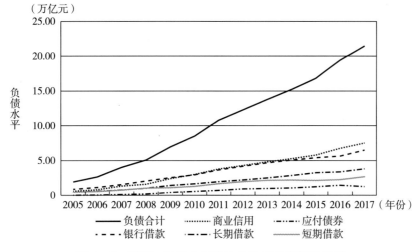

图 4-5 2005—2017 年国有上市公司负债规模趋势

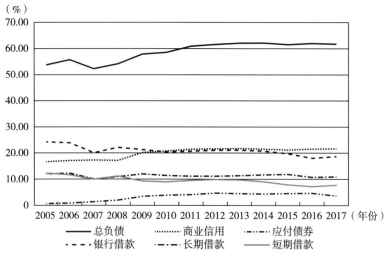

图 4 - 6　2005—2017 年国有上市公司负债占比趋势

进一步地，本书将 2005—2017 年 11558 个国有上市公司样本对各类债务的使用情况列示于表 4 - 7。可以看出，11558 个样本中，11532 个样本存在商业信用，10381 个样本使用了银行借款，仅有 2143 个样本发行了债券。进一步说明了，我国国有企业负债主要来源于商业信用和银行借款。虽然近些年，发行债券的国有企业有所增加，但仍远不及商业信用和银行借款使用广泛。此外，通过表 4 - 7 可以看出，总体上，使用短期银行借款来获得融资的国有上市公司比使用长期银行借款的国有上市公司数量多；但 2005—2017 年，使用长期银行借款的国有上市公司数量逐年增加。2005 年，使用长期银行借款的国有上市公司样本有 519 个；而到了 2017 年，已有 644 家国有上市公司使用了长期银行借款。为了更直观地体现我国国有上市公司每年使用各类债务的分布趋势，本书将其绘制成条形图，如图 4 - 7 所示。

表 4 - 7　　2005—2017 年国有上市公司各类债务的使用情况　　单位：家

年份	商业信用	应付债券	银行借款	长期借款	短期借款	样本总量
2005	803	26	750	519	739	805

续表

年份	商业信用	应付债券	银行借款	长期借款	短期借款	样本总量
2006	818	29	755	537	731	821
2007	837	43	785	543	764	839
2008	850	58	790	551	770	855
2009	876	94	798	606	764	880
2010	903	104	803	610	764	908
2011	909	162	811	608	778	910
2012	911	227	809	609	772	913
2013	914	252	820	621	778	915
2014	914	269	819	625	775	914
2015	919	299	816	606	816	919
2016	940	302	813	627	752	940
2017	938	278	812	644	752	939
总计	11532	2143	10381	7706	9955	11558

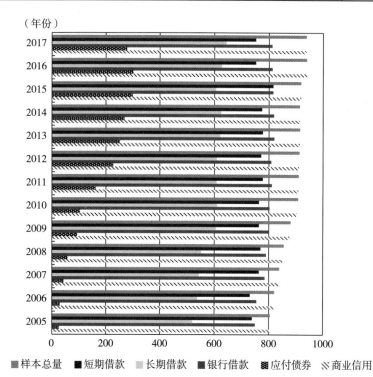

■样本总量 ■短期借款 长期借款 ■银行借款 ▦应付债券 ▧商业信用

图 4 - 7　2005—2017 年国有上市公司各类债务的使用情况

总体而言，我国国有企业的负债整体处于较高水平，且处于逐年递增的趋势。国有企业负债呈现这种时间特征主要是由宽松的货币政策以及低利率的资金环境所致。2008 年金融危机以后，我国国有企业一直属于低利率的资金环境。在经济下行的情况下，通过大规模超发货币以提高经济增长率成为金融危机后我国货币政策的主要手段。在资金成本较低的情况下，大规模举债成为"稳增长"大背景下国有企业负债的首选。此外，国有企业比其他所有制企业更具经营优势，其可以享有更低成本的资源，包括应缴纳而未缴纳的土地租金、矿产资源补贴和更容易获得银行信贷等。因此，在本身效率低下的情况下，国有企业更容易积聚风险，形成更高的负债率。

二 行业特征

除了对国有上市公司负债情况按照时间特征进行趋势分析外，本书还依据中国证监会指定的《上市公司分类指引》（2012 年修订版）的行业标准分类进行数据的描述性统计分析。由于制造业样本量较大，采用二级代码分类，其他行业均采用一级代码，并且剔除金融行业数据，对 2005—2017 年国有上市公司负债情况进行行业特征分析。本书将国有上市公司负债的行业统计结果列示于表 4 - 8，并相应地绘制了分布图，如图 4 - 8 所示。

从表 4 - 8 呈现的结果来看，2005—2017 年，我国国有上市公司 16 个一级行业，加制造业（行业 C）按二级代码划分后的 4 个行业，共计 19 个行业均存在举债经营。其中，行业 C3（金属、非金属、设备、电子、机械）、行业 E（建筑业）、行业 B（采矿业）、行业 D（电力、热力、燃气及水生产和供应业）、行业 K（房地产业）和行业 G（交通运输、仓储和邮政业）的负债总额居前六位。

不难看出，这些高负债行业大多集中在自然垄断行业、涉及国家安全行业、提供重要公共产品和服务的行业等能够影响国民经济的重要领域，其均具有高资产规模、高投资特征。负债的这种行业分布特征与我国国有企业经历的数次改革密不可分。1997 年，为了

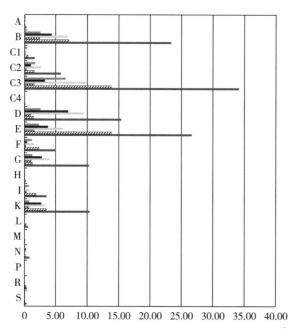

■ 短期借款　■ 长期借款　银行借款　▨ 应付债券　▨ 商业信用　■ 负债合计

图 4 − 8　2005—2017 年国有企业负债的行业分布

表 4 − 8　　国有企业负债的行业分布情况（2005—2017 年）

单位：万亿元

行业	名称	商业信用	应付债券	银行借款	长期借款	短期借款	负债合计
A	农、林、牧、渔业	0.06	0.01	0.14	0.02	0.12	0.29
B	采矿业	7.08	2.40	6.92	4.39	2.53	23.36
C1	食品饮料、纺织、服装、皮毛	0.53	0.06	0.45	0.06	0.39	1.59
C2	木材、家具、造纸、印刷、石油、化学、塑胶、医药、文教	1.54	0.29	2.65	0.99	1.66	5.82
C3	金属、非金属、设备、电子、机械	13.79	1.55	9.89	3.29	6.60	34.14
C4	仪表、回收加工、修理、其他制造业	0.03	0.00	0.05	0.01	0.04	0.10
D	电力、热力、燃气及水生产和供应业	1.41	0.98	9.54	6.99	2.54	15.41
E	建筑业	13.86	1.55	6.10	3.80	2.30	26.66

续表

行业	名称	商业信用	应付债券	银行借款	长期借款	短期借款	负债合计
F	批发和零售业	2.31	0.15	1.53	0.39	1.15	5.05
G	交通运输、仓储和邮政业	1.25	1.04	4.06	2.81	1.24	10.30
H	住宿和餐饮业	0.03	0.00	0.10	0.07	0.04	0.19
I	信息传输、软件和信息技术服务业	1.84	0.26	0.77	0.09	0.68	3.54
K	房地产业	3.52	0.69	3.43	2.72	0.72	10.39
L	租赁和商务服务业	0.24	0.01	0.14	0.03	0.11	0.53
M	科学研究和技术服务业	0.05	0.00	0.01	0.01	0.01	0.09
N	水利、环境和公共设施管理业	0.20	0.02	0.31	0.22	0.09	0.79
P	居民服务、修理和其他服务业	0.01	0.00	0.00	0.00	0.00	0.01
R	文化、体育和娱乐业	0.21	0.01	0.05	0.01	0.04	0.39
S	综合	0.08	0.03	0.15	0.05	0.10	0.33

在短时间内实现国有企业全面脱困，中央加速了对"战略性改组"改革的推进。1999 年，党的十五届四中全会首次明确了我国国有经济需要控制的领域，其中包括涉及国家安全的行业、自然垄断的行业、提供重要公共产品和服务的行业，以及支柱产业和高新技术产业。[①] 2006 年，国资委对需要控制的领域做出了调整，增加了重大基础设施和重要矿产资源行业，替换了原有的自然垄断行业。[②] 同时强调，国家要保持对军工、电网电力、石油石化、电信、煤炭、民航、航运等关系国家安全和国民经济命脉的关键行业的绝对控制力，以及对装备制造、汽车、电子信息、建筑、钢铁、有色金属、化工、勘察设计、科技等基础产业和支柱产业的较强控制力。以 2017 年为例，我国金融、非金属、设备、电子、机械制造行业的国有企业负债达 5.47 万亿元，占国有企业总负债的 25.48%；建筑业

[①] 详细参见《中共中央关于国有企业改革和发展若干重大问题的决定》（1999 年 9 月 22 日中国共产党第十五届中央委员会第四次全体会议通过）。

[②] 详细参见《关于推进国有资本调整和国有企业重组的指导意见》（国办发〔2006〕97 号，2006 年 12 月 5 日）。

行业的国有企业负债达 4.75 万亿元，占国有企业总负债的 22.14%。此外，国有企业负债多集中在产能过剩行业，如采矿业、能源供应行业等。同样，以 2017 年为例，我国采矿业行业的国有企业负债为 2.82 万亿元，占全部国有企业负债的 13.15%；电力、热力、燃气及水生产和供应业的国有企业负债为 2.24 万亿元，占全部国有企业负债的 10.41%。截至 2017 年 12 月底，我国采矿业行业的存续期债券发行已经达到 0.2 万亿元，占全部国有企业债券发行的 19.34%；银行借款达到 0.75 万亿元，占全部国有企业银行借款总额的 11.64%。正因如此，当前国有企业"去产能""去杠杆"等措施的实施重点集中于产能过剩的行业。

第五章

EVA 考核对非效率投资的
影响研究

第一节　理论分析与研究假设

　　股东与经理人之间的委托代理问题被认为是非效率投资产生的主要根源（Ross，1973；Aggarwal and Samwick，2006；唐雪松等，2007；辛清泉等，2007）。两权分离导致了股东与管理者之间的利益冲突，由于利益函数不一致，管理者会不惜以牺牲股东利益为代价最大化其私利。这种代理冲突体现在投资决策上会产生两方面的问题：一是出于构建"企业帝国"的冲动（Jensen，1986，1993；Hart，1995；Conyon and Murphy，2000）、过度自信（Malmendier and Tate，2005；姜付秀等，2009）、壕堑效应（Johnson et al.，2000）、获取在职消费（Stulz，1990；欧阳令南、刘怀珍，2004）、机会主义（唐雪松，2007）等动机，投资于净现值小于零的项目，造成过度投资；二是出于规避投资风险（Ross，1973；Shleifer and Vishny，1989）、降低投资的个人机会成本（Aggarwal and Samwick，2006）、维护经理人市场声誉（Holmstrom，1999）等动机，主动放弃符合企业自身成长机会、净现值大于零的项目，造成投资不足。

基于 EVA 的管理层薪酬机制能够协调股东和管理者利益、缓解代理问题（池国华、邹威，2014）。这是因为，EVA 关注股权资本的回报，强调对会计规则性失真调整的基本原理，使 EVA 指标能够更加准确地考核管理者的经营业绩，最大限度地反映公司的价值创造能力。此外，综观国资委对 EVA 的本土化改造措施，可以窥见其目的正是提升投资资本的使用效率，治理非效率投资行为：通过对研发支出和在建工程的会计调整鼓励企业注重长远发展；通过对非经常收益的规定强调突出主业的理念等。这些改造措施无不体现着 EVA 重视企业的价值持续创造和可持续发展的核心理念，从而增强了 EVA 考核抑制非效率投资的效度。由此本书提出假设：

H5 - 1：EVA 考核能够起到治理非效率投资的作用。

一直以来，控制权利益所带来的资本投资问题都是公司治理机制影响企业决策的重要课题。从本质上讲，控制权收益来源于企业实际控制人所掌控的各种有形和无形资源（郝颖、刘星，2009）。在企业实体中，资本是流动和交易功能最强的资产；因此，资本投入和购置便成为实际控制人获取私利的"本源"和基本途径（Shleifer and Vishny，1986；Grossman and Hart，1988；Glassens，2002）。在现代公司的两权分离制度下，掌握实际控制权的管理层基于自身价值补偿和自利行为选择（Shleifer and Vishny，1986），有动机和能力通过资本投资获取私人利益。然而，企业实际控制人对不同资源的攫取程度有所差异，这主要内生于企业资本投向所固化的各种资源形态与结构。已有研究显示，企业实际控制人追求规模效应，会通过增加固定资产投资、无形资产投资和长期金融资产投资等方式来挤占研发投资；导致固定资产、无形资产和长期金融资产（长期股权和债权）的过度投资，同时造成研发投资的不足，进而引发不同资产之间的挤占问题（Demirag，1995；Bushee，1998；Gugler，2003，郝颖、刘星，2009）。对于我国国有企业而言，委托代理问题更为复杂、严重，因此，实际控制企业的经理人为了实现自身价值补偿或政治晋升等目的，更有动机且有能力从资本投入或购置中攫取私人利益。此外，国有企业的政治关联使其更容易从银行获取资本，这也在一定程度上加剧了固定资产、无形资产以及长期金融资产的过度投资，也因而加剧了其对研发投资的挤占。前文已述，EVA 考核能缓解代理问题，进而治理管理层的非效率投资行为。企业内部的资产挤占问题源于控制人收益，而导致控制人收益的根源是股东与经理人之间的委托代理问题。因此，EVA 考核能够通过抑制不同类别资产的非效率投资缓解不同资产之间的挤占问题。

在缓解研发投资不足方面。在 EVA 考核实施以前，研究阶段的支出全部计入当期损益，开发阶段的支出需同时满足五个条件才能资本化。换言之，费用化的研发支出会影响企业当期的会计绩效，从而影响高管业绩（余明桂，2016）。因此，在会计指标的考核框架下，高管缺乏进行研发创新活动的动力，他们可能会为了增加短期利润而减少研发支出，造成短视行为。反观 EVA 考核，国资委在 EVA 计算时不仅加回当期确认为费用的研究与开发支出，还加回当期确认为无形资产的研究与开发支出。这意味着，不仅费用化的研发支出不会降低当期的 EVA 利润，而且资本化的研发支出还能够提高 EVA 利润。这样一来，有效地规避了高管对于因增加研发投入而导致净利润下滑的顾虑，极大地调动了管理者进行研发与创新活动的积极性，缓解研发投资不足的问题。

在抑制固定资产、无形资产以及长期金融资产投资过度方面。在 EVA 考核实施前，国资委主要以净资产收益率（ROE）作为年度业绩考核指标。这种以会计为基础的业绩评价指标忽视了股东资本成本，导致管理者追求资产投资规模而非投资效率的"帝国构建""盲目多元化"等行为。这种行为很大程度上是管理者为巩固自身控制地位和扩大控制权收益所采取的手段。EVA 在计算时扣除了全部资本成本，因此，用 EVA 指标作为对管理者考核的指标能够引导管理者注重股东资本回报，抑制其进行净现值小于零的投资，从而抑制固定资产、无形资产和长期金融资产的过度投资行为。然而，由于固定资产、无形资产以及长期金融资产的形态和结构不同，其过度投资行为背后的代理问题的程度也有所不同（张兆国等，2011）。因此，EVA 考核对这几种类别的资产的过度投资的治理效果也存在一定差异。具体而言：固定资产的有形性特征使利益相关者相对容易地了解固定资产投资的规模、用途、风险和价值，对固定资产的监控也相对容易（傅传略，1999），监控成本较低（黄久美等，2010；宋雷娟、储敏伟，2010），因而，利益相关者更容易发现内部控制人在固定资产方面的非效率投资行为。与固定资产相异，无形资产的无形性和酌量性①等特征加大了企业利益相关者对无形资产投资的监控难度，企业内部控制人通过无形资产投资攫取控制权收益的隐蔽性相对较高（Denis and Mihov，2003；Dyck and Zingales，2004；郝颖、刘星，2009），从而产生较高的监督类代理成本。因此，EVA 考核对无形资产过度投资的影响可能要大于对固定资产过度投资的影响。与无形资产相似，企业外部利益相关者难以观察和监控企业长期金融资产投资活动；但两者也有不同之处。在进行长期金融资产投资时，内部控制人将资金转移给被投资单位经营管理，从而增加了所有权控制层级，延长了代理关系链。企业内部控制人要受到被投资单位内部控制人的约束（Baldenius，2003），因而，只能与被投资单位的内部控制人建立起共享控制权收益的分配机制才能从长期金融资产投资中攫取控制权收益。因此，EVA 考核对长期金融资产过度投资行为的抑制作用要小于对无形资产过度投资的抑制作用。由此，本书提出假设：

H5 - 2a：EVA 考核能够缓解中央企业资本投资之间的挤占问题。这种作用是通过抑制固定资产、无形资产和长期金融资产的过度投资以及缓解研发投资不足而实现的。

H5 - 2b：EVA 考核抑制固定资产、无形资产和长期金融资产的过度投资的效果存在差异，其影响程度可按大小顺序排列为无形资

---

① 无形资产的酌量性是指企业经营者根据企业具体情况，确定无形资产的投资额。也就是说，无形资产投资不受企业正常经营能力的约束。

产过度投资、长期金融资产过度投资、固定资产过度投资。

第二节 研究设计

一 样本选取与数据来源

本书以 2005—2014 年（即 EVA 考核实施的前后五年）为研究区间，以该十年我国沪深两市 A 股中央企业和民营企业上市公司作为研究样本。关于中央企业上市公司和民营企业上市公司的界定，本书借鉴以往研究的方法，将终极控制人为国有资产管理委员会的企业界定为中央企业，将终极控制人为个人或民营主体的企业界定为民营企业。然后，剔除以下样本：①金融类公司；②ST、*ST 公司；③数据缺失的公司。最终，本书得到的样本数为 7056 个。其中，中央企业样本数为 2137 个，民营企业样本数为 4919 个。此外，为了消除极端值对研究结果的影响，本书对主要连续变量进行了 1%—99% 的 Winsorize 处理。本书采用的企业财务数据及企业特征数据来源于国泰安数据库、Wind 数据库；企业研发的相关数据均通过查阅上市公司年报手工搜集整理所获得。本书的数据预处理采用 Excel 软件，统计分析运算采用 Stata 软件。

二 模型构建与变量说明

（一）模型构建

在实证研究中，双重差分法（Difference‐In‐Differences，DID）是识别因果关系的重要的研究方法之一。双重差分法的使用需要具备两个基本前提：一是存在外生事件；二是能够区分出受到该外生事件影响的实验组和不受该外生事件影响的对照组。且实验组与对照组在外生事件发生前具有相似的特征。就本书而言，2010年国资委将 EVA 指标引入《办法》中，替代了原有的净资产收益率（ROE）指标，这为本书应用双重差分法进行实证研究提供了很好的自然条件：第一，国资委推行 EVA 考核对企业而言是一个外生事件；第二，EVA 考核的实施对象是中央企业，对民营企业没有影响，中央企业和民营企业形成了很好的实验组和对照组。表5-1列示了中央企业与民营企业在2005—2014 年（即 EVA 考核实施前后五年）每年的非效率投资水平均值。可以看出，在 EVA 考核实施前的五年中，中央企业的总体非效率投资水平略高于民营企业。其中，中央企业的总体过度投资略高于民营企业，但总体投资不足要低于民营企业。进一步区分不同类别，中央企业的固定资产过度投资水平、长期金融资产过度投资水平和研发投资不足水平都要高于民营企业，但其无形资产过度投资水平较民营企业要低。尽管中央企业与民营企业的各类投资水平具有一定的差异；但在 EVA 考核实施前，其发展趋势基本保持相同。如图5-1、图5-2、图5-3、图5-4、图5-5、图5-6 和图5-7 所示。因此，将中央企业和民营企业分别作为实验组与对照组具备一定的合理性。

表5-1　　2005—2014 年中央企业与民营企业年平均非效率投资水平

年份		2005	2006	2007	2008	2009	2010	2011	2012	2013	2014
总非效率投资	中央企业	0.079	0.076	0.083	0.077	0.069	0.056	0.056	0.058	0.062	0.062
	民营企业	0.074	0.072	0.073	0.064	0.059	0.066	0.069	0.073	0.073	0.043
总体过度投资	中央企业	0.105	0.112	0.089	0.103	0.092	0.073	0.068	0.059	0.084	0.051
	民营企业	0.086	0.104	0.083	0.096	0.085	0.085	0.089	0.080	0.099	0.072
总体投资不足	中央企业	0.061	0.055	0.061	0.051	0.051	0.045	0.049	0.057	0.052	0.037
	民营企业	0.066	0.061	0.076	0.061	0.055	0.055	0.056	0.067	0.057	0.054
固定资产过度投资	中央企业	0.083	0.09	0.078	0.064	0.071	0.079	0.061	0.052	0.062	0.045
	民营企业	0.068	0.077	0.067	0.049	0.065	0.069	0.055	0.061	0.072	0.062
无形资产过度投资	中央企业	0.011	0.019	0.024	0.026	0.016	0.018	0.020	0.017	0.015	0.011
	民营企业	0.017	0.021	0.03	0.034	0.019	0.030	0.026	0.027	0.032	0.020

续表

年份		2005	2006	2007	2008	2009	2010	2011	2012	2013	2014
长期金融资产过度投资	中央企业	0.033	0.032	0.024	0.03	0.024	0.017	0.018	0.020	0.035	0.008
	民营企业	0.028	0.031	0.023	0.026	0.014	0.038	0.033	0.020	0.040	0.012
研发投资不足	中央企业	0.003	0.003	0.004	0.004	0.005	0.003	0.005	0.004	0.009	0.006
	民营企业	0.002	0.002	0.003	0.003	0.004	0.004	0.006	0.005	0.011	0.004

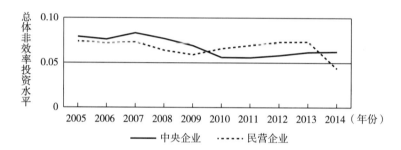

图 5-1 2005—2014 年中央企业与民营企业总体非效率投资水平趋势

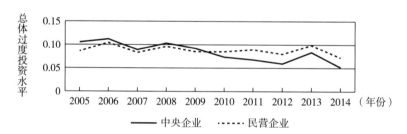

图 5-2 2005—2014 年中央企业与民营企业总体过度投资水平趋势

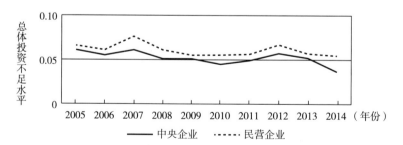

图 5-3 2005—2014 年中央企业与民营企业总体投资不足水平趋势

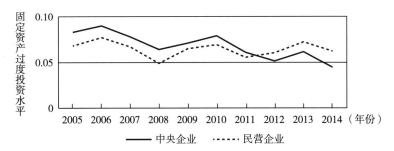

图 5 - 4　2005—2014 年中央企业与民营企业固定资产过度投资水平趋势

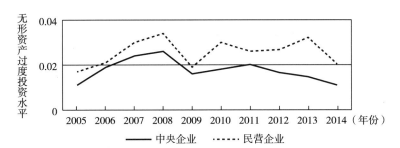

图 5 - 5　2005—2014 年中央企业与民营企业无形资产过度投资水平趋势

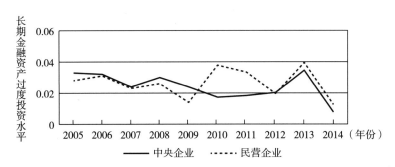

图 5 - 6　2005—2014 年中央企业与民营企业长期金融资产过度投资水平趋势

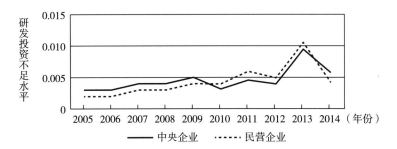

图 5 - 7　2005—2014 年中央企业与民营企业研发投资不足水平趋势

基于此，本书将采用双重差分法检验 EVA 考核实施前后中央企业总体非效率投资水平和各类别非效率投资水平的变化。具体模型如下：

$$Ine\_Inv_{j,it}(Over\_Inv_{j,it} \ or \ Under\_Inv_{j,it})$$

$$= \beta_{j,0} + \beta_{j,1}Property_{i,t} + \beta_{j,2}After_{i,t} + \beta_{j,3}Property_{i,t} \times After_{i,t} +$$

$$\beta_{j,4}Growth_{i,t-1} + \beta_{j,5}Ret_{i,t-1} + \beta_{j,6}FCF_{i,t-1} + \beta_{j,7}Adm_{i,t-1} +$$

$$\beta_{j,8}DN_{i,t-1} + \beta_{j,9}Size_{i,t-1} + \beta_{j,10}Age_{i,t-1} + \sum Ind + \sum Year + \varepsilon_{i,t}$$

$$(5-1)$$

（二）变量说明

模型（5-1）为检验 EVA 考核影响中央企业非效率投资的双重差分模型，其中：

（1）被解释变量

①总体非效率投资水平（Ine_Inv$_0$）；②总体过度投资水平（Over_Inv$_1$）；③总体投资不足水平（Under_Inv$_2$）；④固定资产过度投资水平（Over_Inv$_3$）；⑤无形资产过度投资水平（Over_Inv$_4$）；⑥长期金融资产过度投资水平（Over_Inv$_5$）；⑦研发投资不足水平（Under_Inv$_6$）。

现有的文献主要采用 Richardson 模型、边际托宾 Q 模型、Wurgler 模型以及投资现金流敏感性等方法来度量企业的投资效率。其中，Richardson 模型将企业总投资支出分为两部分：目前业务的维持性投资支出和新增投资支出。其中，新增投资支出又分为合理投资支出与非效率投资支出（即模型残差）；残差的绝对值越大，表明公司的实际投资水平偏离最优投资水平的程度越大，投资效率越低。由于 Richardson 模型的设计兼具合理性和实用性，国内外大量学者都选择在研究中借鉴该模型对投资效率进行量化。因此，本书选择使用 Richardson 模型来度量非投资效率水平。具体模型设计如下：

$$Inv_{j,it} = \beta_{j,0} + \beta_{j,1}Growth_{i,t-1} + \beta_{j,2}Size_{i,t-1} + \beta_{j,3}Lev_{i,t-1} + \beta_{j,4}$$

$$Age_{i,t-1} + \beta_{j,5}Cash_{i,t-1} + \beta_{j,6}Ret_{i,t-1} + \beta_{j,7}Inv_{i,t-1} +$$

$$\sum Year + \sum Ind + \varepsilon_{j,i,t}$$

式中，$Inv_{j,it}$（$j = 0$，1，2，3，4）分别为企业 i 在 t 年的总体投资水平、固定资产投资水平、无形资产投资水平、长期金融资产投资水平和研发投资水平。借鉴张兆国等（2011）的研究，本书采用固定资产增加额、无形资产增加额、长期金融资产增加额与研发投资额之和除以平均总资产来衡量企业的总体投资水平；采用固定资产的增加额与平均总资产的比值来衡量企业的固定资产投资水平；采用无形资产的增加额与平均总资产的比值来衡量企业的无形资产投资水平；采用长期金融资产的增加额与平均总资产的比值来衡量企业的长期金融资产投资水平；采用研发投资额与平均总资产之比来衡量研发投资水平。其余变量 $Growth_{i,t-1}$、$Lev_{i,t-1}$、$Cash_{i,t-1}$、$Age_{i,t-1}$、$Size_{i,t-1}$、$Ret_{i,t-1}$ 和 $Inv_{j,it-1}$ 分别代表企业 i 在 t − 1 年年末的成长能力、资本结构、现金持有量、上市年限、公司规模、盈利能力和各类投资的水平，Richardson 模型中的具体变量定义如表 5 − 2 所示。模型的残差值代表非效率投资的程度。若残差值为正，则表明该公司在该年度存在过度投资；若残差值为负，则表明该公司在该年度存在投资不足。

表 5 − 2　　　　　　　Richardson 模型变量定义及具体说明

符号	变量名称	变量定义
Inv_0	总体投资水平	（固定资产增加额 + 无形资产增加额 + 长期金融资产增加额 + 研发投资）/平均总资产
Inv_1	固定资产投资水平	固定资产增加额/平均总资产
Inv_2	无形资产投资水平	无形资产增加额/平均总资产
Inv_3	长期金融资产投资水平	长期金融资产增加额/平均总资产
Inv_4	研发投资水平	研发投资额/平均总资产
Growth	成长能力	主营业务收入增长率
Lev	资本结构	资产负债率
Cash	现金持有量	现金与短期投资之和/平均总资产
Ret	盈利能力	总资产报酬率（ROA）
Size	公司规模	总资产规模的自然对数
Age	上市年限	上市年数的自然对数

双重差分模型（5-1）中，被解释 $Ine\_Inv_{0,it}$ 为企业 i 在 t 年的总体非效率投资水平，即 j = 0 时 Richardson 模型的残差的绝对值；$Over\_Inv_{1,it}$ 为企业 i 在 t 年的总体过度投资水平，即 j = 0 时 Richardson 模型的正的残差值；$Under\_Inv_{2,it}$ 为企业 i 在 t 年的总体投资不足水平，即 j = 0 时 Richardson 模型的负的残差值的绝对值；$Over\_Inv_{3,it}$ 为企业 i 在 t 年的固定资产过度投资水平，即 j = 1 时 Richardson 模型的正的残差值；$Over\_Inv_{4,it}$ 为企业 i 在 t 年的无形资产过度投资水平，即 j = 2 时 Richardson 模型的正的残差值；$Over\_Inv_{5,it}$ 为企业 i 在 t 年的长期金融资产过度投资水平，即 j = 3 时 Richardson 模型的正的残差值；$Under\_Inv_{6,it}$ 为企业 i 在 t 年的研发投资不足水平，即 j = 4 时 Richardson 模型的负的残差值的绝对值。

（2）解释变量

企业性质（Property）。Property 为虚拟变量，Property 为 1 代表中央企业（实验组），为 0 则代表民营企业（控制组）。前文已述，本书将终极控制人为国有资产管理委员会的企业界定为中央企业，将终极控制人为个人或民营主体的企业界定为民营企业。

时间变量（After）。After 为 EVA 考核政策推行前后时间段的虚拟变量，2010 年及以后（即中央企业实施 EVA 考核年度）After 为 1；2010 年以前（即中央企业未实施 EVA 考核年度）After 为 0。

（3）交乘项

企业性质与 EVA 考核政策实施前后时间段的交乘项（$Property_{i,t} \times After_{i,t}$）。$Property_{i,t} \times After_{i,t}$ 的系数反映了 EVA 考核实施前后中央企业和民营企业各类非效率投资水平的变化。在本书中，若交乘项 $Property_{i,t} \times After_{i,t}$ 的系数 $\beta_{j,3}$（j = 0, 1, 2, 3, 4, 5, 6）为负，表示实施 EVA 考核起到了抑制该类非效率投资的作用；若 $\beta_{j,3}$（j = 0, 1, 2, 3, 4, 5, 6）为正，则表示实施 EVA 考核加剧了该类非效率投资。本书预期 $\beta_{j,3}$（j = 0, 1, 2, 3, 4, 5, 6）的系数显著为负，其中系数 $\beta_{3,3}$、$\beta_{4,3}$、$\beta_{5,3}$ 的显著性顺序为 $\beta_{4,3} > \beta_{5,3} > \beta_{3,3}$。

（4）控制变量

成长能力（Growth）。不同成长方式对投资行为能够造成一定的影响。一些研究认为，成长能力对企业的投资活动具有正向促进作用，企业的成长能力越强，其投资需求就越高。当公司在高成长阶段时，公司投资机会较多，公司管理层会相应地增加投资以获得较好收益；而当公司在低成长阶段时，公司投资机会不多，大多数公司管理者会选择持有现金、谨慎投资，待有更好投资机会再进行投资（郭岚、张祥建，2010）。因此，企业成长能力能够影响企业投资规模，从而影响企业投资效率。本书借鉴张先治和李琦（2012）与池国华等（2016）的研究，选择成长机会作为本书模型（5－1）的控制变量之一，并采用主营业务收入增长率来度量。

自由现金流量（FCF）。Jensen 和 Meckling（1976）的研究指出，在完全竞争市场的假设下，企业投资主要受自身成长能力影响，与现金流不相关。然而，现实市场是非完全竞争性的，信息不对称因素导致企业投资规模受自由现金流的影响，从而引发过度投资和投资不足。因此，本书借鉴肖珉（2010）和于晓红等（2016）的研究，选择自由现金流量作为本书模型（5－1）的控制变量之一，并采用公司的经营现金流量减折旧、摊销和预期的新增投资之后的余额与平均总资产的比例来衡量。

董事会规模（DN）。董事会特征作为公司治理机制之一，能够影响企业投资的有效性（Geroski and Guler，2004；李维安，2006；罗红霞等，2014）。Bacon（1973）认为，董事会规模越大，产生的意见差异越多，企业的选择也就越多，越能做出较好的经营决策，能够提高企业绩效和投资效率。虽然董事会人数较多会使时间成本增大，但董事会规模增大的边际收益大于边际成本，所以董事会规模对投资效率具有正向相关作用。不过也有学者认为董事会规模过大会阻碍企业的决策，导致投资效率低下（Lipton and Lorsch，1992）。基于此，本书借鉴李延喜等（2018）的研究，选取董事会规模作为本书模型（5－1）的控制变量之一，并采用董事会人数的自然对数来衡量。

管理费用率（Adm）。代理问题的存在导致了管理层与股东的利益的不一致性。为实现个人利益最大化，管理层会做出有损于企业价值的投资行为。现有的研究表明，代理成本可能会导致资本投资过度和投资不足（Myers，1997；Jensen，1993）。代理成本可以通过管理费用或其使用效率的高低来反映（郭永康、杨熠，2003）。因此，本书借鉴池国华等（2016）的研究，选择管理费用率作为模型（5－1）的控制变量之一。

此外，借鉴大多数研究，本书还选择了盈利能力（Ret）、企业规模（Size）和上市年限（Age）作为本书模型（5－1）的控制变量。同时，本书还对行业（Ind）和年度（Year）因素进行了控制。模型（5－1）中变量解释如表5－3所示。

表5－3　　　　　模型（5－1）的变量定义及具体说明

	符号	变量名称	变量定义
被解释变量	$Ine\_Inv_{0,t}$	总体非效率投资水平	$j=0$ 时 Richardson 模型的残差的绝对值
	$Over\_Inv_{1,it}$	总体过度投资水平	$j=0$ 时 Richardson 模型的正的残差值
	$Under\_Inv_{2,it}$	总体投资不足水平	$j=0$ 时 Richardson 模型的负的残差值的绝对值
	$Over\_Inv_{3,it}$	固定资产过度投资水平	$j=1$ 时 Richardson 模型的正的残差值
	$Over\_Inv_{4,it}$	无形资产过度投资水平	$j=2$ 时 Richardson 模型的正的残差值
	$Over\_Inv_{5,it}$	长期金融资产过度投资水平	$j=3$ 时 Richardson 模型的正的残差值
	$Under\_Inv_{6,it}$	研发投资不足水平	$j=4$ 时 Richardson 模型的负的残差值的绝对值
解释变量	Property	产权性质（是否实施EVA考核）	民营企业为0，中央企业为1
	After	实施 EVA 考核前后	实施前为0，实施后为1
控制变量	Growth	成长能力	主营业务收入增长率
	Ret	盈利能力	总资产报酬率（ROA）
	FCF	自由现金流量	经营现金流量减折旧、摊销和预期的新增投资之后的余额/平均总资产。其中，新增投资为投资模型估算的预期资本投资

续表

	符号	变量名称	变量定义
控制 变量	Adm	管理费用率	管理费用占主营业务收入的比例
	DN	董事会规模	董事会人数的自然对数
	Size	公司规模	总资产规模的自然对数
	Age	上市年限	上市年数的自然对数
	$\sum$ Ind	行业虚拟变量	按证监会行业分类（其中制造业按小类划分，其行业以大类为准，共计 20 个虚拟变量）
	$\sum$ Year	年度虚拟变量	共 10 个虚拟变量

第三节　实证结果与分析

一　描述性统计分析

表 5 - 4 列示了模型（5 - 1）的主要变量的描述性统计结果。其中，总体非效率投资水平的均值为 0.069，最小值为 1.33×10^{-13}，最大值为 1.849，标准差为 0.082；其中，总体过度投资样本量为 2859，均值为 0.086，最小值为 1.33×10^{-13}，最大值为 1.849，标准差为 0.108；总体投资不足样本量为 4197，均值为 0.057，最小值为 3.88×10^{-7}，最大值为 0.387，标准差为 0.056。由此可见，我国上市公司个体之间非效率投资水平差距较大，总体过度投资问题比投资不足问题更为严重，但投资不足问题更为普遍。进一步地，固定资产过度投资的样本为 2634 个，均值为 0.068，最小值为 1.13×10^{-12}，最大值为 0.397，标准差为 0.080；无形资产过度投资的样本为 2157 个，均值为 0.025，最小值为 1.19×10^{-8}，最大值为 0.900，标准差为 0.048；长期金融资产过度投资的样本为 3028 个，均值为 0.023，最小值为 1.58×10^{-7}，最大值为 0.243，标准差为 0.031。这说明，在我国上市公司中，存在长期金融资产过度投资问题的企业较多，存在无形资产过度投资的企业较

少，存在固定资产过度投资的企业数量介于两者之间，但上市公司整体固定资产过度投资的程度要远大于长期金融资产过度投资和无形资产过度投资。可以说，我国上市公司的总体过度投资主要是由固定资产过度投资所导致的。此外，在总样本中，研发投资不足的样本有 4355 个，其平均值为 0.005，最小值 4.45×10^{-9}，最大值为 0.364，标准差为 0.014；这表明我国上市公司普遍存在研发投资不足的问题，但整体水平不高。另外，成长能力、盈利能力、自由现金流量、管理费用率、董事会规模、公司规模和企业上市年限变量的描述性统计结果均在正常范围内，具有可行性。

表 5 - 4　　模型（5 - 1）的主要连续变量的描述性统计结果

Panel A 总体非效率投资（N = 7056）

变量	均值	最小值	25% 分位	中值	75% 分位	最大值	标准差
Ine_Inv_0	0.069	1.33E - 13	0.020	0.045	0.083	1.849	0.082
Growth	0.195	- 0.889	- 0.012	0.138	0.298	3.315	0.501
Ret	0.035	- 0.311	0.013	0.036	0.065	0.213	0.069
FCF	- 0.020	- 0.335	- 0.073	- 0.021	0.030	0.282	0.097
Adm	0.109	0.007	0.043	0.072	0.112	1.376	0.166
DN	2.172	1.609	2.079	2.197	2.197	2.708	0.204
Age	1.885	0	1.324	2.092	2.528	2.996	0.783
Size	21.595	18.807	20.775	21.453	22.253	25.827	1.258

Panel B 总体过度投资（N = 2859）

变量	均值	最小值	25% 分位	中值	75% 分位	最大值	标准差
$Over\_Inv_1$	0.086	1.33E - 13	0.018	0.048	0.110	1.849	0.108
Growth	0.187	- 0.871	- 0.010	0.142	0.306	2.790	0.436
Ret	0.030	- 0.413	0.013	0.035	0.063	0.195	0.078
FCF	- 0.022	- 0.363	- 0.073	- 0.022	0.027	0.260	0.095
Adm	0.115	0.007	0.044	0.074	0.113	1.460	0.183
DN	2.174	1.609	2.079	2.197	2.197	2.708	0.203
Age	1.913	0	1.367	2.127	2.547	2.999	0.784
Size	21.604	18.768	20.772	21.495	22.297	25.333	1.228

续表

Panel C 总体投资不足 （N = 4197）

变量	均值	最小值	25% 分位	中值	75% 分位	最大值	标准差
$Under\_Inv_2$	0.057	3.88E - 07	0.021	0.043	0.072	0.387	0.056
Growth	0.211	- 0.905	- 0.015	0.134	0.291	4.502	0.607
Ret	0.039	- 0.234	0.013	0.037	0.067	0.228	0.064
FCF	- 0.019	- 0.327	- 0.073	- 0.021	0.033	0.312	0.099
Adm	0.104	0.007	0.042	0.071	0.112	1.207	0.146
DN	2.170	1.609	2.079	2.197	2.197	2.708	0.205
Age	1.866	0	1.298	2.077	2.508	2.995	0.782
Size	21.591	18.807	20.777	21.432	22.210	26.221	1.287

Panel D 固定资产过度投资 （N = 2634）

变量	均值	最小值	25% 分位	中值	75% 分位	最大值	标准差
$Over\_Inv_3$	0.068	1.13E - 12	0.013	0.036	0.091	0.397	0.080
Growth	0.190	- 0.883	- 0.010	0.144	0.310	3.178	0.469
Ret	0.029	- 0.413	0.013	0.034	0.060	0.195	0.078
FCF	- 0.023	- 0.353	- 0.073	- 0.022	0.027	0.271	0.095
Adm	0.117	0.007	0.043	0.072	0.108	1.830	0.219
DN	2.176	1.609	2.079	2.197	2.197	2.708	0.203
Age	1.909	0	1.315	2.139	2.557	2.999	0.797
Size	21.593	18.676	20.765	21.485	22.299	25.585	1.257

Panel E 无形资产过度投资 （N = 2157）

变量	均值	最小值	25% 分位	中值	75% 分位	最大值	标准差
$Over\_Inv_4$	0.025	1.19E - 08	0.003	0.010	0.027	0.900	0.048
Growth	0.159	- 0.983	- 0.016	0.139	0.303	2.139	0.394
Ret	0.026	- 0.495	0.011	0.034	0.063	0.195	0.089
FCF	- 0.024	- 0.396	- 0.075	- 0.024	0.028	0.262	0.099
Adm	0.121	0.009	0.044	0.071	0.111	1.857	0.220
DN	2.171	1.609	2.079	2.197	2.197	2.708	0.203
Age	1.890	0	1.364	2.096	2.532	2.999	0.799
Size	21.669	18.851	20.788	21.513	22.376	25.789	1.306

Panel F 长期金融资产过度投资 （N = 3028）

变量	均值	最小值	25% 分位	中值	75% 分位	最大值	标准差
$Over\_Inv_5$	0.023	1.58E − 07	0.005	0.013	0.025	0.243	0.031
Growth	0.196	− 0.919	− 0.022	0.131	0.291	4.501	0.581
Ret	0.026	− 0.439	0.011	0.032	0.060	0.198	0.083
FCF	− 0.026	− 0.405	− 0.079	− 0.027	0.025	0.282	0.101
Adm	0.112	0.006	0.044	0.073	0.114	1.395	0.172
DN	2.162	1.609	2.079	2.197	2.197	2.708	0.204
Age	1.953	0	1.460	2.143	2.583	3.005	0.776
Size	21.626	18.711	20.810	21.492	22.307	25.649	1.263

Panel G 研发投资不足 （N = 4355）

变量	均值	最小值	25% 分位	中值	75% 分位	最大值	标准差
$Under\_Inv_6$	0.005	4.45E − 09	0.002	0.003	0.005	0.364	0.014
Growth	0.217	− 0.900	− 0.014	0.139	0.309	4.501	0.597
Ret	0.039	− 0.209	0.014	0.036	0.065	0.226	0.060
FCF	− 0.021	− 0.340	− 0.075	− 0.022	0.031	0.305	0.100
Adm	0.104	0.007	0.041	0.068	0.108	1.382	0.164
DN	2.169	1.609	2.079	2.197	2.197	2.708	0.202
Age	1.911	0	1.367	2.131	2.557	2.999	0.783
Size	21.597	18.601	20.783	21.452	22.274	25.782	1.269

二 均值差异分析

表 5 − 5 是样本的均值差异检验结果。其中：

表 5 − 5　　　　　　　　　　均值差异检验结果

Panel A 总体非效率投资

		横向比较		
		政策推行前	政策推行后	Diff
纵向比较	中央企业	0.082 （N = 1026）	0.057 （N = 1111）	− 0.025 *** （t = − 6.54）
	民营企业	0.069 （N = 1463）	0.069 （N = 3456）	0.000 （t = 0.03）
	Diff	− 0.013 *** （t = − 3.76）	0.012 *** （t = 4.44）	

Panel B 总体过度投资

		横向比较		
		政策推行前	政策推行后	Diff
纵向比较	中央企业	0.115 （N = 407）	0.068 （N = 420）	− 0.047 *** （t = − 5.44）
	民营企业	0.082 （N = 582）	0.084 （N = 1450）	0.002 （t = 0.36）
	Diff	− 0.033 *** （t = − 4.53）	0.016 *** （t = 2.71）	

Panel C 总体投资不足

		横向比较		
		政策推行前	政策推行后	Diff
纵向比较	中央企业	0.060 （N = 619）	0.050 （N = 691）	− 0.011 *** （t = − 3.66）
	民营企业	0.060 （N = 881）	0.058 （N = 2006）	− 0.002 （t = − 0.85）
	Diff	− 0.000 （t = − 0.11）	0.008 *** （t = 3.50）	

Panel D 固定资产过度投资

		横向比较		
		政策推行前	政策推行后	Diff
纵向比较	中央企业	0.083 （N = 404）	0.061 （N = 394）	− 0.022 *** （t = − 3.82）
	民营企业	0.072 （N = 547）	0.064 （N = 1289）	− 0.008 ** （t = − 2.07）
	Diff	− 0.011 * （t = − 1.87）	0.003 （t = 0.69）	

Panel E 无形资产过度投资

		横向比较		
		政策推行前	政策推行后	Diff
纵向比较	中央企业	0.028 （N = 319）	0.016 （N = 312）	− 0.012 *** （t = − 3.38）
	民营企业	0.024 （N = 458）	0.027 （N = 1068）	0.003 （t = 1.09）
	Diff	− 0.005 （t = − 1.36）	0.010 *** （t = 3.38）	

续表

Panel F 长期金融资产过度投资

纵向比较		横向比较		
		政策推行前	政策推行后	Diff
纵向比较	中央企业	0.026 （N = 409）	0.018 （N = 432）	− 0.008 *** （t = − 3.90）
	民营企业	0.028 （N = 537）	0.022 （N = 1650）	− 0.005 *** （t = − 3.38）
	Diff	0.002 （t = 0.78）	0.004 ** （t = 2.5）	

Panel G 研发投资不足

纵向比较		横向比较		
		政策推行前	政策推行后	Diff
纵向比较	中央企业	0.006 （N = 676）	0.005 （N = 651）	− 0.001 （t = − 0.95）
	民营企业	0.003 （N = 904）	0.006 （N = 2124）	0.003 *** （t = 7.99）
	Diff	− 0.003 *** （t = − 3.74）	0.001 （t = 1.53）	

注：***、**、* 分别表示1%、5%和10%的显著性水平。

Panel A 为中央企业与民营企业在 EVA 考核政策推行前后总体非效率投资的均值差异检验结果。Panel A 的纵向比较结果显示，中央企业在 2010 年实施 EVA 考核以后，总体非效率投资水平显著降低，下降幅度约为 2.5 个百分点，且在 1% 的水平上显著；然而，未实施 EVA 考核的民营企业在 2010 年前后，总体非效率投资水平没有明显差异。从横向比较结果来看，2010 年以前，中央企业的总体非效率投资显著高于民营企业，约为 1.3 个百分点，且在 1% 的水平上显著；而 2010 年国资委在中央企业推行 EVA 考核后，中央企业的总体非效率投资水平显著低于民营企业，约为 1.2 个百分点，且在 1% 的水平上显著。初步表明，实施 EVA 考核抑制了中央企业总体非效率投资。

Panel B 为中央企业与民营企业在 EVA 考核政策推行前后总体

过度投资的均值差异检验结果。Panel B 的纵向比较结果显示，中央企业在 2010 年实施 EVA 考核后，总体过度投资水平显著下降，约为 4.7 个百分点，显著性水平为 1%；而未实施 EVA 考核的民营企业在 2010 年后，总体过度投资水平没有变化。从横向比较结果来看，2010 年前，中央企业的总体过度投资水平显著高于民营企业，约为 3.3 个百分点；但在 2010 年其实施 EVA 考核后，中央企业总体过度投资水平明显低于民营企业，约为 1.6 个百分点。由此可以初步判定，EVA 考核的实施对中央企业的总体过度投资起到了一定的抑制作用。

Panel C 为中央企业与民营企业在 EVA 考核政策推行前后总体投资不足的均值差异检验结果。从 Panel C 的横向比较可以看出，在 2010 年以前，中央企业和民营企业的总体投资不足水平没有明显差异；但中央企业实施 EVA 考核以后，其总体投资不足水平显著低于民营企业。纵向比较结果显示，中央企业 2010 年实施 EVA 考核以后，总体投资不足水平较 2010 年以前显著降低，下降幅度约为 1.1 个百分点，且在 1% 的水平上显著；而未实施 EVA 考核的民营企业在 2010 年前后，总体投资不足水平没有明显变化。由此，可初步证明，EVA 考核对中央企业的总体投资不足起到了一定的缓解作用。

Panel D 为中央企业与民营企业在 EVA 考核政策推行前后固定资产过度投资的均值差异检验结果。Panel D 的横向比较显示，2010 年以前，中央企业的固定资产过度投资水平略高于民营企业，约为 1.1 个百分点，显著性水平为 10%；但在中央企业实施 EVA 考核后，中央企业和民营企业的固定资产过度投资水平无明显差异。进一步观察纵向比较结果发现，2010 年以后，无论是实施了 EVA 考核的中央企业还是未实施 EVA 考核的民营企业，固定资产过度投资水平都显著降低，两者下降幅度分别为 2.2% 和 0.8%，显著性水平分别为 1% 和 5%。可以看出，无论是固定资产过度投资下降的幅度还是显著性，中央企业都高于民营企业。初步证明，EVA 考核的实施能够抑制中央企业的固定资产过度投资。

Panel E 为中央企业与民营企业在 EVA 考核政策推行前后无形资产过度投资的均值差异检验结果。Panel E 的横向比较结果显示，在 2010 年以前，中央企业和民营企业的无形资产过度投资水平无明显差异。但在 2010 年后，实施 EVA 考核的中央企业的无形资产过度投资水平要明显低于民营企业，约为 1 个百分点，且在 1% 的水平上显著。进一步，纵向比较显示，在 2010 年以后，未实施 EVA 考核的民营企业的无形资产过度投资水平较 2010 年以前没有明显变化；然而，实施了 EVA 考核的中央企业的无形资产过度投资水平显著降低 1.2 个百分点，显著性水平为 1%。初步证明，实施 EVA 考核抑制了中央企业的无形资产过度投资。

Panel F 为中央企业与民营企业在 EVA 考核政策推行前后长期金融资产过度投资的均值差异检验结果。Panel F 的横向比较结果显示，在 2010 年以前，中央企业和民营企业的长期金融资产过度投资水平没有明显差异。但 2010 年以后，中央企业的长期金融资产过度投资水平低于民营企业，且在 5% 的水平上显著。通过纵向比较可以看出，中央企业和民营企业的长期金融资产过度投资水平在 2010 年以后都显著降低，显著性水平均为 1%，但中央企业的下降幅度要大于民营企业。初步证明，EVA 考核的实施对中央企业的长期金融资产过度投资起到了抑制作用。

Panel G 为中央企业与民营企业在 EVA 考核政策推行前后研发投资不足的均值差异检验结果。Panel G 的纵向比较显示，2010 年前后，中央企业的研发投资不足水平没有变化；但民营企业的研发投资不足水平却显著增加，上升幅度约为 0.3%，显著性水平为 1%。横向比较结果显示，2010 年前，中央企业的研发投资不足在 1% 的水平上显著高于民营企业；但 2010 年以后，两者的研发投资不足水平没有明显差异。初步表明，EVA 考核对中央企业缓解研发投资不足起到了正向作用。

基于此，本书的假设 H5-1、假设 H5-2a、假设 H5-2b 基本得到了初步检验，但若想考察 EVA 考核对固定资产、无形资产和长期金融资产的过度投资的影响程度，则需进一步进行多元回归检验。

三　相关性分析

回归模型中的解释变量之间存在近似或高度的多重共线性会使回归系数的总体值不能准确地加以估计，为估测本书的回归模型中的各个自变量之间是否存在多重共线性的问题，本书在用模型（5-1）进行多元回归分析之前，通过 Spearman 相关性分析来判断模型中的自变量之间是否存在多重共线性的问题。表5-6列示了模型（5-1）中的各自变量之间的 Spearman 相关系数。表5-6的相关性系数的绝对值均小于0.5，说明模型（5-1）的各自变量之间的相关性较小，不存在严重的多重共线性问题；因此，不会对模型的回归结果造成不利影响。

四　多元回归分析

（一）EVA 考核对企业总体投资效率的影响

为了检验本书假设 H5-1 的理论预期，本章采用模型（5-1）来分析 EVA 考核对投资效率的影响，被解释变量分别为总体非效率投资（Ine_Inv$_0$）、总过度投资（Over_Inv$_1$）和总投资不足（Under_Inv$_2$），表5-7列示了模型（5-1）的回归结果。

表5-7的第Ⅰ列为 EVA 影响中央企业总体非效率投资的双重差分结果。第（1）列至第（3）列为没有控制企业个体效应的检验结果。其中，第（1）列与第（2）列分别为仅加入解释变量与仅加入控制变量的回归结果，第（3）列为同时加入解释变量与控制变量的回归结果。可以看出，第（1）列和第（3）列中自变量 Property 的系数均显著为正，说明中央企业在实施 EVA 考核前总体非效率投资程度明显高于民营企业；自变量 After 的系数为负，不显著，说明民营企业的总体非效率投资水平在2010年前后并无明显改变。第（1）列和第（3）列中，交乘项 Property × After 的系数 β$_{0,3}$ 均在1%的水平上显著为负，说明实施 EVA 考核能够降低中央企业总体非效率投资水平。这与前文的均值差异检验结果一致。进一步地，本书控

表 5－6

主要变量的相关性分析

Panel A 总体非效率投资（N = 7056）

	Ine_Inv$_0$	Property	After	Growth	Ret	FCF	DN	ADM	Age	Size
Ine_Inv$_0$	1									
Property	0	1								
After	-0.048***	-0.176***	1							
Growth	0.012	0.012	-0.088***	1						
Ret	-0.005	-0.044***	0.115***	0.221***	1					
FCF	0.051***	0.026**	-0.050***	0.067***	0.295***	1				
DN	-0.015	0.246***	-0.122***	0.016	0.020*	0.038***	1			
ADM	0.048***	-0.095***	-0.051***	-0.153***	-0.308***	-0.082***	-0.111***	1		
Age	0.005	0.197***	0.024**	-0.019	-0.153***	-0.016	-0.003	0.088***	1	
Size	-0.081***	0.303***	0.161***	0.056***	0.110***	0.037***	0.246***	-0.316***	0.117***	1

Panel B 总过度投资（N = 2859）

	Over_Inv$_1$	Property	After	Growth	Ret	FCF	DN	ADM	Age	Size
Over_Inv$_1$	1									
Property	0.033*	1								
After	-0.067***	-0.196***	1							

Panel B 总过度投资（N=2859）

	Over_Inv$_1$	Property	After	Growth	Ret	FCF	DN	ADM	Age	Size
Growth	0.026	0.017	-0.067***	1						
Ret	0.084***	-0.027	0.129***	0.243***	1					
FCF	0.110***	0.025	-0.051***	0.067***	0.248***	1				
DN	0.002	0.258***	-0.135***	0.047**	0.026	0.054***	1			
ADM	-0.038**	-0.086***	-0.062***	-0.176***	-0.428***	-0.102***	-0.126***	1		
Age	-0.016	0.200***	0.061***	-0.066***	-0.165***	-0.016	0.002	0.086***	1	
Size	-0.066***	0.288***	0.129***	0.098***	0.181***	0.035*	0.273***	-0.342***	0.179***	1

Panel C 总投资不足（N=4197）

	Under_Inv$_2$	Property	After	Growth	Ret	FCF	DN	ADM	Age	Size
Under_Inv$_2$	1									
Property	-0.032**	1								
After	-0.036**	-0.162***	1							
Growth	0.017	0.001	-0.095***	1						
Ret	-0.100***	-0.059***	0.110***	0.194***	1					
FCF	-0.013	0.026*	-0.049***	0.065***	0.328***	1				
DN	-0.042***	0.238***	-0.114***	-0.012	0.016	0.028*	1			
ADM	0.173***	-0.104***	-0.045***	-0.130***	-0.218***	-0.070***	-0.101***	1		

续表

Panel C 总投资不足（N=4197）

	Under_Inv$_2$	Property	After	Growth	Ret	FCF	DN	ADM	Age	Size
Age	0.022	0.197***	-0.001	0.016	-0.137***	-0.015	-0.007	0.089***	1	
Size	-0.118***	0.313***	0.183***	0.024	0.061***	0.038**	0.227***	-0.306***	0.073***	1

Panel D 固定资产过度投资（N=2634）

	Over_Inv$_3$	Property	After	Growth	Ret	FCF	DN	ADM	Age	Size
Over_Inv$_3$	1									
Property	0.033*	1								
After	-0.081***	-0.199***	1							
Growth	-0.055***	-0.002	-0.070***	1						
Ret	-0.049**	-0.012	0.110***	0.223***	1					
FCF	0.106***	0.045**	-0.078***	0.060***	0.232***	1				
DN	-0.005	0.267***	-0.137***	0.036*	0.026	0.032*	1			
ADM	-0.007	-0.094***	-0.047**	-0.173***	-0.449***	-0.111***	-0.142***	1		
Age	-0.075***	0.199***	0.069***	-0.037	-0.166***	-0.009	0.007	0.096***	1	
Size	-0.069***	0.305***	0.126***	0.056***	0.190***	0.069***	0.290***	-0.325***	0.152***	1

Panel E 无形资产过度投资（N=2157）

	Over_Inv$_4$	Property	After	Growth	Ret	FCF	DN	ADM	Age	Size
Over_Inv$_4$	1									

Panel E 无形资产过度投资 (N = 2157)

	Over_Inv4	Property	After	Growth	Ret	FCF	DN	ADM	Age	Size
Property	-0.032	1								
After	-0.013	-0.195***	1							
Growth	0.065***	0.031	-0.073***	1						
Ret	0.072***	-0.035	0.190***	0.274***	1					
FCF	0.130***	0.034	-0.055**	0.107***	0.236***	1				
DN	-0.068***	0.247***	-0.136***	0.066***	0.042*	0.055**	1			
ADM	0.007	-0.091***	-0.079***	-0.226***	-0.473***	-0.106***	-0.128***	1		
Age	-0.011	0.197***	0.034	-0.106***	-0.161***	-0.036*	0.001	0.089***	1	
Size	-0.116***	0.283***	0.172***	0.076***	0.181***	0.070***	0.254***	-0.299***	0.158***	1

Panel F 长期金融资产过度投资 (N = 3028)

	Over_Inv5	Property	After	Growth	Ret	FCF	DN	ADM	Age	Size
Over_Inv5	1									
Property	-0.023	1								
After	-0.081***	-0.233***	1							
Growth	0.018	0.012	-0.045**	1						
Ret	0.056***	-0.012	0.115***	0.227***	1					
FCF	0.098***	0.034*	-0.065***	0.041**	0.259***	1				

续表

Panel F 长期金融资产过度投资（N = 3028）

	Over_Inv$_5$	Property	After	Growth	Ret	FCF	DN	ADM	Age	Size
DN	−0.031*	0.263***	−0.128***	−0.003	0.033*	0.068***	1			
ADM	0.039**	−0.100***	−0.067***	−0.133***	−0.414***	−0.094***	−0.118***	1		
Age	0.015	0.194***	0.014	−0.013	−0.150***	0.002	−0.019	0.080***	1	
Size	−0.079***	0.314***	0.120***	0.071***	0.189***	0.046**	0.275***	−0.345***	0.109***	1

Panel G 研发投资不足（N = 4355）

	Under_Inv$_6$	Property	After	Growth	Ret	FCF	DN	ADM	Age	Size
Under_Inv$_6$	1									
Property	0.02	1								
After	0.047***	−0.202***	1							
Growth	−0.006	0.012	−0.053***	1						
Ret	0.016	−0.047***	0.027*	0.209***	1					
FCF	−0.081***	0.045***	−0.083***	0.058***	0.289***	1				
DN	−0.01	0.244***	−0.129***	−0.01	0	0.051***	1			
ADM	−0.021	−0.098***	0.002	−0.114***	−0.148***	−0.071***	−0.093***	1		
Age	−0.057***	0.168***	0.046***	0.009	−0.139***	−0.006	−0.019	0.116***	1	
Size	−0.018	0.299***	0.154***	0.058***	0.065***	0.025	0.229***	−0.321***	0.100***	1

注：***、**和*分别表示 0.01、0.05 和 0.1 的显著性水平。

表 5 - 7　EVA 考核影响总投资效率的回归结果

变量 \ 模型	总体非效率投资 (Ine_Inv_0)				总体过度投资 ($Over\_Inv_1$)				总体投资不足 ($Under\_Inv_2$)			
	I				II				III			
	(1)	(2)	(3)	(4)	(5)	(6)	(7)	(8)	(9)	(10)	(11)	(12)
Property	0.008** (2.21)		0.013*** (3.43)	0.00005 (0.00)	0.022*** (2.78)		0.027*** (3.47)	-0.041* (-1.72)	-0.002 (-0.62)		0.003 (1.06)	0.008 (0.43)
Property × After	-0.027*** (-5.86)		-0.026*** (-5.61)	-0.023*** (-4.62)	-0.046*** (-4.70)		-0.045*** (-4.58)	-0.039*** (-3.09)	-0.011*** (-2.82)		-0.011*** (-2.88)	-0.008* (-1.73)
After	-0.009 (-1.61)		-0.006 (-1.16)	0.010 (1.58)	-0.003 (-0.31)		-0.0038 (-0.35)	0.024* (1.87)	-0.008* (-1.69)		-0.003 (-0.57)	-0.011** (-2.16)
Growth		0.003 (1.04)	0.003 (1.05)	0.002 (0.61)		0.004 (0.66)	0.003 (0.53)	0.003 (0.56)		0.004* (1.94)	0.004** (1.99)	0.006** (2.33)
Ret		0.002 (0.08)	-0.003 (-0.16)	0.018 (0.73)		0.115*** (3.43)	0.105*** (3.12)	0.065 (1.37)		-0.071*** (-3.15)	-0.073*** (-3.24)	-0.045* (-1.66)
FCF		0.036** (2.49)	0.036** (2.50)	0.031** (2.05)		0.076** (2.30)	0.080** (2.44)	0.091*** (2.60)		0.010 (1.02)	0.009 (0.96)	-0.008 (-0.63)
DN		-0.009* (-1.88)	-0.009* (-1.84)	0.005 (0.54)		-0.011 (-1.11)	-0.013 (-1.34)	0.028 (1.32)		-0.009* (-1.95)	-0.008* (-1.74)	-0.010 (-1.14)

续表

模型 变量	总体非效率投资（Ine_Inv$_0$）I				总体过度投资（Over_Inv$_1$）II				总体投资不足（Under_Inv$_2$）III			
	(1)	(2)	(3)	(4)	(5)	(6)	(7)	(8)	(9)	(10)	(11)	(12)
ADM		0.009 (1.08)	0.010 (1.16)	0.001 (0.12)		-0.024* (-1.80)	-0.024* (-1.85)	-0.025 (-1.39)		0.048*** (4.25)	0.048*** (4.28)	0.042** (2.56)
Size		-0.006*** (-5.86)	-0.005*** (-5.13)	-0.023*** (-6.90)		-0.011*** (-4.79)	-0.011*** (-4.70)	-0.036*** (-5.24)		-0.005*** (-4.90)	-0.003*** (-4.05)	-0.006** (-1.97)
Age		0.002 (1.24)	0.003** (1.99)	0.0003 (0.06)		0.006** (2.17)	0.007** (2.52)	-0.010 (-0.90)		-0.0004 (-0.42)	0.0002 (0.20)	0.007* (1.94)
Con	0.023*** (3.61)	0.147*** (7.08)	0.138*** (6.46)	0.540*** (7.46)	0.018 (1.23)	0.257*** (5.51)	0.260*** (5.61)	0.836*** (5.54)	0.094*** (20.40)	0.167*** (9.20)	0.151*** (7.81)	0.189*** (2.87)
Industry	Control	Control	Control	Control	Control	Control	Control	Control	Control	Control	Control	Control
Year	Control	Control	Control	Control	Control	Control	Control	Control	Control	Control	Control	Control
FE	No	No	No	Yes	No	No	No	Yes	No	No	No	Yes
N	7056	7056	7056	7056	2859	2859	2859	2859	4197	4197	4197	4197
Adj-R^2	0.3466	0.3463	0.3472	—	0.4507	0.4513	0.4529	—	0.2982	0.3009	0.3015	—
Within R^2	—	—	—	0.2130	—	—	—	0.3004	—	—	—	0.2183

注: ***、** 和*分别表示 0.01、0.05 和 0.1 的显著性水平（双尾检验），括号内数据为对应系数的 T 统计量。

制了企业的个体效应。第（4）列为控制了个体效应后的回归结果。
可以看出，交乘项 Property × After 的系数略有降低，说明在没有控
制企业个体效应前，企业某些不随时间改变但会影响企业总体非效
率投资水平的变量被遗漏了。若不控制这些变量，会对估计 EVA 考
核的作用造成偏差。在采用固定效应控制这种内生性问题后，交乘
项 Property × After 的系数仍在 1% 的水平上显著为负，但 t 统计量较
没采用固定效应控制个体效应前略低；说明 EVA 考核的作用在此前
被高估了。综上可证明实施 EVA 考核对中央企业的总体非效率投资
具有一定抑制作用。本书的假设 H5 - 1 得到了基本验证。

进一步地，本书区分了投资过度和投资不足，分别检验了 EVA
考核对两者的作用效果。

表 5 - 7 的第Ⅱ列为 EVA 考核影响中央企业总过度投资的双重
差分检验结果。其中，第（5）列至第（7）列为没有控制企业个体
效应的检验结果。第（5）列与第（6）列分别为仅加入解释变量与
仅加入控制变量的回归结果，第（7）列为同时加入解释变量与控
制变量的回归结果。可以看出，第（5）列和第（7）列中，自变量
Property 的系数均在 1% 的水平上显著为正，After 的系数均为负但不
显著。这说明在 2010 年以前，中央企业的总体过度投资水平显著高
于民营企业；民营企业的总体过度投资水平在 2010 年前后无明显变
化。交乘项 Property × After 的系数 $\beta_{1,3}$ 显著为负，显著性水平均为
1%。这表明，实施 EVA 考核后，中央企业的总体过度投资水平显
著降低。第（8）列为进一步控制了企业个体效应的回归结果。可
以看出，在采用个体固定效应控制了内生性问题后，交乘项 Property
× After 的系数及其 t 统计量虽较未控制前有所降低，但仍具有 1% 的
显著性水平。这说明，虽然在未控制个体效应前，EVA 考核对中央
企业总体过度投资的影响被高估了，但控制后，EVA 考核对中央企
业总体过度投资的抑制作用仍然十分显著。因此，EVA 考核的确能
够抑制中央企业总体过度投资。

表 5 - 7 的第Ⅲ列为 EVA 考核影响中央企业总投资不足的双重

差分检验结果。第（9）列至第（11）列为没有控制企业个体效应的检验结果。其中，第（9）列与第（10）列分别为仅加入解释变量和仅加入控制变量的回归结果。可以看出，第（9）列与第（11）列中，自变量 Property 的系数均不显著，表明 2010 年以前，中央企业与民营企业的总体投资不足水平没有明显差异；自变量 After 的系数均为负，显著性分别为 10% 的水平上显著和不显著，说明 2010 年以后，民营企业的总体投资不足水平略有下降。无论是第（9）列还是第（11）列，交乘项 Property × After 的系数 $\beta_{2,3}$ 均在 1% 的水平上显著为负，表明 EVA 考核的实施能够缓解中央企业的总体投资不足。进一步地，第（12）列为控制了企业个体效应之后的回归结果。结果显示，在控制了企业个体效应之后，交乘项 Property × After 的系数及其 t 统计量较未控制前均有所降低。这说明，没有采用固定效应控制时，EVA 考核对缓解中央企业总体投资不足的作用被高估了，但即便如此，仍具有 10% 的显著性水平。证明了 EVA 考核后，中央企业的投资不足的确得到了一定缓解。

基于此，本书的假设 H5 - 1 得到了进一步验证。

（二）EVA 考核对各类别非效率投资的影响

为了检验本书假设 H5 - 2a 和假设 H5 - 2b 的理论预期，此处仍采用模型（5 - 1）来分析 EVA 考核对各类非效率投资的影响，被解释变量分别为固定资产过度投资（$OverInv_{3,it}$）、无形资产过度投资（$OverInv_{4,it}$）、长期金融资产过度投资（$OverInv_{5,it}$）和研发投资不足（$UnderInv_{6,it}$），表 5 - 8 列示了回归结果。

表 5 - 8 中，Panel A 的第 I 列是 EVA 考核影响中央企业固定资产过度投资的双重差分的回归结果。第（1）列至第（3）列为没有控制企业个体效应的回归结果；第（4）列为控制了企业个体效应的回归结果。其中，第（1）列和第（2）列分别为仅加入解释变量和仅加入控制变量的回归结果，第（3）列为加入所有变量的回归结果。可以看出，第（1）列与第（3）列中的自变量 Property 的系数

表 5-8　EVA 考核影响各类别的非效率投资的回归结果

Panel A 过度投资

变量 \ 模型	I 固定资产过度投资（Over_Inv₃）				II 无形资产过度投资（Over_Inv₄）				III 长期金融资产过度投资（Over_Inv₅）			
	(1)	(2)	(3)	(4)	(5)	(6)	(7)	(8)	(9)	(10)	(11)	(12)
Property	-0.001 (-0.12)		0.007 (1.14)	-0.036* (-1.75)	0.003 (0.73)		0.007** (1.97)	-0.004 (-0.32)	-0.0001 (-0.20)		0.0001 (0.06)	0.005 (0.31)
Property × After	-0.012* (-1.70)	-0.008** (-2.10)	-0.013* (-1.81)	-0.016* (-1.92)	-0.016*** (-3.55)		-0.015*** (-3.56)	-0.007*** (-2.82)	-0.005** (-2.02)		-0.005** (-1.99)	-0.008** (-2.34)
After	-0.015 (-1.63)		-0.010 (-1.14)	0.006 (0.58)	-0.005 (-1.13)		-0.002 (-0.49)	0.008 (1.41)	0.002 (0.56)		0.002 (0.45)	0.002 (0.62)
Growth		-0.008** (-2.10)	-0.008** (-2.16)	-0.007 (-1.52)		0.006** (2.47)	0.006** (2.47)	0.010*** (2.77)		-0.0002 (-0.13)	-0.0002 (-0.19)	-0.0001 (-0.09)
Ret		-0.076*** (-2.76)	-0.079*** (-2.85)	-0.086** (-2.16)		0.033** (2.37)	0.030** (2.21)	0.023 (1.62)		0.030*** (3.41)	0.028*** (3.25)	0.004 (0.31)
FCF		0.076*** (4.06)	0.076*** (4.12)	0.077*** (3.34)		0.055*** (3.76)	0.056*** (3.83)	0.048** (2.44)		0.023*** (2.78)	0.023*** (2.79)	0.039*** (3.57)
DN		-0.017** (-2.05)	-0.017** (-2.05)	-0.026 (-1.31)		-0.011* (-1.74)	-0.011* (-1.74)	-0.007 (-0.93)		-0.006** (-2.03)	-0.005* (-1.76)	-0.007 (-1.06)

续表

Panel A 过度投资

模型 变量	固定资产过度投资（Over_Inv₃） I				无形资产过度投资（Over_Inv₄） II				长期金融资产过度投资（Over_Inv₅） III			
	(1)	(2)	(3)	(4)	(5)	(6)	(7)	(8)	(9)	(10)	(11)	(12)
ADM		-0.023^{***} (-2.72)	-0.023^{***} (-2.72)	-0.027^{**} (-2.13)		0.006 (1.14)	0.006 (1.15)	0.016^{**} (2.40)		0.006 (1.26)	0.006 (1.27)	-0.001 (-0.14)
Size		-0.007^{***} (-3.82)	-0.006^{***} (-3.75)	-0.024^{***} (-4.56)		-0.006^{***} (-5.21)	-0.005^{***} (-4.99)	-0.005^{***} (-2.83)		-0.001^{***} (-2.79)	-0.001^{**} (-2.02)	-0.002 (-1.30)
Age		-0.003 (-1.55)	-0.003 (-1.33)	-0.005 (-0.58)		0.002 (1.53)	0.003^{*} (1.92)	-0.002 (-0.46)		0.002^{**} (2.47)	0.002^{***} (3.03)	-0.001 (-0.28)
Con	0.032^{***} (3.50)	0.200^{***} (5.68)	0.199^{***} (5.64)	0.662^{***} (5.48)	0.037^{***} (2.59)	0.174^{***} (7.12)	0.165^{***} (6.69)	0.155^{***} (3.61)	0.044^{*} (1.70)	0.081^{***} (2.93)	0.071^{**} (2.50)	0.083^{**} (2.13)
Industry	Control	Control	Control	Control	Control	Control	Control	Control	Control	Control	Control	Control
Year	Control	Control	Control	Control	Control	Control	Control	Control	Control	Control	Control	Control
FE	No	No	No	Yes	No	No	No	Yes	No	No	No	Yes
N	2634	2634	2634	2634	2157	2157	2157	2157	3028	3028	3028	3028
$Adj - R^{2}$	0.2723	0.2833	0.2845	—	0.2421	0.2683	0.2701	—	0.2099	0.2175	0.2190	—
Within R^{2}	—	—	—	0.1971	—	—	—	0.1815	—	—	—	0.1179

注：***、** 和 * 分别表示0.01、0.05和0.1的显著性水平（双尾检验），括号内数据为投资模型中自变量对应系数的T统计量。

续表 5 - 8   **EVA 考核影响各类别的非效率投资的回归结果**

Panel B 投资不足

模型 / 变量	研发投资不足 （Under_Inv$_6$）			
	（1）	（2）	（3）	（4）
Property	0.003 ***		0.003 ***	0.006
	(3.02)		(3.24)	(1.21)
Property × After	-0.004 ***		-0.003 ***	-0.003 **
	(-3.03)		(-2.73)	(-2.03)
After	0.007 ***		0.007 ***	0.001
	(3.83)		(3.82)	(1.02)
Growth		0.000005	0.000004	0.0003
		(-0.03)	(0.02)	(1.07)
Ret		0.009	0.009	0.008
		(1.25)	(1.22)	(1.25)
FCF		-0.012 *	-0.012 *	-0.019 ***
		(-1.91)	(-1.94)	(-2.62)
DN		0.0004	0.00001	0.001 *
		(0.28)	(0.01)	(1.66)
ADM		-0.003 ***	-0.002 ***	-0.002
		(-2.86)	(-2.76)	(-1.28)
Size		-0.0002	-0.0003	-0.0006
		(-0.92)	(-1.27)	(-1.09)
Age		-0.0004 *	-0.0005 **	-0.001
		(-1.66)	(-2.13)	(-1.22)
Con	0.008 **	0.013 **	0.015 **	0.015
	(2.08)	(2.23)	(2.34)	(1.26)
Industry	Control	Control	Control	Control
Year	Control	Control	Control	Control
FE	No	No	No	Yes
N	4355	4355	4355	4355
Adj - R^2	0.2675	0.2686	0.2728	—
Within R^2	—	—	—	0.1573

注： *** 、 ** 和 * 分别表示 0.01、0.05 和 0.1 的显著性水平（双尾检验），括号内数据为对应系数的 T 统计量。

均不显著，表明在 2010 年以前，中央企业和民营企业的固定资产过度投资水平没有明显差别；自变量 After 的系数均为负、不显著，表明 2010 年之后，民营企业的固定资产过度投资水平没有明显变化。进一步观察交乘项 Property × After 的系数 $\beta_{3,3}$ 发现，无论是第（1）列的单自变量回归还是第（3）列加入所有控制变量的回归，该系数均为负，且均在 10% 的水平上显著，表明 EVA 考核对中央企业固定资产过度投资起到了一定的抑制作用。进一步地，在采用固定效应进行控制后，交乘项系数 $\beta_{3,3}$ 有所提高，且仍在 10% 的水平上显著为负；说明在没有控制企业个体效应以前，EVA 考核对中央企业固定资产过度投资的抑制作用被低估了。再次证明，EVA 考核能够起到抑制中央企业固定资产过度投资的作用。

Panel A 的第 II 列是 EVA 考核影响中央企业无形资产过度投资的双重差分的回归结果。第（5）列至第（7）列为没有控制企业个体效应的回归结果；第（8）列为控制了企业个体效应的回归结果。其中，第（5）列和第（6）列分别为仅加入解释变量和仅加入控制变量的回归结果，第（7）列为加入所有变量的回归结果。可以看出，第（5）列中自变量 Property 的系数 $\beta_{4,1}$ 为正、不显著，但第（7）列加入控制变量后，$\beta_{4,1}$ 在 5% 的水平上显著为正。这表明，在 2010 年前，中央企业的无形资产过度投资水平明显高于民营企业。自变量 After 的系数均为负，但不显著，说明 2010 年前后，民营企业的无形资产过度投资水平没有明显变化。第（5）列和第（7）列的交乘项 Property × After 的系数均在 1% 的水平上显著为负，说明实施 EVA 考核抑制了中央企业无形资产过度投资，且抑制效果显著。在控制了企业个体效应后，第（8）列中，交乘项系数 $\beta_{4,3}$ 及其 t 统计量均有所降低。这表明，在没有进行固定效应控制时，企业的一些能够影响 EVA 考核对无形资产过度投资的作用效果的个体因素被忽略了，这使 EVA 抑制无形资产过度投资的作用被高估了。但即便控制了企业的个体因素，系数 $\beta_{4,3}$ 仍在 1% 的水平上显著，这说明 EVA 考核的确抑制了中央企业的无形资产过度投资。

Panel A 的第 III 列是 EVA 考核影响中央企业长期金融资产过度

投资的双重差分的回归结果。第（9）列至第（11）列为没有控制企业个体效应的回归结果；第（12）列为控制了企业个体效应的回归结果。其中，第（9）列和第（10）列分别为仅加入解释变量和仅加入控制变量的回归结果，第（11）列为加入所有变量的回归结果。可以看出，第（9）列与第（11）列中，自变量 Property 和 After 的系数均不显著，说明实施 EVA 考核前，中央企业和民营企业的长期金融资产过度投资水平无显著差异，未实施 EVA 考核的民营企业在 2010 年前后无形资产过度投资水平没有发生显著的变化。第（9）列与第（11）列中，交乘项 Property × After 的系数 $\beta_{5,3}$ 均在 5% 的水平上显著为负。表明实施 EVA 考核能够抑制中央企业长期金融资产过度投资。进一步地，第（12）列控制了企业个体效应的回归结果显示，交乘项 Property × After 的系数 $\beta_{5,3}$ 及其 t 统计量均有所提高，但仍保持 5% 的显著性水平。这表明在未进行固定效应控制时，存在个体因素导致 EVA 考核对长期金融资产过度投资的抑制作用被低估了，EVA 考核的确能够抑制中央企业长期金融资产过度投资。

进一步地，为了验证 EVA 考核对固定资产过度投资、无形资产过度投资以及长期金融资产过度投资的影响程度，本书将第Ⅰ列、第Ⅱ列和第Ⅲ列中的交乘项 Property × After 的系数进行了对比。可以看出，交乘项 Property × After 的系数 $\beta_{3,3}$、$\beta_{4,3}$、$\beta_{5,3}$ 分别在 10%、1% 和 5% 的水平上显著为负，表明 EVA 考核能够抑制固定资产、无形资产和长期金融资产的过度投资，其影响程度可按大小顺序排列为无形资产过度投资、长期金融资产过度投资和固定资产过度投资。

Panel B 为 EVA 考核影响研发投资不足的双重差分检验结果。第（1）列至第（3）列为没有控制企业个体效应的回归结果；第（4）列为控制了企业个体效应的回归结果。其中，第（1）列和第（2）列分别为仅加入解释变量和仅加入控制变量的回归结果，第（3）列为加入所有变量的回归结果。第（1）列和第（3）列的结果显示，自变量 Property 的系数和 After 的系数均在 1% 的显著性水平下显著为正，表明在实施 EVA 考核前，中央企业的研发不足程度要显著高于民营企业；民营企业的研发不足程度在 2010 年后明显加剧。进一步考察交乘项 Property × After 的系数，可以看出，无论是第（1）列还是第（3）列中，$\beta_{6,3}$ 均在 1% 的水平上显著为负，表明实施 EVA 考核能够缓解中央企业在研发投资方面的不足。第（4）列进行了固定效应控制的回归结果显示，交乘项系数 $\beta_{6,3}$ 及其显著性均有所降低，显著性水平从 1% 变至 5%。这表明，在未控制企业个体因素时，EVA 考核对研发不足的作用被高估了，但 EVA 能够缓解中央企业研发投资不足的结果仍然成立。

综上，本书的假设 H5-2a 和 H5-2b 得到了验证。

五 稳健性检验

（一）采用倾向匹配得分法

实验组和对照组在事件发生前的相同趋势是双重差分能够运用的前提条件，但除此之外，还要求实验组与对照组的选择是随机的。中央企业大多处于我国国民经济支柱领域，往往对我国经济和政治稳定起到重要影响。将中央企业和民营企业作为实验组和对照组可能存在一定的自选择问题。因此，需通过进一步的稳健性检验来验证。

本章采用倾向匹配得分法（propensity score matching）进行稳健性检验。具体步骤如下：①采用模型（5-1）中的所有控制变量对中央企业进行 probit 估计，以预测值作为得分；②采用模型（5-1）中的所有控制变量对民营企业进行 probit 估计，同样以预测值作为得分；③根据临近匹配原则，将实验组与对照组的样本进行匹配（因为得分相同或相近的两个企业具有相似的特征）；④采用匹配好的实验组和对照组样本，采用模型（5-1）重新进行双重差分检验。

表 5-9 是 EVA 考核影响总体非效率投资的稳健性检验结果。第（1）列、第（3）列和第（5）列是没有控制固定效应的检验结果，第（2）列、第（4）列和第（6）列是控制了固定效应后的检

表 5 - 9　　　EVA 考核影响总体非效率投资的稳健性检验（PSM 法）

模型 变量	总体非效率投资 （Ine_Inv$_0$）		总体过度投资 （Over_Inv$_1$）		总体投资不足 （Under_Inv$_2$）	
	I		II		III	
	（1）	（2）	（3）	（4）	（5）	（6）
Property	0.010 **	- 0.005	0.032 ***	- 0.051	0.003	0.023
	(2.28)	(- 0.21)	(3.53)	(- 1.05)	(0.69)	(1.12)
Property × After	- 0.022 ***	- 0.024 ***	- 0.047 ***	- 0.040 ***	- 0.009 *	- 0.011 **
	(- 4.03)	(- 3.94)	(- 4.24)	(- 2.78)	(- 1.95)	(- 2.18)
After	- 0.012 *	0.006	- 0.007	0.003	- 0.005	- 0.009
	(- 1.68)	(0.78)	(- 0.47)	(0.18)	(- 0.82)	(- 1.52)
Growth	0.004	0.007 *	0.010	0.010	0.003	0.010 **
	(1.02)	(1.82)	(1.40)	(1.19)	(1.04)	(2.43)
Ret	- 0.026	- 0.022	0.091 **	0.107	- 0.120 ***	- 0.088 **
	(- 0.90)	(- 0.51)	(2.01)	(1.42)	(- 4.25)	(- 2.11)
FCF	0.068 ***	0.055 **	0.162 ***	0.198 ***	0.023 *	- 0.013
	(3.26)	(2.52)	(3.13)	(3.24)	(1.94)	(- 0.86)
DN	- 0.016 **	0.004	- 0.018	0.032	- 0.014 **	- 0.002
	(- 2.53)	(0.34)	(- 1.40)	(1.23)	(- 2.43)	(- 0.22)
ADM	0.002	- 0.013	- 0.049 *	- 0.041	0.092 ***	0.095 *
	(0.12)	(- 0.52)	(- 1.92)	(- 1.48)	(3.71)	(1.92)
Size	- 0.003 **	- 0.026 ***	- 0.005	- 0.025 ***	- 0.001 *	- 0.007
	(- 2.30)	(- 5.38)	(- 1.64)	(- 2.64)	(- 1.73)	(- 1.63)
Age	0.004 **	0.009	0.012 ***	0.020	- 0.001	0.004
	(2.00)	(1.10)	(2.67)	(0.84)	(0.89)	(0.58)
Con	0.174 ***	0.619 ***	0.200 ***	0.547 **	0.126 ***	0.183 **
	(3.32)	(5.70)	(2.92)	(2.50)	(5.18)	(2.00)
Industry	Control	Control	Control	Control	Control	Control
Year	Control	Control	Control	Control	Control	Control
FE	No	Yes	No	Yes	No	Yes
N	4274	4274	1654	1654	2620	2620
Adj - R^2	0.3160	—	0.3972	—	0.2705	—
Within R^2	—	0.2319	—	0.2852	—	0.1910

　　注：***、** 和 * 分别表示 0.01、0.05 和 0.1 的显著性水平（双尾检验），括号
内数据为对应系数的 T 统计量。

验结果。可以看出,第(1)列至第(4)列中,交乘项 Property ×
After 的系数均在 1% 的显著性水平下显著为负,与表 5 – 7 的结果一
致。第(5)列和第(6)列中,交乘项 Property × After 的系数显著
为负,显著性水平分别为 10% 和 5%,与表 5 – 7 的结果基本一致。

表 5 – 10 是 EVA 考核影响各类别的非效率投资的稳健性检验结
果。其中,第(1)列、第(3)列、第(5)列和第(7)列是没
有控制固定效应的检验结果,第(2)列、第(4)列、第(6)列
和第(8)列是控制了固定效应后的检验结果。可以看出,第(1)
列和第(2)列中,交乘项 Property × After 的系数 $\beta_{3,3}$ 均在 10% 的水
平上显著为负;第(3)列和第(4)列中,交乘项 Property × After
的系数 $\beta_{4,3}$ 均显著为负,显著性水平分别为 1% 和 5%;第(5)列
和第(6)列中,交乘项 Property × After 的系数 $\beta_{5,3}$ 均在 5% 的水平
上显著为负;第(7)列和第(8)列中,交乘项 Property × After 的
系数 $\beta_{6,3}$ 均显著为负,显著性水平分别为 5% 和 10%。虽然第(4)
列和第(6)列中,交乘项系数 $\beta_{4,3}$ 和 $\beta_{5,3}$ 均在 5% 的水平上显著,
但 $\beta_{4,3}$ 的 t 统计量大于 $\beta_{5,3}$ 的 t 统计量。支持本书的假设 H5 – 2a 和
H5 – 2b。

在采用 PSM 法控制了自选择的问题后,本章的研究结论依然成
立。因此,本章的研究结论具有一定的稳健性。

(二)采用分组法

Richardson 模型试用的前提是公司中不存在系统性非效率投资
行为,其整体投资行为是正常的(Richardson,2006)。因此,本章
借鉴张先治和李琦(2012)以及王治等(2015)的研究,将 Rich-
ardson 模型回归的正的残差值按照样本大小分为三组,将残差值最
大的一组作为过度投资组。同理,将残差小于零的样本取绝对值,
并按照大小分为三组,将绝对值最大的一组作为投资不足组。再采
用模型(5 – 1)进行回归。采用分组法后的模型(5 – 1)的回归结
果列示于表 5 – 11 和表 5 – 12。

表 5 – 10　　　　　　EVA 考核影响各类别的非效率投资的
稳健性检验（PSM 法）

模型　　　变量	固定资产过度投资（Over_Inv_3）		无形资产过度投资（Over_Inv_4）		长期金融资产过度投资（Over_Inv_5）		研发投资不足（Under_Inv_6）	
	I		II		III		IV	
	(1)	(2)	(3)	(4)	(5)	(6)	(7)	(8)
Property	0.003 (0.36)	- 0.069 ** (- 2.34)	0.007 * (1.94)	0.007 (0.46)	0.003 (1.08)	0.016 (0.74)	0.003 *** (3.28)	0.009 (1.04)
Property × After	- 0.009 * (- 1.69)	- 0.025 * (- 1.94)	- 0.013 *** (- 2.83)	- 0.008 ** (- 2.53)	- 0.009 ** (- 1.97)	- 0.012 ** (- 2.08)	- 0.003 ** (- 2.35)	- 0.003 * (- 1.80)
After	- 0.006 (- 0.52)	0.001 (0.10)	0.008 (1.30)	0.003 (0.47)	0.0003 (0.07)	0.0003 (0.06)	0.005 *** (5.18)	0.002 (1.08)
Growth	- 0.005 * (- 1.84)	- 0.008 ** (- 2.45)	0.005 (1.33)	0.009 ** (2.31)	0.003 (1.35)	0.003 (1.21)	- 0.00005 (- 0.09)	0.0005 (0.66)
Ret	- 0.025 * (- 1.69)	0.006 (0.12)	0.019 (0.74)	0.037 (1.75)	0.030 ** (2.11)	- 0.014 (- 0.63)	0.018 ** (2.24)	0.018 ** (2.00)
FCF	0.085 *** (3.65)	0.083 *** (2.90)	0.070 *** (3.90)	0.074 *** (3.05)	0.014 ** (2.28)	0.016 ** (2.31)	- 0.016 * (- 1.68)	- 0.031 ** (- 2.51)
DN	- 0.030 *** (- 2.67)	- 0.031 (- 1.30)	- 0.006 (- 0.74)	- 0.017 * (- 1.85)	- 0.007 * (- 1.75)	- 0.014 (- 1.52)	- 0.0007 * (- 1.81)	0.001 ** (2.06)
ADM	- 0.008 (- 1.24)	- 0.046 * (- 1.79)	0.011 (0.82)	- 0.006 (- 0.41)	0.006 (0.53)	- 0.006 * (- 1.71)	- 0.005 * (- 1.95)	- 0.011 (- 0.87)
Size	- 0.002 (- 1.13)	- 0.017 ** (- 2.23)	- 0.002 ** (- 2.18)	- 0.007 ** (- 2.43)	- 0.0009 (- 1.51)	- 0.002 (- 0.71)	- 0.0001 (- 0.51)	- 0.0003 (- 0.26)
Age	- 0.002 (- 0.55)	0.005 (0.36)	0.002 (1.44)	0.007 (1.25)	0.006 *** (4.93)	0.008 ** (2.29)	- 0.0002 (- 0.38)	- 0.00006 (- 0.02)
Con	0.141 *** (3.12)	0.525 *** (3.06)	0.088 *** (3.93)	0.188 *** (3.01)	0.042 ** (2.48)	0.062 ** (2.10)	0.0004 (0.06)	0.003 ** (2.11)
Industry	Control	Control	Control	Control	Control	Control	Control	Control
Year	Control	Control	Control	Control	Control	Control	Control	Control
FE	No	Yes	No	Yes	No	Yes	No	Yes
N	1596	1596	1262	1262	1682	1682	2654	2654
Adj - R²	0.3419	—	0.2817	—	0.2603	—	0.3174	—
Within R²	—	0.2001	—	0.1760	—	0.1766	—	0.2189

注：*** 、** 和 * 分别表示 0.01、0.05 和 0.1 的显著性水平（双尾检验），括号内数据为对应
系数的 T 统计量。

表 5 – 11　　**EVA 考核影响总体非效率投资的稳健性检验（分组法）**

模型 / 变量	总体非效率投资 (Ine_Inv$_0$)		总体过度投资 (Over_Inv$_1$)		总体投资不足 (Under_Inv$_2$)	
	I		II		III	
	(1)	(2)	(3)	(4)	(5)	(6)
Property	0.039***	0.039***	0.061***	0.067***	0.011*	0.01
	(5.11)	(5.02)	(4.34)	(4.35)	(1.89)	(1.58)
Property × After	−0.064***	−0.064***	−0.083***	−0.08***	−0.03***	−0.026***
	(−6.29)	(−6.27)	(−4.04)	(−4.09)	(−4.19)	(−3.59)
After	−0.013	0.015*	0.038*	0.026	−0.009	0.006
	(−1.15)	(1.76)	(1.88)	(1.60)	(−0.96)	(0.89)
Growth	0.004	0.005	0.0013	−0.002	0.005***	0.005***
	(1.34)	(1.40)	(0.10)	(−0.12)	(3.09)	(2.98)
Ret	−0.045	−0.045	0.01**	0.104**	−0.095***	−0.087***
	(−1.40)	(−1.39)	(2.27)	(2.29)	(−3.78)	(−3.62)
FCF	0.07**	0.07**	0.166**	0.175**	−0.01	−0.009
	(2.25)	(2.26)	(2.51)	(2.56)	(−0.60)	(−0.57)
DN	−0.011	−0.011	−0.032	−0.028	−0.004	−0.004
	(−1.26)	(−1.23)	(−1.58)	(−1.34)	(−0.79)	(−0.69)
ADM	0.007	0.007	−0.091	−0.079	0.02**	0.018**
	(0.55)	(0.56)	(−1.41)	(−1.18)	(2.00)	(2.49)
Size	−0.008***	−0.008***	−0.019***	−0.019***	−0.002	−0.003*
	(−3.73)	(−3.43)	(−4.04)	(−4.03)	(−1.54)	(−1.73)
Age	0.02***	0.02***	0.023***	0.021***	0.014***	0.014***
	(7.47)	(7.11)	(4.51)	(4.38)	(7.04)	(6.45)
Con	0.276***	0.329***	0.595***	0.813***	0.143***	0.139***
	(4.92)	(4.67)	(6.19)	(6.80)	(3.04)	(3.58)
Industry	Control	Control	Control	Control	Control	Control
Year	Control	Control	Control	Control	Control	Control
FE	No	Yes	No	Yes	No	Yes
N	2352	2352	953	953	1399	1399
Adj – R^2	0.2766	—	0.2290	—	0.2753	—
Within R^2	—	0.2302	—	0.1859	—	0.2205

注：***、**和*分别表示0.01、0.05和0.1的显著性水平（双尾检验），括号内数据为对应系数的 T 统计量。

表 5 - 12　　EVA 考核影响各类别的非效率投资的稳健性检验（分组法）

变量\模型	固定资产过度投资 (Over_Inv₃) I		无形资产过度投资 (Over_Inv₄) II		长期金融资产过度投资 (Over_Inv₅) III		研发投资不足 (Under_Inv₆) IV	
	(1)	(2)	(3)	(4)	(5)	(6)	(7)	(8)
Property	0.003 (0.36)	-0.069** (-2.34)	0.007* (1.94)	0.007 (0.46)	0.003 (1.08)	0.016 (0.74)	0.003*** (3.28)	0.009 (1.04)
Property × After	-0.009* (-1.69)	-0.025* (-1.94)	-0.013*** (-2.83)	-0.008** (-2.53)	-0.009** (-1.97)	-0.012** (-2.08)	-0.003** (-2.35)	-0.003* (-1.80)
After	-0.006 (-0.52)	0.001 (0.10)	0.008 (1.30)	0.003 (0.47)	0.0003 (0.07)	0.0003 (0.06)	0.005*** (5.18)	0.002 (1.08)
Growth	-0.005* (-1.84)	-0.008** (-2.45)	0.005 (1.33)	0.009** (2.31)	0.003 (1.35)	0.003 (1.21)	-0.00005 (-0.09)	0.0005 (0.66)
Ret	-0.025* (-1.69)	0.006 (0.12)	0.019 (0.74)	0.037* (1.75)	0.030** (2.11)	-0.014 (-0.63)	0.018** (2.24)	0.018** (2.00)
FCF	0.085*** (3.65)	0.083*** (2.90)	0.070*** (3.90)	0.074*** (3.05)	0.014** (2.28)	0.016** (2.31)	-0.016* (-1.68)	-0.031** (-2.51)
DN	-0.030*** (-2.67)	-0.031 (-1.30)	-0.006 (-0.74)	-0.017* (-1.85)	-0.007* (-1.75)	-0.014 (-1.52)	-0.0007* (-1.81)	0.001** (2.06)

续表

模型 变量	固定资产过度投资 (Over_Inv₃) I		无形资产过度投资 (Over_Inv₄) II		长期金融资产过度投资 (Over_Inv₅) III		研发投资不足 (Under_Inv₆) IV	
	(1)	(2)	(3)	(4)	(5)	(6)	(7)	(8)
ADM	-0.008 (-1.24)	-0.046* (-1.79)	0.011 (0.82)	-0.006 (-0.41)	0.006 (0.53)	-0.006* (-1.71)	-0.005* (-1.95)	-0.011 (-0.87)
Size	-0.002 (-1.13)	-0.017** (-2.23)	-0.002** (-2.18)	-0.007** (-2.43)	-0.0009 (-1.51)	-0.002 (-0.71)	-0.0001 (-0.51)	-0.0003 (-0.26)
Age	-0.002 (-0.55)	0.005 (0.36)	0.002 (1.44)	0.007 (1.25)	0.006*** (4.93)	0.008** (2.29)	-0.0002 (-0.38)	-0.00006 (-0.02)
Con	0.141*** (3.12)	0.525*** (3.06)	0.088*** (3.93)	0.188*** (3.01)	0.042** (2.48)	0.062** (2.10)	0.0004 (0.06)	0.003** (2.11)
Industry	Control	Control	Control	Control	Control	Control	Control	Control
Year	Control	Control	Control	Control	Control	Control	Control	Control
FE	No	Yes	No	Yes	No	Yes	No	Yes
N	1596	1596	1262	1262	1682	1682	2654	2654
Adj－R²	0.3419	—	0.2817	—	0.2603	—	0.3174	—
Within R²	—	0.2001	—	0.1760	—	0.1766	—	0.2189

注：***，**和*分别表示 0.01，0.05 和 0.1 的显著性水平（双尾检验），括号内数据为对应系数的 T 统计量。

表 5 - 11 是 EVA 考核影响总体非效率投资的稳健性检验结果。第（1）列、第（3）列和第（5）列是没有控制固定效应的检验结果，第（2）列、第（4）列和第（6）列是控制了固定效应后的检验结果。可以看出，第（1）列至第（6）列的交乘项 Property × After 的系数均在 1% 的水平上显著为负，与表 5 - 7 的结果一致。表 5 - 12 是 EVA 考核影响各类别的非效率投资的稳健性检验结果。其中，第（1）列、第（3）列、第（5）列和第（7）列是没有控制个体效应的检验结果，第（2）列、第（4）列、第（6）列和第（8）列是控制了固定效应后的检验结果。可以看出，在没有控制个体效应前，第（1）列、第（3）列、第（5）列、第（7）列的交乘项系数均显著为负，显著性水平分别为 10%、1%、5% 和 5%。在控制了个体效应后，第（2）列、第（4）列、第（6）列和第（8）列的交乘项系数均显著为负，且显著性水平分别为 10%、5%、5% 和 10%。虽然第（4）列与第（6）列的交乘项系数均在 5% 的显著性水平下显著为负，但前者的 t 值为 2.53，大于后者的 2.08。说明 EVA 考核对无形资产过度投资的抑制效果大于对长期金融资产过度投资的抑制效果。该结果与表 5 - 8 基本一致。因此，本章的研究结论具有一定稳健性。

（三）以地方国有企业为样本的 DID 检验

本章的实证检验主要采用了双重差分法。具体地，以中央企业作为实验组，以民营企业作为对照组，虽然本章满足在 EVA 考核实施前中央企业与民营企业非效率投资的趋势相同的条件，且又在稳健性检验中采用 PSM 法控制了样本的自选择问题。但仍无法完全消除中央企业与民营企业在行业、规模等方面的巨大差别对本书结果所造成的干扰。在中央企业全面贯彻 EVA 考核政策后，部分地方国有企业也陆续实施了 EVA 考核。因此，本章将以地方国有企业为样本，对本章的假设重新进行检验。具体地，以 2007—2012 年为检验区间，选取 2010 年开始实施 EVA 考核的地方国有企业为实验组，2010—2012 年未实施 EVA 考核的地方国有企业为对照组。解释变量 EVADUM 为 1 代表 2010 年开始实施 EVA 考核的地方国有企业；EVADUM 为 0 表示 2010—2012 年没有实施 EVA 考核的地方国有企业。解释变量 After 为 1 表示 2010—2012 年；After 为 0 表示 2007—2009 年。本部分与地方国有企业是否实施 EVA 考核的相关数据均采用手工搜集。采用地方国有企业为样本的检验结果列示于表 5 – 13 和表 5 – 14 中。

从表 5 – 13 和表 5 – 14 的结果可以看出，在采用地方国有企业作为样本对模型（5 – 1）进行回归后，交乘项 EVADUM × After 的显著性水平虽然发生了一些变化，但结果仍与前文保持一致。因此，本章的研究结论具有一定的稳健性。

表 5 – 13　　　EVA 考核影响总体非效率投资的稳健性检验

（采用地方国有企业样本检验）

模型 变量	总体非效率投资 （Ine_Inv$_0$）		总体过度投资 （Over_Inv$_1$）		总体投资不足 （Under_Inv$_2$）	
	I		II		III	
	（1）	（2）	（3）	（4）	（5）	（6）
EVADUM	0.012 （1.38）	− 0.011 （− 0.40）	0.021 （1.59）	0.017 （1.06）	0.005 * （1.73）	0.009 （0.45）
EVADUM × After	− 0.016 *** （− 4.58）	− 0.015 *** （− 5.24）	− 0.028 *** （− 3.89）	− 0.025 *** （− 3.39）	− 0.006 ** （− 2.09）	− 0.007 ** （− 2.39）
After	0.004 * （1.65）	0.004 （1.57）	0.017 （0.37）	0.015 ** （2.32）	− 0.001 （− 0.65）	− 0.003 （− 1.35）
Growth	− 0.00009 （− 0.09）	− 0.00004 （− 0.04）	0.003 （0.85）	− 0.005 （− 0.98）	− 0.0001 ** （− 2.07）	− 0.0002 * （− 1.82）
Ret	0.013 *** （3.33）	0.011 ** （1.97）	0.017 ** （2.30）	0.023 * （1.77）	0.007 * （1.90）	0.008 （1.36）
FCF	0.02 （1.60）	0.024 *** （2.82）	0.041 * （1.76）	0.038 * （1.74）	0.013 （1.24）	0.002 （0.22）

续表

模型 变量	总体非效率投资 (Ine_Inv$_0$)		总体过度投资 (Over_Inv$_1$)		总体投资不足 (Under_Inv$_2$)	
	I		II		III	
	(1)	(2)	(3)	(4)	(5)	(6)
DN	0.001 (0.60)	−0.001 (−0.53)	0.001 (0.21)	−0.001 (−0.33)	−0.002 (−0.96)	−0.002 (−1.40)
ADM	0.008 (0.75)	0.013 (0.88)	−0.026* (−1.72)	0.026 (0.79)	0.014*** (2.59)	0.018** (2.15)
Size	0.0002 (0.27)	−0.007*** (−3.20)	0.001 (0.52)	−0.015** (−2.31)	0.001* (1.67)	0.0001 (0.06)
Age	−0.004*** (−3.69)	−0.0003 (−0.25)	−0.002 (−1.11)	0.003 (1.10)	−0.004*** (−4.44)	−0.002*** (−2.59)
Con	0.072*** (3.87)	0.183*** (3.95)	0.110** (2.02)	0.359** (2.53)	0.052*** (3.10)	0.031* (1.70)
Industry	Control	Control	Control	Control	Control	Control
Year	Control	Control	Control	Control	Control	Control
FE	No	Yes	No	Yes	No	Yes
N	3081	3081	1216	1216	1875	1875
Adj−R^2	0.2619	—	0.2740	—	0.2026	—
Within R^2	—	0.2285	—	0.2039	—	0.1572

注：***、**和*分别表示0.01、0.05和0.1的显著性水平（双尾检验），括号内数据为对应系数的 T 统计量。

第四节　本章小结

本章以 2010 年国资委大力推行 EVA 考核为切入点，探讨了 EVA 考核对中央企业投资效率的影响。并采用 2005—2014 年我国沪深两市 A 股中央企业和民营企业上市公司作为研究样本，采用双重差分模型进行回归检验。具体地，选择中央企业（即实施 EVA 考核的企业）作为双重差分模型检验的实验组，民营企业（即未实施

表 5－14　EVA 考核影响各类别的非效率投资的稳健性检验（采用地方国有企业样本检验）

模型　变量	固定资产过度投资 (Over_Inv₃) I		无形资产过度投资 (Over_Inv₄) II		长期金融资产过度投资 (Over_Inv₅) III		研发投资不足 (Under_Inv₆) IV	
	(1)	(2)	(3)	(4)	(5)	(6)	(7)	(8)
EVADUM	-0.004 (-0.46)	-0.015 (-0.37)	0.003 (0.63)	-0.073* (-1.96)	0.001 (0.12)	0.036 (1.49)	-0.0004 (-0.76)	-0.002** (-2.11)
EVADUM × After	-0.01** (-2.39)	-0.026* (1.87)	-0.019*** (-3.85)	-0.004*** (-3.37)	-0.014*** (-3.02)	-0.024*** (-3.15)	-0.002** (-2.37)	-0.001* (-1.89)
After	-0.016 (-1.41)	0.008 (-1.44)	0.008 (1.07)	-0.01 (-0.88)	-0.014*** (-2.97)	-0.014* (-1.81)	0.005*** (6.85)	0.003*** (3.73)
Growth	-0.01** (-2.14)	-0.017 (-1.25)	0.001 (0.15)	-0.001 (-0.31)	-0.001 (-0.55)	0.002 (0.77)	-0.0005** (-2.26)	-0.0005 (-1.19)
Ret	-0.179*** (-3.63)	-0.1** (-2.02)	0.031 (1.11)	0.042 (0.82)	0.006** (2.38)	-0.007* (-1.86)	0.003 (0.90)	0.004 (0.84)
FCF	0.113*** (3.46)	0.172*** (3.58)	0.108*** (4.25)	0.13*** (4.96)	0.062*** (4.82)	0.076*** (4.71)	-0.006* (-1.75)	-0.008*** (-3.38)
DN	-0.025*** (-2.99)	-0.024* (-1.70)	-0.009* (-1.91)	-0.016* (-1.77)	-0.005* (-1.92)	0.004 (0.32)	0.0005 (0.98)	0.001* (1.75)

模型 变量	固定资产过度投资 (Over_Inv₃) I		无形资产过度投资 (Over_Inv₄) II		长期金融资产过度投资 (Over_Inv₅) III		研发投资不足 (Under_Inv₆) IV	
	(1)	(2)	(3)	(4)	(5)	(6)	(7)	(8)
ADM	0.002^* (2.06)	0.116^* (1.72)	0.015 (0.92)	0.032 (0.84)	0.014 (1.61)	0.009 (0.69)	-0.003 (-1.59)	-0.001 (-0.30)
Size	-0.01^{***} (-3.30)	-0.039^{***} (-4.32)	-0.006^{***} (-3.17)	-0.003^{***} (-2.63)	-0.002 (-1.53)	0.003 (0.74)	-0.0002 (-1.14)	-0.0004 (-0.60)
Age	0.011^{***} (3.30)	0.025^* (1.71)	0.008^{***} (3.50)	0.005 (0.55)	0.007^{***} (5.27)	0.010 (1.26)	-0.001^{***} (-5.24)	-0.003^{***} (-3.68)
Con	0.401^{***} (4.85)	1.014^{***} (5.31)	0.138^{***} (3.69)	0.176^{**} (2.51)	0.099^{***} (3.24)	-0.064^{***} (-2.79)	0.007^* (1.83)	0.018 (1.41)
Industry	Control	Control	Control	Control	Control	Control	Control	Control
Year	Control	Control	Control	Control	Control	Control	Control	Control
FE	No	Yes	No	Yes	No	Yes	No	Yes
N	1016	1016	921	921	1209	1209	2040	2040
Adj - R²	0.2350	—	0.2256	—	0.2695	—	0.2690	—
Within R²	—	0.1723	—	0.1745	—	0.1863	—	0.1765

注：***、**和*分别表示 0.01、0.05 和 0.1 的显著性水平（双尾检验），括号内数据为对应系数的 T 统计量。

EVA 考核的企业）作为对照组。研究结果表明，实施 EVA 考核对中央企业非效率投资起到了一定的抑制作用，且这种抑制作用不仅发挥在中央企业发生过度投资时，而且还会在中央企业存在投资不足时发挥。进一步地，本章根据资源投资所固化的资产形态将企业投资划分成固定资产投资、无形资产投资、长期金融资产投资和研发投资。研究结果表明，EVA 考核能够抑制中央企业的固定资产过度投资、无形资产过度投资以及长期金融资产过度投资；同时也能够缓解研发投资不足。其中，对固定资产过度投资、无形资产过度投资以及长期金融资产过度投资的影响程度有所不同，按照影响程度大小顺序排列为无形资产过度投资、长期金融资产过度投资、固定资产过度投资。

第六章

EVA 考核对负债融资的
影响研究

第一节 理论分析与研究假设

经典的 MM 定理指出，企业的价值不会受到融资决策以及由该决策所产生的融资结构的变化的影响（Modigliani and Miller，1958）；但 MM 定理是建立在一系列严格的假设基础之上的，一旦这些假设条件得不到满足，MM 定理与现实的矛盾就会呈现出来。代理理论指出，不同融资方式存在不同的代理成本，企业的最佳融资结构在一个平衡点上，当融资结构达到该平衡点时，管理者不进行"额外津贴"消费所带来的边际收益与从事高风险投资行为的边际成本相等（Jensen and Meckling，1976）。信息不对称理论认为，管理者有"额外津贴"消费的观点是错误的。企业的管理者在对企业的资产和盈利可能性上有比投资人更多的信息优势，因此，他们会选择对自己有利的融资方式（Myer and Majluf，1984）。但这两种理论存在一个共同的前提，就是管理者须身处于某种特定化的激励计划中。只有当管理者身处于与某种特定化的激励中，融资结构才会对融资行为产生作用；一旦激励计划改变了，融资行为也会随之发生变化（汤洪波，2006）。当管理者的薪酬与业绩相挂钩时，管理者会倾向于选择使企业业绩达到最大化的融资方式，采用较低成本的融资方式便是一种有效的手段。沈维涛和叶晓铭（2004）指出，某一种特定的资本的成本越低，管理者越倾向于使用这种资本进行融资。《办法》规定的 EVA 指标等于税后净营业利润减去资本成本，其中资本成本为调整后资本与平均资本成本率的乘积，平均资本成本率统一规定为 5.5%。① 在 EVA 考核实施之前，股权融资成本相对较低，除配股增发过程中发生的中介手续费，几乎没有其他成本发生，对公司的会计业绩产生的影响不大。因此，管理者具有强烈的股权再融资的动机，也因此经常受到"圈钱"的质疑（张为国、霍春燕，2005；方军雄、方芳，2011）。然而，在 EVA 考核之后，股权融资成本大幅度增加，企业除了需要承担中介手续费之外，还需要扣除 5.5% 的股权融资成本。对比而言，债务融资成本尽管也发生了变化，但其变化幅度显然要小于股权融资成本。一方面，无论是在 EVA 考核实施前还是在实施后，债务融资成本都需要在利润计算中扣除；同时，为了避免重复扣除，《办法》规定在计算税后净营业利润时需将税后利息支出，即利息支出 ×（1 - 所得税税率），重新加回；另一方面，债务融资的实际成本与 5.5% 相差不大，甚至有可能要高于《办法》所规定的 5.5%②。此外，为避免将未产生成本的债务计算在内，《办法》规定在计算资本成本时需将无息流动负债从资本占用额中扣除。由此可以看出，EVA 考核实施之后股权融资成本的实际增加额要远高于债务融资成本的增加

① 《办法》规定的 EVA 计算公式为：EVA = 税后净营业利润 - 资本成本 = 税后净营业利润 - 调整后资本 × 平均资本成本；其中，税后净营业利润 = 净利润 +（利息支出 + 研究开发费用调整项 - 非经常收益调整项 ×50%）×（1 - 25%），调整后资本 = 平均所有者权益 + 平均负债合计 - 平均无息流动负债 - 平均在建工程。

② 2010—2015 年，中国人民银行规定六个月（含）贷款利率最大值为 5.85%，最小值为 4.60%；一年期（含）贷款利率最大值为 6.56%，最小值为 4.60%；一至三年期（含）的贷款利率最大值为 6.65%，最小值为 5.00%；三至五年期（含）的贷款利率最大值为 6.90%，最小值为 5.00%。

额。这意味着，使用股权融资对管理者经营业绩考核的影响要大于使用债务融资。因此，管理者会更倾向于采用债务融资。由此本书提出假设 H6-1：

H6-1：实施 EVA 考核后，管理者更倾向于使用债务融资，导致企业总体负债比例增加。

企业债务具有异质性。多数西方学者在讨论激励与负债融资时，大多基于债务同质性假设，隐含了债务的这种异质性特征。然而在我国，企业的债务融资结构与西方国家存在较大的差异。因此，本书在考察 EVA 考核对负债融资的影响时，将债务的这种异质性特征纳入考虑范围之内。根据债务来源维度，企业负债分为经营性负债和金融性负债。经营性负债是随着企业的正常活动形成的负债，一般包含应付账款、应付票据、预收账款、应付利息和其他流动款项等。金融性负债是指源于金融市场的负债，包含银行借款和债券等。两者虽然都属于企业的债务，但在成本计量上却存在本质上的差别。经营性负债是在日常经营中形成的债务，一般来源于供应链赊购行为，根据债务期限长短应属于流动负债。经营性负债并不是企业主动融资的结果，一般情况下，这部分负债是不需要向债权人支付利息的。然而，金融性负债属于企业主动融资的结果，借款人为银行等专业的金融机构，因此，这部分负债是需要计量成本的，企业需向债权人支付利息。概括而言，经营性负债与金融性负债的最大差别是企业不需要为经营性负债支付利息。在 EVA 考核实施前，经营性负债自然无须计量成本。此次，为了消除经营性负债对计算 EVA 指标可能产生的负面影响，《办法》规定，在进行会计调整时，需将无息流动负债从资本占用中扣除。对比实施 EVA 考核前，中央企业在 EVA 考核实施后，经营性负债依旧没有发生任何成本。因此，本书推断，EVA 考核的实施仅会对计入成本占用的金融性负债产生影响，对属于经营性负债的商业信用不会产生影响。由此，本书提出假设 6-2：

H6-2a：实施 EVA 考核对中央企业提高金融性负债水平起到了一定的促进作用。

H6 – 2b：实施 EVA 考核对中央企业的经营性负债水平没有影响。

企业金融性负债主要包括银行借款和有息债券，由于我国发行债券的上市公司较少，本书暂不将这部分金融性负债纳入本书的研究范围，只考虑银行借款。根据债务期限的长短，银行借款可以划分为短期借款和长期借款两种类别。由于两种期限的负债所带来的外部监督压力不同（魏群，2018），因此，EVA 考核对两者的作用效果也有所差别。具体分析如下：

现代企业制度下，委托代理冲突的普遍存在使 Myers（1977）的完美利益趋同假设被进一步放宽，信贷政策由股东—债权人之间的博弈变为股东—经理人—债权人三者之间的博弈。在经理与股东利益趋同较弱的情况下，由于缺少有效的激励，经理人可能会尽可能使用长期负债，由此形成壕沟防御。这是因为，与短期债务相比，长期债务能使经理人长时间远离外部监督。因此，当经理人拥有更大的控制权时，他们更倾向于选择长期债务融资方式，从而避免短期债务市场频繁的监管所产生的外部监督压力。我国固有的企业特殊的产权特征使国有控股股东不能像私人股东那样监督到位，内部人控制更为严重。因此，国有企业的管理层更倾向于选择长期负债来避免短期内受到债权人的监督（强国令，2014）。此外，国有企业的政治关联能够降低债权人对经营风险的担心，使国有企业更便于获得长期债务融资，从而加剧了经理人长期负债融资偏好（李健、陈传明，2013）。池国华和邹威（2014）的研究指出，基于 EVA 的考核机制能够通过促进经理人与股东之间的利益趋同缓解代理问题。这是因为，EVA 在计算时将股权资本成本扣除，使管理者更关注股权资本的回报；同时，《办法》对一系列会计规则性失真进行了调整，使 EVA 指标能够更加准确地考核管理者的经营业绩；此外，EVA 考核结果直接与管理者薪酬和任免相挂钩，能够有效增加管理者与股东之间利益的一致性。因此，实施 EVA 考核后，由于企业的代理问题得到了有效缓解，减轻了壕沟防御效应，管理者在债务融资时会更倾向于选择短期负债，从而导致企业短期借款的增加比例大于长期借款的增加比例。由此本书提出假设 H6 - 3：

H6 - 3：实施 EVA 考核能使企业银行借款水平提高，且短期借款水平提高幅度大于长期借款水平。

第二节　研究设计

一　样本选取与数据来源

为了保证本书在研究结构上的一致性，本章仍选取 2005—2014 年（即 EVA 考核实施的前后五年）为研究区间，以该十年我国沪深两市 A 股中央企业和民营企业上市公司为研究样本。关于中央企业上市公司和民营企业上市公司的界定，本章仍延续采用第五章的界定标准，将终极控制人为国有资产管理委员会的企业界定为中央企业，将终极控制人为个人或民营主体的企业界定为民营企业。然后，结合研究惯例按照以下程序对初始样本进行筛选：①剔除金融类公司；②剔除 ST、*ST 公司；③剔除数据缺失的公司。最终，得到的样本数为 7056 个。其中，中央企业样本数为 2137 个，民营企业样本数为 4919 个。此外，为了消除极端值对研究结果的影响，本章对主要连续变量进行了 1%—99% 的 Winsorize 处理。本章采用的企业财务数据及企业特征数据来源于国泰安数据库、Wind 数据库，并采用 Excel 软件对数据进行预处理，采用 Stata 软件进行统计分析。

二　模型构建与变量说明

（一）模型构建

本章仍采用双重差分法对 EVA 考核影响中央企业负债水平进行实证检验。主要依据如下：第一，国资委推行 EVA 考核对企业而言是一个外生事件；第二，EVA 考核的实施对象是中央企业，对民营企业没有影响，中央企业和民营企业形成了很好的实验组和对照组。表 6 - 1 为中央企业与民营企业在 2005—2014 年每年的平均总体负债水平、平均经营性负债水平、平均金融性负债水平、平均短期借款水平和平均长期借款水平。可以看出，在EVA考核实施的前五年中，中央企业的总体负债水平略低于民营企业。其中，中央企业的经营性负债水平略高于民营企业，金融性负债水平较民营企业相比略低；长期银行借款略高于民营企业，而短期借款略低于民营企业。然而，尽管中央企业和民营企业的各类负债水平具有一定的差异，但在EVA考核实施前，两者各类负债水平基本保持相同的发展趋势，如图6-1、图6-2、图6-3、图6-4和图6-5所示。因此，本章将中央企业作为实验组、将民营企业作为对照组具备一定的合理性。

表6-1   2005—2014年中央企业与民营企业年平均负债水平

年份		2005	2006	2007	2008	2009	2010	2011	2012	2013	2014
总体负债	中央企业	0.553	0.546	0.525	0.52	0.514	0.539	0.547	0.552	0.556	0.540
	民营企业	0.64	0.581	0.546	0.527	0.523	0.642	0.514	0.469	0.427	0.491
经营性负债	中央企业	0.183	0.188	0.19	0.193	0.196	0.189	0.185	0.199	0.194	0.196
	民营企业	0.163	0.178	0.183	0.171	0.176	0.177	0.166	0.162	0.163	0.160
金融性负债	中央企业	0.2	0.209	0.21	0.295	0.203	0.221	0.223	0.211	0.206	0.180
	民营企业	0.305	0.252	0.229	0.31	0.231	0.198	0.181	0.155	0.151	0.141
长期借款	中央企业	0.052	0.065	0.066	0.157	0.098	0.103	0.095	0.089	0.078	0.076
	民营企业	0.051	0.049	0.054	0.149	0.055	0.055	0.040	0.035	0.034	0.033
短期借款	中央企业	0.146	0.143	0.143	0.151	0.131	0.119	0.129	0.123	0.127	0.104
	民营企业	0.25	0.198	0.171	0.163	0.147	0.143	0.141	0.120	0.117	0.108

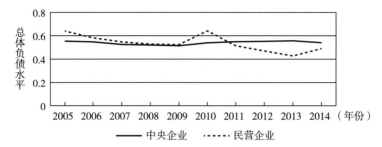

图 6 - 1　2005—2014 年中央企业与民营企业总体负债水平趋势

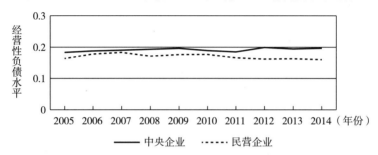

图 6 - 2　2005—2014 年中央企业与民营企业经营性负债水平趋势

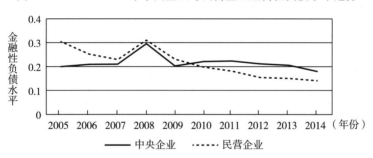

图 6 - 3　2005—2014 年中央企业与民营企业金融性负债水平趋势

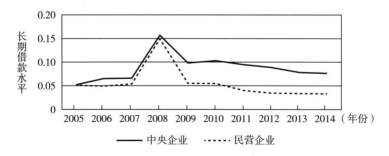

图 6 - 4　2005—2014 年中央企业与民营企业长期借款水平趋势

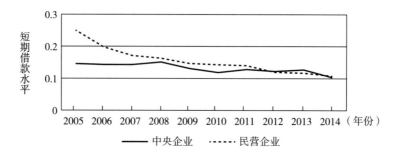

图 6－5　2005—2014 年中央企业与民营企业短期借款水平趋势

基于此，本章将继续采用双重差分法检验 EVA 考核实施前后中央企业负债水平的变化，并构建模型（6－1）。

$$\begin{aligned}
\mathrm{Debt}_{j,it} = {} & \beta_{j,0} + \beta_{j,1}\mathrm{Property}_{i,t} + \beta_{j,2}\mathrm{After}_{i,t} + \beta_{j,3}\mathrm{Property}_{i,t} \times \\
& \mathrm{After}_{i,t} + \beta_{j,4}\mathrm{Growth}_{i,t-1} + \beta_{j,5}\mathrm{Ret}_{i,t-1} + \beta_{j,6}\mathrm{FCF}_{i,t-1} + \\
& \beta_{j,7}\mathrm{Inv}_{i,t-1} + \beta_{j,8}\mathrm{Tan}_{i,t-1} + \beta_{j,9}\mathrm{Size}_{i,t-1} + \beta_{j,10} \\
& \mathrm{Age}_{i,t-1} + \sum \mathrm{Year} + \sum \mathrm{Ind} + \varepsilon_{j,it} \qquad (6-1)
\end{aligned}$$

（二）变量说明

模型（6－1）为检验 EVA 考核影响中央企业负债水平的双重差分模型。其中：

1. 被解释变量

负债水平（$\mathrm{Debt}_{j,it}$）。$\mathrm{Debt}_{j,it}$（$j = 0$，1，2，3，4）代表企业 i 在 t 年的不同类别的负债水平。$\mathrm{Debt}_{0,it}$ 为企业总体负债水平。借鉴李春霞和叶瑶（2015）的研究，本书采用资产负债率来衡量企业的总体负债水平。$\mathrm{Debt}_{1,it}$ 为经营性负债水平。企业的经营性负债主要包含应付账款、应付票据、预收账款、应付利息和其他流动款项等；其中应付账款、应付票据和预收账款被统称为企业的商业信用，在企业经营性负债中商业信用占有绝大部分比例；因此，本书借鉴魏群（2018）的研究，采用商业信用与期末总资产的比值来度量企业的经营性负债水平。$\mathrm{Debt}_{2,it}$ 为企业的金融性负债水平。在我国，发行债券的上市公司较少，企业金融性债务主要来源于银行借款；因此，本书仍借鉴魏群（2018）的研究，采用银行借款与期末总资产的比值来度量企业的金融性负债。$Debt_{3,it}$ 为企业的长期银行借款水平，采用长期借款与期末总资产的比值度量。$Debt_{4,it}$ 为企业的短期银行借款水平，采用短期借款与期末总资产的比值度量。

2. 解释变量

企业性质（Property）。Property 为虚拟变量，Property 为 1 代表中央企业（实验组），为 0 则代表民营企业（控制组）。前文已述，本书将终极控制人为国有资产管理委员会的企业界定为中央企业，将终极控制人为个人或民营主体的企业界定为民营企业。

时间变量（After）。After 为 EVA 考核政策推行前后时间段的虚拟变量，2010 年及以后（即中央企业实施 EVA 考核后）After 为 1；2010 年以前（即中央企业实施 EVA 考核前）After 为 0。

3. 交乘项

企业性质与 EVA 考核政策实施前后时间段的交乘项 $Property_{i,t} \times After_{i,t}$。$Property_{i,t} \times After_{i,t}$ 的系数反映了 EVA 考核实施前后中央企业和民营企业各类负债水平的变化。在本书中，若交乘项 $Property_{i,t} \times After_{i,t}$ 的系数 $\beta_{j,3}$（j = 0，1，2，3，4）为正，表示实施 EVA 考核能够促使中央企业提高该类负债水平；若 $\beta_{j,3}$（j = 0，1，2，3，4）为负，则表示实施 EVA 考核起到了降低该类负债水平的作用。本书预期 $\beta_{1,3}$ 的系数在统计上不显著，$\beta_{0,3}$、$\beta_{2,3}$、$\beta_{3,3}$ 和 $\beta_{4,3}$ 的系数显著为正，且 $\beta_{4,3}$ 的显著性大于 $\beta_{3,3}$ 的显著性。

4. 控制变量

成长能力（Growth）。成长能力是影响企业负债融资的重要因素，但国内外学者对成长能力与负债水平的关系持有不同观点。权衡理论认为企业成长能力与负债水平为负相关关系。这是由于，成长能力强的企业容易因缺少现金流量而陷入财务困境、破产成本较大；因此，企业往往选择低负债融资降低财务风险。然而，信号理论认为，成长能力强的企业会通过采用较高的负债融资向市场传递自己拥有较高的价值和发展前景的信号。因此，企业成长能力与负债水平正相关。本书借鉴张兆国等（2011）的研究，选择成长能力作为模型（6-1）的控制变量之一，并采用主营业务收入年增长率来度量。

盈利能力（Return）。企业盈利能够影响企业的负债水平。啄序理论认为，公司首先会选择内部融资，然后依次是债务融资和股权融资。因此，企业的盈利能力越强，负债水平越低（Kester，1986；Wald，1999；洪锡熙、沈艺峰，2000；陈德萍、曾智海，2012；周艳菊，2014）。然而，权衡理论认为，由于破产成本、避税利益和代理成本等因素的存在，盈利能力较强的企业更趋向于选择高杠杆经营。因此，本书选择盈利能力作为模型（6-1）的控制变量之一，并借鉴张兆国等（2011）和赵宇恒等（2016）的研究，采用总资产报酬率（ROA）来衡量企业的盈利能力。

自由现金流量（FCF）。根据啄序融资理论，企业的自由现金流量与企业的负债水平负相关。因为，当企业有充足的自由现金流量时，公司首先会选择内源融资，导致其减少负债融资和股权融资。但代理理论认为，由于管理层与股东的利益存在不一致性，管理层有理由和动机操纵企业的自由现金流进行非效率投资来满足个人利益最大化。在这种情况下，负债能够发挥相机治理作用，抑制非效率投资行为。因此，企业自由现金流与负债水平呈负相关关系。本书借鉴黄小琳等（2015）和赵宇恒等（2016）的研究，采用自由现金流作为模型（6-1）的控制变量之一，并采用经营现金流量减折旧、摊销和预期的新增投资之后的余额与平均总资产之比进行度量。其中，新增投资为第五章Richardson模型所估算出的预期资本投资。

资本投资（Inv）。企业投资决策是影响企业融资的重要因素。这是由于投资需要资本，而融资是企业资本的主要来源。Nofsinger（2005）的研究指出，企业资本投资规模与企业负债水平正相关。当企业资本投资增加时，企业会加大债务融资的规模和数量。为保证本书的一致性，本章对资本投资的度量仍采用固定资产增加值、无形资产增加值、长期金融资产增加值和研发投资之和除以平均总资产。

资产有形性（Tan）。资产有形性是衡量公司是否能够提供给债权人抵押物价值的一个重要标准。根据权衡理论，公司有形资产比例的增加表明较低的预期财务困境成本和较少的与债务融资有关的代理问题，所以公司固定资产比例与杠杆率之间是正向的关系（Marsh，1982；Rajan and Zingales，1995；Wald，1999；肖作平，2004）。相比之下，Grossman 和 Hart（1982）却认为较低的抵押资产价值会伴随着较高的代理成本。由于管理层的自利行为倾向，拥有较少有形资产的公司将会产生较高的监督成本，所以公司更愿意提高债务融资的比例来进一步限制管理层追求个人利益的动机和行为。这种观点暗示了在啄序理论下公司有形资产的比例和杠杆率之间是负相关关系。因此，本书借鉴姜付秀和黄继承（2013）、曾广录和曾汪泉（2017）的研究，采用资产有形性作为本书模型（6－1）的控制变量之一，并采用固定资产与总资产的比值来度量。

企业规模（Size）。静态均衡理论认为，规模大的企业破产成本较低，因此，会选择更高的杠杆来享受税盾的好处（Myers，1977；王明虎、王小韦，2015）。但一些学者认为公司规模可以被理解成为公司内部人和资本市场之间信息不对称的替代变量，规模较大的公司由于受到分析师的密切关注，降低了第一类代理成本。因此，根据啄序融资理论，公司规模和杠杆率之间是负向的关系。本书借鉴张兆国等（2011）和赵宇恒等（2016）的研究将企业规模作为模型（6－1）的控制变量之一，采用总资产的自然对数来度量。

上市年限（Age）。企业的负债水平与企业年龄正相关（Helwege and Liang，1996）。因为相比成熟的企业，年轻的企业能够抵押的资产数量和规模较小，较难获得银行贷款。而在企业成熟、拥有更多可抵押资产后，获取贷款的能力增强，负债水平会随之增加。因此，本书借鉴姜付秀和黄继承（2013）、李心合等（2014）的研究，选取上市年限作为本书模型（6－1）的控制变量，采用上市年限的自然对数衡量。

此外，模型（6－1）还对行业（Ind）和年度（Year）因素进行了控制。模型中变量的解释如表6－2所示。

表6-2 模型（6-1）的变量定义及具体说明

	符号	变量名称	变量定义
被解释变量	$Debt_{j,it}$	总体负债	j＝0，资产负债率
		经营性负债	j＝1，（期末应付账款＋期末应付票据＋期末预收账款）/期末总资产
		金融性负债	j＝2，（期末短期借款＋期末长期借款）/期末总资产
		长期银行借款	j＝3，期末长期借款/期末总资产
		短期银行借款	j＝4，期末短期借款/期末总资产
解释变量	Property	产权性质（是否实施EVA考核）	民营企业为0，中央企业为1
	After	实施EVA考核前后	实施前为0，实施后为1
控制变量	Growth	成长能力	主营业务收入增长率
	Ret	盈利能力	总资产报酬率指标（ROA）
	FCF	自由现金流量	经营现金流量减折旧、摊销和预期的新增投资之后的余额/平均总资产。其中，新增投资为投资模型估算的预期资本投资
	Inv	资本投资	（固定资产增加额＋无形资产增加额＋长期金融资产增加额＋研发投资）/平均总资产
	Tan	资产有形性	固定资产净额/总资产
	Size	企业规模	总资产的自然对数
	Age	上市年限	上市年数的自然对数
	$\sum Ind$	行业虚拟变量	按证监会行业分类（其中制造业按小类划分，其他行业以大类为准），共计20个虚拟变量
	$\sum Year$	年度虚拟变量	共10个虚拟变量

第三节 实证结果与分析

一 描述性统计分析

表6-3列出了模型（6-1）中所有连续变量的描述性统计结果。数据结果显示，上市公司总体负债的均值为0.497，最小值为

0.058，最大值为0.986，标准差为0.257；这表明，上市公司的总体负债水平存在一定差异，且部分上市公司的负债水平过高几乎等于全部的资产价值，说明这部分企业即将处于资不抵债的状态，具有很大的经营风险。其中，经营性负债水平和金融性负债水平的均值分别为0.174和0.198，说明两者在上市公司中的占比相差不大；但两者的标准差分别为0.127和0.176，说明在企业个体之间经营性负债和金融性负债的水平存在较大差异。金融性负债的最小值为0，最大值为0.842；说明部分上市公司并没用使用银行借款，而部分公司的银行借款水平过高，基本要靠银行借款来维持企业运营，这也是导致总体负债过高的主要原因之一。进一步地，短期借款水平和长期借款水平的均值分别为0.137和0.060，标准差分别为0.137和0.097。这说明上市公司的银行借款中短期借款占主要地位，各个企业之间短期借款水平和长期借款水平存在较大差异。值得注意的是，长期借款水平的中位数为0.007，均值为0.060，说明长期借款的分布存在右偏的特征。因此，为改善长期负债水平分布不均的状况，在进行实证检验时，本书借鉴了余明桂等（2016）的做法，对长期负债水平取自然对数。由于部分企业的长期负债水平为0，为保持样本数据的完整性、避免取自然对数后样本数据缺失，本书对长期负债水平加1后取自然对数。

表6-3　　　模型（6-1）的主要连续变量的描述性
统计结果（N=7056）

变量	均值	最小值	25%分位	中值	75%分位	最大值	标准差
$Debt_0$	0.497	0.058	0.325	0.487	0.638	0.986	0.257
$Debt_1$	0.174	0.007	0.077	0.146	0.235	0.587	0.127
$Debt_2$	0.198	0	0.049	0.168	0.297	0.842	0.176
$Debt_3$	0.060	0	0	0.007	0.082	0.460	0.097
$Debt_4$	0.137	0	0.023	0.108	0.208	0.713	0.137
Growth	0.195	-0.889	-0.012	0.138	0.298	3.315	0.501

续表

变量	均值	最小值	25%分位	中值	75%分位	最大值	标准差
Ret	0.035	-0.311	0.013	0.036	0.065	0.213	0.069
FCF	-0.020	-0.335	-0.073	-0.021	0.030	0.282	0.097
Inv	0.051	-0.285	-0.005	0.032	0.091	0.520	0.113
Tan	0.239	0.001	0.102	0.206	0.342	0.748	0.175
Age	1.885	0	1.324	2.092	2.528	2.996	0.783
Size	21.595	18.807	20.775	21.453	22.253	25.827	1.258

二 均值差异分析

表 6-4 的 Panel A 为中央企业与民营企业在 EVA 考核政策推行前后的总体负债水平的均值差异检验结果。从 Panel A 的横向比较中可以看出，在 EVA 考核政策推行前，民营企业的总体负债水平显著高于中央企业 3.6 个百分点，且在 1% 的水平上显著；而 2010 年国资委在中央企业推行 EVA 考核之后，中央企业的总体负债水平显著高于民营企业 9.9 个百分点，且在 1% 的水平上显著。进一步地，尽管纵向比较结果显示，中央企业在实施 EVA 考核之后总体负债水平没有发生显著变化；但对比而言，没有实施 EVA 考核的民营企业总体负债水平却明显下降，下降幅度约为 12.5 个百分点，且在 1% 的水平上显著。这表明，EVA 考核的实施对中央企业提高总体负债水平起到了促进作用。初步验证了假设 6-1。

表 6-4　　　　　　　　　　均值差异检验结果

		Panel A 总体负债		
		横向比较		
		政策推行前	政策推行后	Diff
纵向比较	中央企业	0.531 (N=1026)	0.542 (N=1111)	0.010 (t=1.0517)
	民营企业	0.567 (N=1463)	0.442 (N=3456)	-0.125*** (t=-15.2218)
	Diff	0.036*** (t=3.0388)	-0.099*** (t=-12.5451)	

Panel B 经营性负债			
	横向比较		
	政策推行前	政策推行后	Diff
纵向比较 中央企业	0.190 （N = 1026）	0.192 （N = 1111）	0.002 （t = 0.3874）
民营企业	0.174 （N = 1463）	0.163 （N = 3456）	− 0.010 *** （t = − 2.7913）
Diff	− 0.016 *** （t = − 3.0035）	− 0.029 *** （t = − 6.9447）	

Panel C 金融性负债			
	横向比较		
	政策推行前	政策推行后	Diff
纵向比较 中央企业	0.230 （N = 1026）	0.209 （N = 1111）	− 0.020 ** （t = − 2.5061）
民营企业	0.262 （N = 1463）	0.157 （N = 3456）	− 0.104 *** （t = − 20.5291）
Diff	0.032 *** （t = 3.9475）	− 0.052 *** （t = − 9.7881）	

Panel D 长期借款			
	横向比较		
	政策推行前	政策推行后	Diff
纵向比较 中央企业	0.087 （N = 1026）	0.086 （N = 1111）	− 0.001 （t = − 0.1671）
民营企业	0.072 （N = 1463）	0.037 （N = 3456）	− 0.035 *** （t = − 13.8505）
Diff	− 0.014 *** （t = − 3.2619）	− 0.049 *** （t = − 16.5386）	

Panel E 短期借款			
	横向比较		
	政策推行前	政策推行后	Diff
纵向比较 中央企业	0.142 （N = 1026）	0.120 （N = 1111）	− 0.022 *** （t = − 3.9310）
民营企业	0.188 （N = 1463）	0.120 （N = 3456）	− 0.068 *** （t = − 16.1043）
Diff	0.046 *** （t = 7.4214）	− 0.001 （t = − 0.1196）	

注：*** 、** 、* 分别表示 1% 、5% 和 10% 的显著性水平。

表 6 - 4 的 Panel B 为中央企业与民营企业在 EVA 考核政策推行前后经营性负债水平的均值差异检验结果。通过 Panel B 的横向比较可以看出，无论是在实施 EVA 考核前还是实施 EVA 考核后，中央企业的经营性负债水平都显著大于民营企业，幅度约为 1.6 和 2.9 个百分点，且均在 1% 的水平上显著。进一步地，从纵向比较中可以看出，中央企业在 2010 年实施 EVA 考核后，经营性负债水平略有提升但不显著；而未实施 EVA 考核的民营企业在 2010 年后经营性负债水平却明显降低，下降幅度约为 1 个百分点，且在 1% 的水平上显著。这说明 EVA 考核的实施有可能使中央企业提升了经营性负债水平，这与本书的假设 6 - 2 相悖，需要通过多元回归进一步验证。

表 6 - 4 的 Panel C 为中央企业与民营企业在 EVA 考核政策推行前后金融性负债水平的均值差异检验结果。通过 Panel C 的纵向比较可以看出，中央企业和民营企业在 2010 年前后，金融性负债水平都有所下降，下降幅度分别为 2 和 10.4 个百分点，且分别在 5% 和 1% 的水平上显著。进一步考察横向比较结果发现，2010 年前，中央企业的金融性负债水平要低于民营企业 3.2 个百分点，且在 1% 的水平上显著；而 2010 年中央企业实施 EVA 考核后，其金融性负债水平要明显高于未实施 EVA 考核的民营企业，差距在 5.2 个百分点，均值差异在 1% 的水平上显著。初步证明 EVA 考核的实施对中央企业提高金融性负债水平起到了促进作用。

表 6 - 4 的 Panel D 为中央企业与民营企业在 EVA 考核政策推行前后长期借款水平的均值差异检验结果。通过 Panel D 的横向对比可以看出，无论是 2010 年前还是 2010 年后，中央企业的长期借款水平均大于民营企业，幅度分别为 1.4 个百分点和 4.9 个百分点，且均在 1% 的水平上显著。纵向比较结果显示，中央企业在 2010 年实施 EVA 考核后，长期借款水平没有明显变化；然而，未实施 EVA 考核的民营企业的长期借款水平却显著降低约 3.5 个百分点。初步证明了 EVA 考核对中央企业提高长期借款水平起到了一定的促进作用。

表 6 - 4 的 Panel E 为中央企业与民营企业在 EVA 考核政策推行

前后短期借款水平的均值差异检验结果。Panel E 的纵向对比显示，在 2010 年以后，中央企业和民营企业的短期借款水平均有所下降，下降幅度分别为 2.2 个百分点和 6.8 个百分点，且均在 1% 的水平上显著，可见民营企业的短期借款水平下降的幅度要远大于中央企业。进一步观察横向比较结果发现，在 2010 年前，中央企业的短期借款水平要显著低于民营企业 4.6 个百分点，但在 2010 年中央企业实施 EVA 考核后，其短期借款水平与民营企业相比基本没有差距。这说明，EVA 考核的实施能够对中央企业提升短期借款水平起到一定的正向作用。然而，想要比较 EVA 考核对长短期银行借款的影响大小，则需要进行进一步的多元回归检验。

三 相关性分析

回归模型中的自变量若存在近似共线性或高度的多重共线性会导致模型估计失真或难以估计准确回归。因此，在进行多元回归分析前，本章对模型（6 - 1）进行了 Spearman 相关性检验，旨在估测模型（6 - 1）的各个自变量之间是否存在多重共线性问题。表 6 - 5 列示了模型（6 - 1）中的各自变量之间的 Spearman 相关系数。表 6 - 5 的相关性系数检验结果显示，模型（6 - 1）中的各自变量两两之间的相关系数的绝对值均小于 0.5，说明模型（6 - 1）各自变量之间的相关性较小，不存在严重的多重共线性问题，因此，不会对模型的回归结果造成不利影响。

四 多元回归分析

（一）EVA 考核对总体负债水平的影响

表 6 - 6 为 EVA 考核影响中央企业总体负债水平的双重差分检验结果。第（1）列至第（3）列为没有控制企业个体效应的检验结果。其中，第（1）列与第（2）列分别为仅加入解释变量与仅加入控制变量的回归结果，第（3）列为同时加入解释变量与控制变量的回归结果。可以看出，无论是第（1）列仅加入解释变量还是第（3）列加入所有变量的结果均显示，自变量 Property 和 After 的系数均在 1% 的水平上显著为负。这说明，在 2010 年前，中央企业的总

表 6 - 5

主要变量的相关性分析 (N = 7056)

	Debt$_0$	Debt$_1$	Debt$_2$	Debt$_3$	Debt$_4$	Property	After	Growth	Return	FCF	Tan	Inv	Age	Size
Debt$_0$	1													
Debt$_1$	0.406***	1												
Debt$_2$	0.656***	-0.083***	1											
Debt$_3$	0.338***	-0.124***	0.617***	1										
Debt$_4$	0.589***	-0.017	0.831***	0.088***	1									
Property	0.103***	0.090***	0.080***	0.183***	-0.031***	1								
After	-0.160***	-0.038***	-0.213***	-0.144***	-0.172***	-0.176***	1							
Growth	0.020*	0.047***	0.014	-0.026**	0.069***	0.012	-0.088***	1						
Ret	-0.417***	-0.091***	-0.309***	-0.333***	-0.075***	-0.044***	0.115***	0.221***	1					
FCF	-0.142***	-0.007	-0.150***	-0.155***	-0.050***	0.026**	-0.050***	0.067***	0.295***	1				
Tan	0.090***	-0.242***	0.272***	0.164***	0.255***	0.216***	-0.176***	-0.041***	-0.133***	0.085***	1			
Inv	-0.121***	-0.083***	0.008	-0.036**	0.069***	-0.024**	0.065***	0.197***	0.199***	0.086***	0.164***	1		
Age	0.277***	0.062***	0.150***	0.081***	0.156***	0.197***	0.024**	-0.019	-0.153***	-0.016	0.029**	-0.231***	1	
Size	0.174***	0.142***	0.162***	-0.016	0.312***	0.303***	0.161***	0.056***	0.110***	0.037***	0.116***	0.140***	0.117***	1

注：***、**、*分别表示1%、5%和10%的显著性水平。

表 6 - 6   **EVA 考核影响总体负债的回归结果**

模型 变量	总体负债（Debt$_0$）			
	（1）	（2）	（3）	（4）
Property	− 0. 041 *** (− 3. 61)		− 0. 070 *** (− 7. 08)	0. 028 (0. 52)
Property × After	0. 115 *** (8. 78)		0. 047 *** (4. 05)	0. 058 *** (5. 12)
After	− 0. 075 *** (− 4. 49)		− 0. 059 *** (− 3. 98)	− 0. 113 *** (− 7. 22)
Growth		0. 040 *** (5. 09)	0. 039 *** (5. 05)	0. 005 (1. 16)
Return		− 1. 439 *** (− 15. 78)	− 1. 431 *** (− 15. 83)	− 0. 798 *** (− 9. 78)
FCF		− 0. 112 *** (− 3. 09)	− 0. 115 *** (− 3. 20)	− 0. 029 (− 1. 03)
Inv		− 0. 055 * (− 1. 85)	− 0. 060 ** (− 1. 99)	− 0. 004 (− 0. 19)
Tan		− 0. 013 (− 0. 57)	− 0. 008 (− 0. 33)	0. 016 (0. 54)
Size		0. 041 *** (13. 04)	0. 045 *** (14. 55)	0. 045 *** (4. 96)
Age		0. 057 *** (16. 11)	0. 060 *** (16. 70)	0. 056 *** (5. 70)
Con	0. 595 *** (35. 79)	− 0. 460 *** (− 7. 71)	− 0. 512 *** (− 8. 67)	− 0. 540 *** (− 2. 82)
Industry	Control	Control	Control	Control
Year	Control	Control	Control	Control
FE	No	No	No	Yes
N	7056	7056	7056	7056
Adj − R^2	0. 1167	0. 3260	0. 3322	—
Within R^2	—	—	—	0. 1738

注：*** 、** 和 * 分别表示 0. 01、0. 05 和 0. 1 的显著性水平（双尾检验），括号内数据为对应系数的 T 统计量。

体负债水平显著低于民营企业；在 2010 年后，民营企业的总体负债水平显著降低。第（1）列和第（3）列中，交乘项 Property × After 的系数均在 1% 的水平上显著为正，说明相对于没有实施 EVA 考核的民营企业而言，中央企业的总体负债水平在 EVA 考核实施后显著提高。该结果与前文的均值差异检验结果一致。由此可判断，实施 EVA 考核对中央企业提高总体负债水平起到了明显的促进作用。

进一步地，本书控制了企业的个体效应。第（4）列为控制了个体效应后的回归结果。可以看出，交乘项 Property × After 的系数有所提高，说明在没有控制企业个体效应前，企业某些不随时间改变但会影响企业总体负债水平的变量被遗漏了。若不控制这些变量，会对估计 EVA 考核的作用造成偏差。在采用固定效应控制这种内生性问题后，交乘项 Property × After 的系数仍在 1% 的水平上显著为正，且 t 统计量较没采用固定效应控制前高，说明 EVA 考核的作用在此前被低估了。由此说明，EVA 考核的实施的确对中央企业提高整体负债水平起到了一定的促进作用。本书的假设 H6 - 1 得到了进一步验证。

（二）EVA 考核对经营性负债和金融性负债的影响

表 6 - 7 为 EVA 考核影响中央企业经营性负债水平和金融性负债水平的双重差分检验结果。第 I 列为 EVA 考核对中央企业经营性负债的影响。第（1）列至第（3）列为没有控制企业个体效应的检验结果。其中，第（1）列与第（2）列分别为仅加入解释变量与仅加入控制变量的回归结果，第（3）列为同时加入解释变量与控制变量的回归结果。可以看出，无论是第（1）列还是第（3）列，自变量 Property 的系数均显著为正，显著性水平分别为 1% 和 10%，说明 2010 年前中央企业的经营性负债水平显著高于民营企业。自变量 After 的系数显著为负，显著性水平分别为 5% 和 1%，说明 2010 年后，未实施 EVA 考核的民营企业的经营性负债水平显著降低。该结果与前文均值差异检验保持一致。第（3）列中，交乘项 Property × After 的系数为正但不显著，表明 EVA 考核的实施对中央企业的

经营性负债水平没有产生影响。进一步，为了控制内生性问题，本书采用个体固定效应进行了控制。第（4）列即为控制了企业个体效应后的回归结果。可以看出，在控制了企业个体效应后，交乘项 Property × After 的系数仍不显著，且有所下降；同时，t 统计量也由未控制个体效应前的 1.64 下降到 0.63。这表明，企业某些不随时间改变、会影响中央企业经营性负债水平的特征被遗漏了。因此，在控制企业个体效应前，EVA 考核对中央企业经营性负债的影响作用被高估了。由此可以判断，EVA 考核的实施不会对中央企业的经营性负债水平产生影响。本书的假设 H6－2b 得到了验证。

表 6－7 的第Ⅱ列为 EVA 考核对中央企业金融性负债水平的影响。第（5）列至第（7）列为没有控制企业个体效应的检验结果。其中，第（5）列与第（6）列分别为仅加入解释变量与仅加入控制变量的回归结果，第（7）列为同时加入解释变量与控制变量的回归结果。可以看出，无论是第（5）列还是第（7）列，自变量 Property 的系数均在 1% 的水平上显著为负，说明 2010 年前中央企业的金融性负债水平显著低于民营企业。自变量 After 的系数也均在 1% 的水平上显著为负，表明 2010 年后，未实施 EVA 考核的民营企业的金融性负债水平显著降低。该结果与前文均值差异检验保持一致。进一步考察交乘项 Property × After 的系数发现，无论是第（5）列还是第（7）列，交乘项的系数均在 1% 的水平上显著为正，说明在 2010 年实施 EVA 考核后，中央企业的金融性负债水平明显提高。第（8）列列示了控制个体效应后的回归结果。可以看出，在采用固定效应控制了内生性问题后，交乘项 Property × After 的系数仍在 1% 的水平上显著为正，且较未控制前有所提高；同时，t 统计量从未控制个体效应前的 4.75 提升到 5.84。这说明，在未控制个体效应前，EVA 考核对中央企业金融性负债水平的影响被低估了。再次证明，实施 EVA 考核对中央企业提高金融性负债水平起到了显著的促进作用。因此，本书的假设 H6－2a 得到了验证。

表6-7　EVA 考核影响商业信用和银行借款的回归结果

变量	经营性负债 (Debt₁) I					金融性负债 (Debt₂) II		
	(1)	(2)	(3)	(4)	(5)	(6)	(7)	(8)
Property	0.020*** (3.71)		0.010* (1.85)	-0.007 (-0.43)	-0.045*** (-5.71)		-0.067*** (-9.00)	-0.027 (-0.71)
Property × After	0.013* (1.95)		0.011 (1.64)	0.004 (0.63)	0.081*** (8.47)		0.043*** (4.75)	0.059*** (5.84)
After	-0.020** (-2.52)		-0.034*** (-4.45)	-0.011 (-1.49)	-0.054*** (-5.19)		-0.042*** (-4.47)	-0.111*** (-8.80)
Growth		0.015*** (4.61)	0.015*** (4.63)	0.007*** (3.41)		0.011** (2.29)	0.010** (2.19)	-0.003 (-0.70)
Return		-0.258*** (-9.20)	-0.257*** (-9.13)	-0.113*** (-4.36)		-0.624*** (-12.87)	-0.617*** (-12.97)	-0.279*** (-5.77)
FCF		0.072*** (4.33)	0.073*** (4.39)	0.040*** (3.15)		-0.205*** (-9.15)	-0.208*** (-9.37)	-0.077*** (-3.86)
Inv		-0.044*** (-3.31)	-0.040*** (-3.02)	-0.013 (-1.33)		0.099*** (5.20)	0.094*** (4.94)	0.051*** (2.73)

续表

模型／变量	经营性负债 (Debt$_1$) I				金融性负债 (Debt$_2$) II			
	(1)	(2)	(3)	(4)	(5)	(6)	(7)	(8)
Tan		-0.155*** (-16.36)	-0.160*** (-16.72)	-0.014 (-1.31)		0.151*** (10.44)	0.156*** (10.88)	0.018 (0.80)
Size		0.020*** (15.94)	0.019*** (13.94)	0.010** (2.25)		0.027*** (15.42)	0.031*** (17.59)	0.047*** (7.28)
Age		0.005*** (2.83)	0.003* (1.73)	-0.001 (-0.27)		0.018*** (7.55)	0.022*** (8.96)	0.027*** (3.41)
Con	0.177*** (22.08)	-0.196*** (-7.60)	-0.171*** (-6.47)	-0.034 (-0.35)	0.382*** (34.90)	-0.265*** (-7.44)	-0.318*** (-8.92)	-0.833*** (-6.02)
Industry	Control	Control	Control	Control	Control	Control	Control	Control
Year	Control	Control	Control	Control	Control	Control	Control	Control
Fe	No	No	No	Yes	No	No	No	Yes
N	7056	7056	7056	7056	7056	7056	7056	7056
Adj - R^2	0.1623	0.2273	0.2299	—	0.1379	0.2747	0.2870	—
Within R^2	—	—	—	0.1760	—	—	—	0.1573

注: ***、** 和 * 分别表示 0.01、0.05 和 0.1 的显著性水平（双尾检验），括号内数据为对应系数的 T 统计量。

（三）EVA 考核对长期借款和短期借款的影响

表 6 - 8 为 EVA 考核影响长期借款和短期借款的双重差分检验结果。第 I 列为 EVA 考核对长期借款的影响。第（1）列至第（3）列为没有控制企业个体效应的检验结果。其中，第（1）列与第（2）列分别为仅加入解释变量与仅加入控制变量的回归结果，第（3）列为同时加入解释变量与控制变量的回归结果。可以看出，第（1）列中，自变量 Property 的系数在 5% 的水平上显著为正，说明在 2010 年以前，中央企业的长期借款水平显著高于民营企业；自变量 After 的系数为负但不显著，说明 2010 年后民营企业的长期借款水平无显著变化。第（3）列中，自变量 Property 和 After 的系数均为负，但不显著，与前文均值差异检验结果略有出入，主要由于加入控制变量所致。进一步考察交乘项 Property × After 的系数发现，无论是第（1）列还是第（3）列，其均显著为正，且显著性水平分别在 1% 和 5%。这说明 EVA 考核后，中央企业的长期借款水平有所提高。进一步地，本书对企业的个体效应进行了控制，第（4）列即为采用个体固定效应控制后的回归结果。可以看出，在控制了企业个体效应后，交乘项 Property × After 的系数和其 t 统计量有所降低，表明没有采用固定效应控制时，EVA 考核对中央企业长期借款的作用影响被高估了，但其依旧在 5% 的水平上显著为正。由此可以证明，实施 EVA 考核对中央企业提高长期借款水平具有一定的促进作用。本书的假设 H6 - 3 得到了部分验证。

表 6 - 8 的第 II 列为 EVA 考核对短期借款的影响。其中，第（5）列与第（6）列分别为仅加入解释变量与仅加入控制变量的回归结果，第（7）列为同时加入解释变量与控制变量的回归结果。可以看出，无论是第（5）列还是第（7）列，解释变量 Property 和 After 的系数均显著为负，显著性水平均为 1%。这说明，在 2010 年以前，民营企业的短期借款水平明显高于中央企业；但 2010 年以后，民营企业的短期借款水平显著降低。第（5）列和第（7）列中，交乘项 Property × After 的系数均在 1% 的水平上显著为正，说明 EVA

表6-8 EVA 考核影响长期借款和短期借款的回归结果

模型 / 变量	长期借款（Debt₃） I					短期借款（Debt₄） II		
	（1）	（2）	（3）	（4）	（5）	（6）	（7）	（8）
Property	0.010** (2.45)		-0.004 (-1.15)	0.002 (0.12)	-0.054*** (-8.96)		-0.061*** (-10.88)	-0.030 (-0.98)
Property × After	0.025*** (4.95)		0.012** (2.56)	0.014** (2.28)	0.054*** (7.38)		0.028*** (4.08)	0.045*** (5.10)
After	-0.003 (-0.51)		-0.004 (-0.87)	-0.023*** (-3.69)	-0.049*** (-5.67)		-0.036*** (-4.48)	-0.084*** (-7.76)
Growth		0.003 (1.17)	0.003 (1.16)	0.0001 (0.03)		0.008** (2.21)	0.008** (2.10)	-0.002 (-0.89)
Return		-0.068*** (-3.99)	-0.066*** (-3.89)	0.004 (0.15)		-0.532*** (-12.95)	-0.526*** (-13.08)	-0.268*** (-6.41)
FCF		-0.062*** (-5.64)	-0.062*** (-5.62)	-0.024** (-2.07)		-0.141*** (-7.74)	-0.144*** (-8.00)	-0.049*** (-3.23)
Inv		0.066*** (6.25)	0.068*** (6.38)	0.049*** (4.79)		0.034** (2.27)	0.028* (1.85)	0.005 (0.35)

续表

变量 \ 模型	长期借款（Debt₃）I				短期借款（Debt₄）II			
	(1)	(2)	(3)	(4)	(5)	(6)	(7)	(8)
Tan		0.077*** (9.85)	0.075*** (9.60)	-0.003 (-0.21)		0.077*** (6.74)	0.085*** (7.45)	0.022 (1.30)
Size		0.018*** (20.81)	0.018*** (19.83)	0.019*** (5.57)		0.008*** (5.78)	0.013*** (8.99)	0.027*** (4.94)
Age		0.009*** (7.53)	0.008*** (6.79)	-0.005 (-1.06)		0.010*** (4.83)	0.014*** (6.92)	0.030*** (4.46)
Con	-0.027*** (-4.93)	-0.407*** (-21.70)	-0.40*** (-21.18)	-0.330*** (-4.63)	0.407*** (45.24)	0.144*** (5.04)	0.085*** (2.99)	-0.476*** (-4.04)
Industry	Control	Control	Control	Control	Control	Control	Control	Control
Year	Control	Control	Control	Control	Control	Control	Control	Control
Fe	No	No	No	Yes	No	No	No	Yes
N	7056	7056	7056	7056	7056	7056	7056	7056
Adj-R²	0.2745	0.3522	0.3531	—	0.0847	0.1844	0.2037	—
Within R²	—	—	—	0.1730	—	—	—	0.1434

注：***，**和*分别表示0.01，0.05和0.1的显著性水平（双尾检验），括号内数据为对应系数的T统计量。

考核对中央企业的短期借款水平的提高起到了显著的正向作用。第
（8）列为进一步控制了企业个体效应后的回归结果。结果显示，在
控制了企业个体效应后，交乘项 Property × After 的系数仍在 1% 的水
平上显著为正；且该交乘项系数和其 t 统计量均略有提高，说明在
控制个体效应前，EVA 考核对中央企业短期借款的影响被低估了。
进一步说明，EVA 考核对中央企业提高短期借款水平起到了明显的
促进作用。本书的假设 H6 - 3 得到了部分验证。

进一步地，为比较 EVA 考核对长期借款和短期借款的作用程
度，本书将第（3）列和第（4）列的交乘项系数分别与第（7）列
和第（8）列的交乘项的系数进行对比发现，无论是第（3）列还是
第（4）列，交乘项 Property × After 的系数的显著性水平均为 5%，
而第（7）列和第（8）列的显著性水平均为 1%。因此，可以证明
EVA 考核对短期借款的影响程度要大于对长期借款的影响程度。本
书的假设 H6 - 3 得到了验证。

五　稳健性检验

（一）采用倾向匹配得分法

为解决实验组与对照组的自选择问题，本章仍采用倾向匹配得
分法（propensity score matching）进行稳健性检验。具体步骤如下：
①采用模型（6 - 1）中的所有控制变量对中央企业进行 probit 估计，
以预测值作为得分；②采用模型（6 - 1）中的所有控制变量对民营
企业进行 probit 估计，同样以预测值作为得分；③根据临近匹配原
则，将实验组与对照组的样本进行匹配（因为得分相同或相近的两
个企业具有相似的特征）；④采用匹配好的实验组和对照组样本，
按照模型（6 - 1）重新进行双重差分检验。

表 6 - 9 为采用 PSM 法进行稳健性检验的结果。其中，第（1）
列、第（3）列、第（5）列、第（7）列、第（9）列为没有控制个
体效应的回归结果；第（2）列、第（4）列、第（6）列、第（8）
列、第（10）列为进行了固定效应控制后的检验结果。除第（3）
列和第（4）列的交乘项系数不显著外，其余均显著为正，且显著性

表 6 - 9

EVA 考核影响负债水平的稳健性检验（PSM 法）

变量	总体负债（Debt$_0$） I		经营性负债（Debt$_1$） II		金融性负债（Debt$_2$） III		长期借款（Debt$_3$） IV		短期借款（Debt$_4$） V	
模型	(1)	(2)	(3)	(4)	(5)	(6)	(7)	(8)	(9)	(10)
Property	-0.047*** (-4.51)	0.049 (0.90)	0.006 (1.04)	0.002 (0.07)	-0.053*** (-5.84)	0.017 (0.35)	-0.005 (-0.94)	0.021 (1.17)	-0.048*** (-7.05)	0.001 (0.03)
Property × After	0.023* (1.82)	0.037*** (3.22)	0.012 (1.56)	0.007 (0.89)	0.027** (2.56)	0.045*** (3.71)	0.007** (2.21)	0.005* (1.69)	0.018** (2.26)	0.038*** (3.78)
After	-0.046*** (-2.81)	-0.072*** (-5.07)	-0.030*** (-2.95)	-0.015 (-1.63)	-0.026* (-2.04)	-0.090*** (-6.59)	0.014 (1.89)	-0.031*** (-3.61)	-0.040*** (-3.74)	-0.057*** (-5.08)
Growth	0.045*** (5.08)	0.014*** (2.70)	0.022*** (4.20)	0.011*** (3.25)	0.019*** (2.64)	0.005 (0.85)	0.008* (1.84)	0.003 (0.57)	0.012** (2.23)	0.003 (0.73)
Return	-1.375*** (-16.00)	-0.785*** (-10.02)	-0.293*** (-8.01)	-0.146*** (-3.94)	-0.778*** (-12.71)	-0.401*** (-6.27)	-0.142*** (-5.03)	-0.063 (-1.44)	-0.647*** (-12.51)	-0.355*** (-5.97)
FCF	-0.109*** (-2.74)	-0.015 (-0.52)	0.108*** (4.81)	0.056*** (3.45)	-0.180*** (-5.84)	-0.078** (-2.54)	-0.071*** (-4.53)	-0.025 (-1.46)	-0.103*** (-4.05)	-0.044* (-1.80)
Inv	0.010 (0.29)	0.019 (0.95)	-0.029 (-1.63)	-0.017 (-1.40)	0.094*** (3.40)	0.047* (1.74)	0.085*** (5.40)	0.049*** (3.15)	0.014 (0.65)	0.005 (0.24)

续表

变量 \ 模型	总体负债 (Debt$_0$) I		经营性负债 (Debt$_1$) II		金融性负债 (Debt$_2$) III		长期借款 (Debt$_3$) IV		短期借款 (Debt$_4$) V	
	(1)	(2)	(3)	(4)	(5)	(6)	(7)	(8)	(9)	(10)
Tan	0.003 (0.15)	-0.007 (-0.30)	-0.185*** (-15.82)	-0.022 (-1.62)	0.173*** (9.95)	0.018 (0.64)	0.090*** (8.75)	0.021 (1.01)	0.083*** (6.14)	0.001 (0.06)
Size	0.053*** (19.36)	0.054*** (5.96)	0.017*** (11.05)	0.013** (2.10)	0.026*** (12.81)	0.039*** (5.40)	0.018*** (15.92)	0.028*** (6.08)	0.008*** (5.10)	0.012* (1.78)
Age	0.044*** (10.20)	0.015 (1.07)	-0.003 (-0.90)	-0.003 (-0.28)	0.020*** (5.30)	0.007 (0.55)	0.008*** (3.74)	-0.011 (-1.10)	0.013*** (4.26)	0.017 (1.48)
Con	-0.629*** (-11.37)	-0.673*** (-3.39)	-0.114*** (-3.54)	-0.077** (-2.58)	-0.235*** (-5.36)	-0.648*** (-3.90)	-0.399*** (-15.73)	-0.518*** (-5.12)	0.166*** (4.92)	-0.143*** (-2.93)
Industry	Control	Control	Control	Control	Control	Control	Control	Control	Control	Control
Year	Control	Control	Control	Control	Control	Control	Control	Control	Control	Control
FE	No	Yes	No	Yes	No	Yes	No	Yes	No	Yes
N	4274	4274	4274	4274	4274	4274	4274	4274	4274	4274
Adj - R^2	0.3345	—	0.2718	—	0.2896	—	0.3738	—	0.1997	—
Within R^2	—	0.1865	—	0.1079	—	0.1403	—	0.1368	—	0.1123

注：***、** 和 * 分别表示 0.01、0.05 和 0.1 的显著性水平（双尾检验），括号内数据为对应系数的 T 统计量。

水平均在10%以下；其中，第（9）列与第（10）列交乘项 Proper-ty×After 的系数均显著于第（7）列和第（8）列交乘项的系数。这说明，在采用 PSM 法控制自选择问题后，本书的假设 H6－1、假设 H6－2 和假设 H6－3 依然成立。本章的研究结果具有一定稳健性。

（二）采用分组法

为了进一步解决负债水平高低对本章结果的干扰，本书借鉴孙亚楠和申毅（2015）的研究，按照不同负债水平的高低将样本分为高负债组和低负债组，并用模型（6－1）进行回归。采用分组法后的回归结果分别在表6－10、表6－11 和表6－12 中列示。

表6－10　　EVA 考核影响总体负债的稳健性检验（分组法）

变量 \ 模型	（1）		（2）	
	高负债组	低负债组	高负债组	低负债组
Property	－ 0. 053 ** （－ 2. 31）	－ 0. 034 *** （－ 4. 74）	－ 0. 074 *** （－ 2. 77）	0. 12 ** （2. 49）
Property × After	0. 047 * （1. 82）	0. 024 *** （2. 58）	0. 023 *** （3. 35）	0. 07 *** （3. 42）
After	－ 0. 014 （－ 0. 37）	－ 0. 016 （－ 1. 42）	－ 0. 065 *** （－ 7. 74）	－ 0. 118 *** （－ 4. 26）
Growth	0. 032 ** （2. 11）	0. 032 *** （6. 85）	0. 015 *** （4. 70）	－ 0. 006 （－ 0. 75）
Return	－ 1. 97 *** （－ 8. 06）	－ 0. 407 *** （－ 9. 43）	－ 0. 213 *** （－ 6. 31）	－ 1. 12 *** （－ 16. 78）
FCF	－ 0. 057 （－ 0. 72）	－ 0. 06 *** （－ 2. 74）	0. 007 （0. 40）	－ 0. 021 （－ 0. 41）
Inv	－ 0. 27 *** （－ 3. 57）	0. 045 ** （2. 10）	0. 011 （0. 76）	－ 0. 054 （－ 1. 19）
Tan	－ 0. 049 （－ 0. 91）	0. 023 （1. 53）	－ 0. 012 （－ 0. 83）	0. 141 *** （3. 25）
Size	－ 0. 039 *** （－ 4. 64）	0. 046 *** （21. 56）	0. 026 *** （5. 69）	0. 001 （0. 09）

续表

模型变量	(1)		(2)	
	高负债组	低负债组	高负债组	低负债组
Age	0.037 *** (4.43)	0.017 *** (6.75)	0.049 *** (8.41)	0.05 * (1.93)
Con	1.291 *** (6.63)	− 0.54 *** (− 9.48)	− 0.272 *** (− 2.85)	0.55 ** (2.40)
Industry	Control	Control	Control	Control
Year	Control	Control	Control	Control
FE	No	No	Yes	Yes
N	3528	3528	3528	3528
Adj − R^2	0.2601	0.2041	—	—
Within R^2	—	—	0.1427	0.1841

注：＊＊＊、＊＊和＊分别表示 0.01、0.05 和 0.1 的显著性水平（双尾检验），括号内数据为对应系数的 T 统计量。

表 6－10 为采用分组法的 EVA 考核影响中央企业总体负债的稳健性检验结果。第（1）列和第（2）列分别为没有控制个体效应和控制了个体效应的回归结果。第（1）列的结果显示，高负债组和低负债组的交乘项系数均显著为正，高负债组的显著性水平为10%，低负债组的显著性水平为1%。进一步地，第（2）列的控制了个体效应后的结果显示，高负债组和低负债组的交乘项均在1%的水平上显著为正，说明 EVA 考核能够使中央企业提升负债水平，且无论是在高负债中央企业还是低负债中央企业，其作用效果都十分显著，并无差别。

表 6－11 为采用分组法的 EVA 考核影响中央企业经营性负债和金融性负债的稳健性检验结果。第（1）列与第（3）列为没有控制企业个体效应的回归结果，第（2）列与第（4）列为控制了个体效应后的回归结果。可以看出，第（1）列和第（2）列的交乘项系数均不显著，而第（3）列和第（4）列的交乘项系数均在1%的水平上显著为正。

表 6-11　EVA 考核影响经营性负债和金融性负债的稳健性检验（分组法）

变量 \ 模型	经营性负债（Debt₁）				金融性负债（Debt₂）			
	(1)		(2)		(3)		(4)	
	高负债组	低负债组	高负债组	低负债组	高负债组	低负债组	高负债组	低负债组
Property	0.017** (2.46)	0.001 (0.53)	0.011 (0.65)	0.0006 (0.12)	-0.027*** (-2.85)	-0.024*** (-6.29)	0.015 (0.65)	-0.016 (-1.60)
Property × After	-0.002 (-0.27)	-0.0006 (-0.22)	0.004 (0.68)	-0.002 (-1.07)	0.045*** (4.14)	0.012** (2.80)	0.045*** (4.92)	0.018*** (4.83)
After	-0.01 (-1.04)	0.0006 (0.16)	-0.007 (-0.97)	-0.003 (-1.06)	-0.023* (-1.86)	0.007 (1.38)	-0.051*** (-4.11)	-0.034*** (-7.47)
Growth	0.005 (1.36)	0.005*** (2.97)	0.002 (1.00)	0.003*** (2.75)	0.003 (0.67)	0.006*** (2.93)	-0.005 (-1.45)	-0.0001 (-0.08)
Return	-0.278*** (-6.43)	-0.031*** (-3.09)	-0.142*** (-5.15)	-0.02** (-2.38)	-0.85*** (-10.88)	-0.109*** (-6.84)	-0.53*** (-14.53)	-0.056*** (-3.69)
FCF	0.136*** (6.44)	-0.009 (-1.28)	0.075*** (5.02)	0.0002 (0.04)	-0.107*** (-3.57)	-0.058*** (-5.91)	-0.068*** (-2.77)	-.01879316** (-2.23)
Inv	-0.066*** (-3.18)	-0.011** (-2.03)	-0.008 (-0.50)	-0.005 (-1.25)	-0.004 (-0.15)	0.041*** (3.91)	0.028 (1.44)	0.034*** (4.08)

续表

变量\模型	经营性负债（Debt$_1$）				金融性负债（Debt$_2$）			
	(1)		(2)		(3)		(4)	
	高负债组	低负债组	高负债组	低负债组	高负债组	低负债组	高负债组	低负债组
Tan	-0.185*** (-12.23)	0.005 (1.12)	-0.026* (-1.69)	0.006 (1.36)	0.042** (2.32)	0.045*** (6.08)	0.004 (0.21)	-0.015* (-1.68)
Size	0.012*** (6.18)	0.005*** (8.21)	0.004 (1.22)	0.003** (2.43)	-0.004 (-1.63)	0.012*** (13.64)	0.008 (1.60)	0.013*** (6.39)
Age	0.009*** (3.38)	-0.001 (-1.20)	-0.002 (-0.31)	0.004 (1.62)	0.016*** (4.31)	0.006*** (5.00)	0.017 (1.64)	0.017*** (5.19)
Con	-0.054 (-1.47)	-0.015 (-0.68)	0.203*** (2.93)	0.0015 (0.05)	0.407*** (6.04)	-0.196*** (-8.62)	0.121 (1.09)	-0.238*** (-5.37)
Industry	Control	Control	Control	Control	Control	Control	Control	Control
Year	Control	Control	Control	Control	Control	Control	Control	Control
FE	No	No	Yes	Yes	No	No	Yes	Yes
N	3528	3528	3528	3528	3528	3528	3528	3528
Adj – R^2	0.2062	0.1891	—	—	0.2678	0.2314	—	—
Within R^2	—	—	0.1271	0.1149	—	—	0.2362	0.1739

注：***、** 和 * 分别表示 0.01、0.05 和 0.1 的显著性水平（双尾检验），括号内数据为对应系数的 T 统计量。

表 6 - 12　EVA 考核影响长期借款和短期借款的稳健性检验（分组法）

模型 变量	长期借款（Debt₃）				短期借款（Debt₄）			
	(1)		(2)		(3)		(4)	
	高负债组	低负债组	高负债组	低负债组	高负债组	低负债组	高负债组	低负债组
Property	-0.002 (-0.36)	0.030*** (3.43)	-0.007 (-0.35)	0.038*** (3.42)	-0.037*** (-4.70)	-0.012*** (-5.07)	0.046** (2.37)	-0.012* (-1.79)
Property×After	0.018** (2.53)	0.001* (1.74)	0.022*** (3.35)	0.003* (1.93)	0.029*** (2.91)	0.007** (2.54)	0.033*** (4.31)	0.011*** (4.52)
After	-0.018** (-2.13)	-0.002 (-0.12)	-0.041*** (-4.40)	-0.02 (-1.60)	-0.028** (-2.43)	-0.011*** (-2.93)	-0.031*** (-3.11)	-0.021*** (-6.93)
Growth	0.004 (1.09)	0.021*** (4.26)	-0.001 (-0.47)	0.013*** (4.18)	0.005 (0.67)	0.001 (1.08)	0.001 (0.27)	-0.001 (-1.37)
Return	-0.165*** (-4.04)	-0.218*** (-6.27)	-0.044 (-1.17)	-0.114*** (-3.98)	-0.818*** (-11.13)	-0.06*** (-6.17)	-0.416*** (-14.10)	-0.024** (-2.38)
FCF	-0.087*** (-4.32)	0.05** (2.21)	-0.034* (-1.84)	0.036** (2.11)	-0.054* (-1.81)	-0.033*** (-5.50)	-0.048** (-2.46)	-0.013** (-2.42)
Inv	0.066*** (3.89)	-0.026 (-1.18)	0.039*** (2.73)	0.003 (0.18)	-0.078*** (-3.57)	0.033*** (5.52)	-0.044*** (-2.71)	0.015*** (2.82)

续表

模型 变量	长期借款（Debt₃）				短期借款（Debt₄）			
	(1)		(2)		(3)		(4)	
	高负债组	低负债组	高负债组	低负债组	高负债组	低负债组	高负债组	低负债组
Tan	0.059*** (4.90)	-0.145*** (-8.98)	0.003 (0.26)	-0.077*** (-4.55)	-0.007 (-0.44)	0.014*** (3.20)	0.02 (1.29)	-0.001 (-0.27)
Size	0.007*** (4.54)	0.037*** (14.92)	0.017*** (4.49)	0.024*** (6.10)	-0.009*** (-3.54)	0.006*** (13.21)	-0.001 (-0.13)	0.008*** (6.22)
Age	0.011*** (4.53)	0.008*** (3.11)	-0.015* (-1.86)	0.005 (1.45)	0.011*** (3.28)	0.003*** (3.54)	0.021*** (2.61)	0.013*** (5.69)
Con	-0.098*** (-3.05)	-0.57*** (-11.30)	-0.213** (-2.56)	-0.375*** (-4.23)	0.55*** (8.30)	-0.114*** (-10.46)	0.195** (2.04)	-0.145*** (-5.46)
Industry	Control	Control	Control	Control	Control	Control	Control	Control
Year	Control	Control	Control	Control	Control	Control	Control	Control
FE	No	No	Yes	Yes	No	No	Yes	Yes
N	3528	3528	3528	3528	3528	3528	3528	3528
Adj – R²	0.3140	0.2593	—	—	0.2442	0.2126	—	—
Within R²	—	—	0.1872	0.1306	—	—	0.1458	0.1303

注：***、** 和 * 分别表示 0.01、0.05 和 0.1 的显著性水平（双尾检验），括号内数据为对应系数的 T 统计量。

这说明，无论是高负债组还是低负债组，EVA 考核对中央企业提高金融性负债水平都起到了促进作用，且作用效果均显著，没有差别。但 EVA 考核的实施没有影响到中央企业的经营性负债水平。

表 6 - 12 为采用分组法的 EVA 考核影响中央企业长期借款和短期借款的稳健性检验结果。第（1）列与第（3）列为没有控制企业个体效应的回归结果，第（2）列与第（4）列为控制了个体效应后的回归结果。可以看出，第（1）列至第（4）列中，交乘项的系数均显著为正；显著性水平分别为：第（1）列高负债组 5%，低负债组 10%；第（2）列高负债组 1%，低负债组 10%；第（3）列高负债组 1%，低负债组 5%；第（4）列高负债组和低负债组均 1%。由此可以判断，EVA 考核对中央企业长期借款和短期借款均有提升作用，但对短期借款的作用效果更明显。

采用分组法进行稳健性检验后，本章的结论并未发生改变；因此，具有一定的稳健性。

（三）以地方国有企业为样本的 DID 检验

为降低中央企业与民营企业的样本差异所造成的结果偏差，本章仍然采用地方国有企业为样本对本章的研究结果进行稳健性检验。为保证研究的一致性，本章仍采用第五章稳健性检验部分的地方国有企业样本。具体地，以 2007—2012 年为检验区间，选取 2010 年开始实施 EVA 考核的地方国有企业为实验组，2010—2012 年未实施 EVA 考核的地方国有企业为对照组。解释变量 EVADUM 为 1 代表 2010 年开始实施 EVA 考核的地方国有企业；EVADUM 为 0 表示 2010—2012 年没有实施 EVA 考核的地方国有企业。解释变量 After 为 1 表示 2010—2012 年；After 为 0 表示 2007—2009 年。本部分稳健性检验结果如表 6 - 13 所示。

从表 6 - 13 的结果可以看出，在采用地方国有企业作为样本对模型（6 - 1）进行回归后，交乘项 EVADUM × After 的显著性水平虽然发生了一些变化，但结果仍与前文保持一致。因此，本章的研究结论具有一定的稳健性。

表 6 - 13　EVA 考核影响负债水平的稳健性检验（采用地方国企样本检验）

模型	I 总体负债 (Debt$_0$)		II 经营性负债 (Debt$_1$)		III 金融性负债 (Debt$_2$)		IV 长期借款 (Debt$_5$)		V 短期借款 (Debt$_6$)	
变量	(1)	(2)	(3)	(4)	(5)	(6)	(7)	(8)	(9)	(10)
EVADUM	-0.07 (-1.37)	0.105 (1.49)	-0.001 (-0.15)	-0.011 (-0.26)	-0.063*** (-7.99)	0.1 (1.52)	-0.005 (-1.05)	0.140*** (3.20)	-0.056*** (-8.80)	-0.087 (-1.55)
EVADUM × After	0.096*** (6.33)	0.056*** (6.81)	0.009 (0.84)	0.0001 (0.02)	0.069*** (5.28)	0.047*** (6.09)	0.024*** (2.93)	0.023*** (4.51)	0.048*** (4.79)	0.031*** (4.70)
After	-0.010 (-0.77)	-0.011 (-1.58)	-0.008 (-0.92)	0.007 (1.56)	0.018* (1.70)	-0.034*** (-5.36)	0.016** (2.52)	-0.027*** (-6.33)	0.003 (0.35)	-0.004 (-0.74)
Growth	0.023*** (3.60)	-0.0056* (-1.66)	0.008** (2.09)	0.002 (0.84)	0.008* (1.83)	-0.001 (-0.37)	0.003 (0.98)	-0.004* (-1.84)	0.005 (1.40)	0.003 (1.01)
Return	-0.25*** (-7.98)	-0.097*** (-6.43)	0.001 (0.05)	-0.021** (-2.21)	-0.159*** (-6.80)	-0.07*** (-4.92)	-0.022* (-1.84)	0.006 (0.69)	-0.139*** (-6.79)	-0.075*** (-6.22)
FCF	-0.185*** (-4.47)	-0.047** (-1.97)	0.046* (1.80)	0.014 (0.97)	-0.268*** (-8.47)	-0.06*** (-2.66)	-0.116*** (-5.49)	-0.030** (-2.03)	-0.148*** (-5.73)	-0.029 (-1.52)
Inv	0.114** (2.30)	0.095** (2.52)	-0.105*** (-3.46)	-0.011 (-0.46)	0.335*** (7.79)	0.172*** (4.90)	0.366*** (11.59)	0.176*** (7.50)	-0.043 (-1.32)	-0.004 (-0.12)

续表

变量＼模型	总体负债（Debt$_0$）I		经营性负债（Debt$_1$）II		金融性负债（Debt$_2$）III		长期借款（Debt$_5$）IV		短期借款（Debt$_6$）V	
	(1)	(2)	(3)	(4)	(5)	(6)	(7)	(8)	(9)	(10)
Tan	0.079*** (3.69)	0.009 (0.44)	-0.088*** (-7.44)	-0.032** (-2.50)	0.122*** (7.02)	0.026 (1.37)	0.052*** (4.56)	-0.003 (-0.27)	0.076*** (5.33)	0.045*** (2.79)
Size	0.033*** (9.80)	0.035*** (5.84)	0.009*** (4.12)	-0.010*** (-2.58)	0.024*** (9.12)	0.038*** (6.85)	0.019*** (12.31)	0.029*** (7.74)	0.005** (2.36)	0.007* (1.73)
Age	0.019*** (4.83)	0.007** (2.02)	-0.005* (-1.71)	-0.003 (-1.46)	0.008** (2.52)	0.005 (1.57)	0.006*** (3.34)	0.004* (1.67)	0.001 (0.49)	0.001 (0.44)
Con	-0.225*** (-2.74)	-0.267** (-2.03)	-0.075* (-1.75)	0.404*** (4.98)	-0.416*** (-6.35)	-0.668*** (-5.43)	-0.374*** (-10.23)	-0.593*** (-7.25)	-0.038*** (-2.81)	-0.009** (-2.09)
Industry	Control	Control	Control	Control	Control	Control	Control	Control	Control	Control
Year	Control	Control	Control	Control	Control	Control	Control	Control	Control	Control
FE	No	Yes	No	Yes	No	Yes	No	Yes	No	Yes
N	3081	3081	3081	3081	3081	3081	3081	3081	3081	3081
Adj－R^2	0.2008	—	0.2709	—	0.2108	—	0.2891	—	0.2524	—
Within R^2	—	0.1800	—	0.1706	—	0.1647	—	0.1864	—	0.1530

注：***、**和*分别表示 0.01、0.05 和 0.1 的显著性水平（双尾检验），括号内数据为对应系数的 T 统计量。

第四节　本章小结

本章以 2010 年中央企业全面实施 EVA 考核为切入点，利用 2005—2014 年我国沪深两市 A 股中央企业和民营企业上市公司作为研究样本，采用双重差分模型，实证检验实施 EVA 考核对负债融资的影响。具体地，选择中央企业（即实施 EVA 考核的企业）作为双重差分模型检验的实验组，民营企业（即未实施 EVA 考核的企业）作为对照组。研究结果显示，实施 EVA 考核对中央企业提高负债水平具有显著的促进作用。进一步地，本章基于企业负债的来源维度将负债划分为经营性负债和金融性负债，发现 EVA 考核能够促进央企提升金融性负债，但对中央企业的经营性负债没有影响。在此基础上，本章根据债务期间结构的不同将金融性负债区分为长期和短期两类，并分别检验了 EVA 考核对两种不同期限结构的负债的影响效果，结果显示，EVA 考核对中央企业提高长期银行借款和短期银行借款水平均有促进作用，且这种作用对短期借款效果更为显著。

第七章

EVA 考核对非效率投资的治理：负债融资的遮掩效应

第一节 理论分析与研究假设

长期以来，投融资之间的关系一直都是学术界关注的焦点问题，尤其是债务融资对企业投资行为的影响更是引发了国内外学者的大量探讨与研究。Modigliani 和 Miller（1958）提出了"投融资无关定理"（即 MM 定理），其研究指出，在完美的资本市场假设下，企业投资量取决于投资机会，而独立于融资活动，企业总能够以内部资金相同的成本筹集到外部资金，以满足企业投资的需要。然而现实中，完美市场假说是不成立的。由于信息不对称、契约不完备的存在，融资决策，尤其是债务融资，会对企业的投资行为产生重要影响。尽管如此，MM 定理的提出仍对公司投融资研究产生了重要影响，它揭示了融资决策中的本质关系，即管理者与投资者之间的目标和行为的相互关系。基于 MM 定理，大量学者结合信息经济学、委托代理理论、契约理论等对企业债务融资如何影响投资行为进行了深入研究。

Fama 和 Miller（1972）指出，负债能够引起股东与债权人之间的代理冲突，当企业发行风险债券时，一项能使企业价值最大化的投资项目（即股东与债权人的财富之和）并不能够使股东利益最大化和债权人利益最大化得到同时满足。这是因为，股东和债权人对投资收益不确定性的大小偏好不同。当企业选择不确定性较小的投资项目时，企业的整体风险较低，此时，负债的市场价值较高而股权的市场价值较低。相反，当企业选择不确定性较高的投资项目时，企业的整体风险较高。此时，负债的市场价值降低而股票的市场价值升高。因此，股东基于有限责任而进行高风险甚至净现值小于零的投资行为，并因此产生了资产替代问题。在此基础上，Jensen 和 Meckling（1976）的研究引入代理成本因素，指出了负债对企业投资的两大影响：资产替代和投资不足。其认为，当股东与经理人之间的代理问题较弱（即股东与经理人利益趋同）时，经理人有动机选择机会较小但一旦成功能够获利较大的项目进行投资。因为，这些投资项目一旦成功，经理人和股东能够获得大部分收益；而一旦失败，大部分损失却由债权人承担。因此，企业负债融资越多，经理人利用资产替代进行机会主义行为的动机越大，并因此造成过度投资（Smith and Warner，1979）。此外，当经理人与股东的利益趋于一致时，经理人有动机拒绝那些净现值为正且能够增加企业价值但大部分收益属于债权人的投资项目。这意味着，债务能够抑制企业正常投资的积极性，并因此造成投资不足（Myers，1977）。

同样，基于代理成本理论，Jensen 和 Meckling（1976）指出了企业负债融资的另一作用，即相机治理作用。其认为，在股东与经理人之间的利益冲突较为严重时，企业负债转变成一种治理机制，能够缓解股东和经理人之间的冲突，从而抑制经理人的过度投资和投资不足行为。债务融资能够发挥治理作用是基于其本身的特性。首先，企业需要偿还债权人的本金并定期向其支付利息；因此，在一定程度上能够缓解经理人对企业自由现金流的滥用，抑制经理人的过度投资行为。此外，债务的这种还本付息特性具有一定的监督作用，企业负债融资越多，经理人面临的监控更严、破产风险更高。当企业不能够按时偿还债务，企业的所有权就掌握在债权人手中；此时，经理人便会面临失业风险（Stulz，1990）。因而，高负债融资在一定程度上能够降低由经理人卸责而导致的投资不足行为。

综上所述，负债既能够导致非效率投资，也能够治理非效率投资。但值得注意的一点是，负债究竟会对非效率投资产生什么样的作用？正向还是负向？取决于股东与经理人之间的代理问题的程度。

就我国国有企业而言，委托代理问题更为严重和复杂。就委托人而言，国有企业存在"多重委托"关系。理论上讲，全体人民是国有企业的所有者。国家作为全体人民代表，无法像普通法人一样进行经营；因此，国家只能将国有企业委托给各级人民政府，而各级人民政府又委托给各级履行出资人机构，即国有资产管理部门。2003 年，国务院国有资产监督管理委员会成立，对中央企业履行出资人职责。随后，各地方政府国有资产监督管理委员会也相继成立，对其所管理的国有企业履行出资人职责。最后，再由各地方政府和履行出资人机构将所管理的国有企业委托给最终代理人。这种层层委托的过程，加剧了国有企业的委托代理问题。就代理人而言，其具有"政治人"和"经济人"的双重特征。国有企业经理或高级管理人员的人事任免是由各级履行出资人机构和各级政府来决定的，而不是像市场竞争下的股份制公司代理人那样通过市场选拔。因此，国有企业经理人的任免具有政治性或党性特征，并非是经营性和管理性。因此，这种"能位不相宜"的人力资源错配容易导致国有企业经理人忽视企业长期发展、谋取短期利益的行为，从而实现个人政治晋升目标。此外，国有企业承担了一定的社会性和政策性负担，多重的委托代理层级加剧了信息不对称程度，经理人很可能会把由个人谋求私利而造成的经营亏损归咎于政府的社会性和政策性负但，而政府又很难分辨亏损的原因；因此，加剧了经理人的道德风险。以上种种原因，使我国国有企业面临极为严重的委托代理问题。因此，基于负债的相机治理假设，国有企业的负债水平与非效率投资呈负相关关系（姜建军，2004；唐雪松等，2007；李春霞、叶瑶，2015）。

然而，国资委的 EVA 考核激励机制能够缓解代理问题（池国华、邹威，2014）。其一，EVA 指标在税后净利润的基础上扣除了权益资本成本，能够有效地实现对所有者权益的补偿。用 EVA 作为考核经理人的指标，能够引导其从所有者利益角度进行投融资决策。其二，国资委规定的会计调整方法，降低了会计规则性失真所带来的偏差和扭曲。通过对研发支出和在建工程的会计调整鼓励企业注重长远发展；通过对非经常收益的扣除强调突出主业的理念。其三，《办法》根据业绩考核得分将考核结果分为 A、B、C、D、E 五个等级，并直接与中央企业负责人的薪酬与职务任免相挂钩，从而提高经理人与所有人之间的利益接近程度。因此，由于委托代理问题的有效缓解，负债的相机治理作用很可能被替代，从而引发资产替代和投资不足。第六章的结果表明，在 EVA 考核实施后，股权融资成本的增加幅度明显大于债权融资成本的增加幅度。出于提升业绩的目的，管理层将倾向于采用更多的金融性负债。因此，本书认为金融负债融资在 EVA 考核治理企业非效率投资过程中表现出了遮掩效应。基于此，本书提出假设。

H7-1：金融性负债融资在 EVA 考核治理中央企业非效率投资的过程中发挥了遮掩作用，即负债加剧了中央企业非效率投资。

进一步地，基于金融性负债的期限维度，本书将金融性负债区分为长期借款和短期借款两类。[①] 两种期限结构的银行借款所带来的股东债权人代理问题程度有所不同（Parrino and Weisbach，1999）。长期借款期限较长，对债务人的监督约束成本较高，股东

---

① 前文已阐释，我国发行债券的上市公司较少；因此，本书在研究时暂不考虑公司债券。本书中，金融性负债即指银行借款。

与债权人之间的代理冲突也较为严重。与之相反，短期借款的期限较短，管理者面临的还本付息压力更为频繁，监管成本较低，由短期借款所带来的股东与债权人之间的代理冲突也自然较小。因此，相比之下，企业采用长期银行借款更容易发生股东通过资产替代与投资不足侵占债权人的利益行为。此外，相比长期借款而言，短期借款对企业自由现金流的要求更高，这在一定程度上能够抑制管理者的非效率投资行为。因此，本书认为，在 EVA 考核治理过度投资过程中，长期银行借款带来的资产替代和投资不足要比短期银行借款更严重。由此，本书提出假设：

H7 - 2：在 EVA 考核治理非效率投资过程中，长期银行借款比短期银行借款的遮掩效应更明显。

第二节 研究设计

一 样本选取与数据来源

为了保证本书在研究结构上的一致性，本章仍选取 2005—2014 年（即 EVA 考核实施的前后五年）为研究区间，以该十年我国沪深两市 A 股中央企业和民营企业上市公司作为研究样本。关于中央企业上市公司和民营企业上市公司的界定，本章仍延续采用第五章的界定标准，将终极控制人为国有资产管理委员会的企业界定为中央企业，将终极控制人为个人或民营主体的企业界定为民营企业。然后，结合研究惯例按照以下程序对初始样本进行筛选：①剔除金融类公司；②剔除 ST、*ST 公司；③剔除数据缺失的公司。最终，得到的样本数为 7056 个。其中，中央企业样本数为 2137 个，民营企业样本数为 4919 个。此外，为了消除极端值对研究结果的影响，本章对主要连续变量进行了 1%—99% 的 Winsorize 处理。本章采用的企业财务数据及企业特征数据来源于国泰安数据库、Wind 数据库，并采用 Excel 软件对数据进行预处理，采用 Stata 软件进行统计分析。

二　模型构建与变量说明

（一）模型构建

本章在第五章和第六章的基础上检验负债融资在 EVA 考核影响中央企业非效率投资的过程中所起到的遮掩作用（即负债加剧了非效率投资）。因此，本章将采用中介效应检验方法来对此进行考察。

目前，检验中介效应的方法众多，但都存在不足之处，使用程度较低。温忠麟和叶宝娟（2014）的研究，在 Sobel（1982）、Baron 和 Kenny（1986）等提出的一些中介效应检验基础上，提出并构建了新的中介效应检验流程，不仅能够确保较高的统计功效，最重要的是能够控制第一类和第二类错误的概率。因此，本书借鉴钱雪松等（2015）以及甄红线等（2015）的研究，采用温忠麟和叶宝娟（2014）所提出的新中介效应检验流程来考察负债融资在 EVA 影响中央企业非效率投资过程中所发挥的作用。具体如下：

$$\mathrm{Ine\_Inv}_{0,it}(\mathrm{Over\_Inv}_{1,it} \text{ or } \mathrm{Under\_Inv}_{2,it}) = \alpha_{j,0} + \alpha_{j,1}\mathrm{Property}_{i,t} + \alpha_{j,2}\mathrm{After}_{i,t} + \alpha_{j,3}\mathrm{Property}_{i,t} \times \mathrm{After}_{i,t} + \alpha_{j,4}\sum \mathrm{Control} + \varepsilon_{i,t} \qquad (7-1)$$

$$\mathrm{Debt}_{2,it}(\mathrm{Debt}_{3,it} \text{ or } \mathrm{Debt}_{4,it}) = \beta_{j,0} + \beta_{j,1}\mathrm{Property}_{i,t} + \beta_{j,2}\mathrm{After}_{i,t} + \beta_{j,3}\mathrm{Property}_{i,t} \times \mathrm{After}_{i,t} + \beta_{j,4}\sum \mathrm{Control} + \varepsilon_{i,t} \qquad (7-2)$$

$$\mathrm{Ine\_Inv}_{0,it}(\mathrm{Over\_Inv}_{1,it} \text{ or } \mathrm{Under\_Inv}_{2,it}) = \gamma_{j,0} + \gamma_{j,1}\mathrm{Property}_{i,t} + \gamma_{j,2}\mathrm{After}_{i,t} + \gamma_{j,3}\mathrm{Property}_{i,t} \times \mathrm{After}_{i,t} + \gamma_{j,4}\mathrm{Debt}_{2,it} + \gamma_{j,5}\sum \mathrm{Control} + \varepsilon_{i,t}$$

$$(7-3a)$$

$$\mathrm{Ine\_Inv}_{0,it}(\mathrm{Over\_Inv}_{1,it} \text{ or } \mathrm{Under\_Inv}_{2,it}) = \delta_{j,0} + \delta_{j,1}\mathrm{Property}_{i,t} + \delta_{j,2}\mathrm{After}_{i,t} + \delta_{j,3}\mathrm{Property}_{i,t} \times \mathrm{After}_{i,t} + \delta_{j,4}\mathrm{Debt}_{3,it} + \delta_{j,5}\mathrm{Debt}_{4,it} + \delta_{j,6}\sum \mathrm{Control} + \varepsilon_{i,t} \qquad (7-3b)$$

（二）变量说明

模型（7-1）为 EVA 考核影响非效率投资的总效应检验。其中，被解释变量 Ine_Inv$_0$、Over_Inv$_1$ 和 Under_Inv$_2$ 分别为总体非效率投资、总体过度投资和总体投资不足，分别为第五章中 Richardson 模型在 j = 0 时的残差绝对值、正残差值和负残差的绝对值①。解释变量 Property 为虚拟变量，Property 为 1 代表中央企业，为 0 则代表民营企业。前文已述，本书将终极控制人为国有资产管理委员会的企业界定为中央企业，将终极控制人为个人或民营主体的企业界定为民营企业，解释变量 After 为 EVA 考核政策推行前后时间段的虚拟变量，2010 年及以后（即中央企业实施 EVA 考核后）After 为 1；2010 年以前（即中央企业实施 EVA 考核前）After 为 0。

模型（7 - 2）为 EVA 考核影响负债水平的效应检验。其中，被解释变量 $Debt_2$、$Debt_3$ 和 $Debt_4$ 分别为金融性负债水平、长期借款水平和短期借款水平，分别用银行借款比期末总资产、长期借款比期末总资产、短期借款比期末总资产来衡量。解释变量 Property 为虚拟变量，Property 为 1 代表中央企业，为 0 则代表民营企业。解释变量 After 为 EVA 考核政策推行前后时间段的虚拟变量，2010 年及以后（即中央企业实施 EVA 考核后）After 为 1；2010 年以前（即中央企业实施 EVA 考核前）After 为 0。

模型（7 - 3a）和模型（7 - 3b）为检验 EVA 考核与负债融资对非效率投资的影响。被解释变量分别为 Ine_Inv_0、$Over\_Inv_1$ 和 $Under\_Inv_2$，解释变量分别为 Property、After、$Debt_2$、$Debt_3$ 和 $Debt_4$，具体变量解释同上，在此不再赘述。

此外，为了保证前后的一致性，在控制变量的选取问题上，模型（7 - 1）、模型（7 - 3a）和模型（7 - 3b）采用了与模型（5 - 1）相同的控制变量，即成长能力（Growth）、盈利能力（Ret）、自由现金流量（FCF）、董事会规模（DN）、管理费用率（Adm）、企业规模（Size）和上市年限（Age）。模型（7 - 1）的变量的具体解释在表 7 - 1 中列示。模型（7 - 2）则采用了与模型（6 - 1）相同的控制变量，即成长能力（Growth）、盈利能力（Return）、自由现金

---

① 关于被解释变量总体非效率投资（$Ine\_Inv_{0,it}$）、总体过度投资（$Over\_Inv_{1,it}$）和总体投资不足（$Under\_Inv_{2,it}$）的详细计算与解释，请参见本书第五章内容。

流量（FCF）、资本投资（Inv）、资产有形性（Tan）、企业规模（Size）和上市年限（Age）。同时，模型（7-1）、模型（7-2）、模型（7-3a）和模型（7-3b）还对行业（Ind）和年度（Year）因素进行了控制。本章采用的变量具体定义在表7-1中列示。

表 7-1 变量定义及具体说明

	符号	变量名称	变量定义	模型
被解释变量	Ine_Inv_0	总体非效率投资	$j=0$ 时 Richardson 模型的残差的绝对值	（7-1）（7-3）
	$Over\_Inv_1$	总体过度投资水平	$j=0$ 时 Richardson 模型的正的残差值	
	$Under\_Inv_2$	总体投资不足水平	$j=0$ 时 Richardson 模型的负的残差值的绝对值	
	$Debt_2$	金融性负债	$j=0$，（期末长期借款 + 短期借款）/期末总资产	（7-2）（7-3a）
	$Debt_3$	长期银行借款	$j=3$，期末长期借款/期末总资产	（7-2）（7-3b）
	$Debt_4$	短期银行借款	$j=4$，期末短期借款/期末总资产	
解释变量	Property	产权性质（是否实施 EVA 考核）	民营企业为 0，中央企业为 1	（7-1）（7-2）（7-3）
	After	时间变量（实施 EVA 考核前后）	实施前为 0，实施后为 1	
控制变量	Growth	成长能力	主营业务收入增长率	
	Ret	盈利能力	净资产收益率	
	FCF	自由现金流量	经营现金流量减折旧、摊销和预期的新增投资之后的余额/平均总资产。其中，新增投资为投资模型估算的预期资本投资	（7-1）（7-2）（7-3）

续表

	符号	变量名称	变量定义	模型
控制变量	Inv	资本投资	（固定资产增加额＋无形资产增加额＋长期金融资产增加额＋研发投资）/平均总资产	(7-2)
	Tan	资产有形性	固定资产净额/总资产	
	DN	董事会规模	董事会人数的自然对数	(7-1) (7-3)
	Adm	管理费用率	管理费用占主营业务收入的比例	
	Size	企业规模	总资产的自然对数	
	Age	上市年限	上市年数的自然对数	
	$\sum$ Ind	行业虚拟变量	按证监会行业分类（其中制造业按小类划分，其他行业以大类为准），共计20个虚拟变量	(7-1) (7-2) (7-3)
	$\sum$ Year	年度虚拟变量	共10个虚拟变量	

（三）流程说明

模型（7-1）用来分析 EVA 考核对非效率投资的影响。交乘项系数 $\alpha_{j,3}$（$j=0$，1，2）为 EVA 考核对因变量总体非效率投资（Ine_Inv_0）、总体过度投资（$Over\_Inv_1$）和总体投资不足（$Under\_Inv_2$）的总影响效应。

模型（7-2）用来分析 EVA 考核对负债融资的影响。交乘项系数 $\beta_{j,3}$（$j=2$，3，4）分别为 EVA 考核对中介变量金融性负债水平（$Debt_2$）、长期借款水平（$Debt_3$）和短期借款水平（$Debt_4$）的影响效应。

模型（7-3a）用来分析 EVA 考核和金融性负债对非效率投资的影响。系数 $\gamma_{j,4}$（$j=0$，1，2）为控制了 EVA 考核后，中介变量金融性负债（$Debt_2$）分别对总体非效率投资（Ine_Inv_0）、总

セ

体过度投资（Over_Inv$_1$）和总体投资不足（Under_Inv$_2$）的影响效应；系数 $\gamma_{j,3}$（j = 0，1，2）为控制了中介变量金融性负债（Debt$_2$）后，EVA 考核分别对总体非效率投资（Ine_Inv$_0$）、总体过度投资（Over_Inv$_1$）和总体投资不足（Under_Inv$_2$）的影响效应。

模型（7-3b）用来分析 EVA 考核、长期借款和短期借款对非效率投资的影响。系数 $\delta_{j,4}$ 和 $\delta_{j,5}$（j = 0，1，2）为控制了 EVA 考核后，中介变量长期借款（Debt$_3$）和短期借款（Debt$_4$）分别对总体非效率投资（Ine_Inv$_0$）、总体过度投资（Over_Inv$_1$）和总体投资不足（Under_Inv$_2$）的影响效应；系数 $\delta_{j,3}$（j = 0，1，2）为同时控制了中介变量长期借款（Debt$_3$）和短期借款（Debt$_4$）后，EVA 考核分别对总体非效率投资（Ine_Inv$_0$）、总体过度投资（Over_Inv$_1$）和总体投资不足（Under_Inv$_2$）的直接影响效应。

借鉴温忠麟和叶宝娟（2014）的研究，本书采用的检验操作流程如下：

第一步：检验模型（7-1）的系数 $\alpha_{j,3}$。若 $\alpha_{j,3}$ 显著，则暂认定其为中介效应；若 $\alpha_{j,3}$ 不显著，则按照遮掩效应立论。需要注意的是，无论系数 $\alpha_{j,3}$ 是否显著，都继续进行后续检验。

第二步：①分别检验模型（7-2）的系数 $\beta_{j,3}$ 和模型（7-3a）的系数 $\gamma_{j,4}$。若 $\beta_{j,3}$ 和 $\gamma_{j,4}$ 都显著，则说明间接效应显著，直接进行第四步检验；若 $\beta_{j,3}$ 和 $\gamma_{j,4}$ 都不显著或有一个不显著，则进行第三步检验。②分别检验模型（7-2）的系数 $\beta_{j,3}$ 和模型（7-3b）的系数 $\delta_{j,4}$，若 $\beta_{j,3}$ 和 $\delta_{j,4}$ 都显著，说明间接效应显著，直接进行第四步检验；若 $\beta_{j,3}$ 和 $\delta_{j,4}$ 至少有一个不显著，则进行第三步检验。③分别检验模型（7-2）的系数 $\beta_{j,3}$ 和模型（7-3b）的系数 $\delta_{j,5}$，若 $\beta_{j,3}$ 和 $\delta_{j,5}$ 都显著，说明间接效应显著，直接进行第四步检验；若 $\beta_{j,3}$ 和 $\delta_{j,5}$ 至少有一个不显著，则进行第三步检验。

第三步：①用 Bootstrap 法直接检验 H$_0$：$\beta_{j,3}\gamma_{j,4} = 0$。如果结果

显著，说明间接效应显著，继续进行第四步检验；若结果不显著，说明间接效应不显著，即停止分析。②用 Bootstrap 法直接检验 H_0：$\beta_{j,3}\delta_{j,4}=0$。如果结果显著，说明间接效应显著，继续进行第四步检验；若结果不显著，说明间接效应不显著，即停止分析。③用 Bootstrap 法直接检验 H_0：$\beta_{j,3}\delta_{j,5}=0$。如果结果显著，说明间接效应显著，继续进行第四步检验；若结果不显著，说明间接效应不显著，即停止分析。为了保证本书结论的稳健性，本书在检验过程中均对中介变量系数进行了 Bootstrap 检验，并列示于相应表格中。

第四步：①检验模型（7 – 3a）的系数 $\gamma_{j,3}$。若系数 $\gamma_{j,3}$ 不显著，说明直接效应不显著，只存在中介效应；如果 $\gamma_{j,3}$ 显著，说明直接效应显著，进行第五步检验。②检验模型（7 – 3b）的系数 $\delta_{j,3}$。若系数 $\delta_{j,3}$ 不显著，说明直接效应不显著，只存在中介效应；如果 $\delta_{j,3}$ 显著，说明直接效应显著，进行第五步检验。

第五步：①比较 $\beta_{j,3}\gamma_{j,4}$ 和 $\gamma_{j,3}$ 的符号。如果两者符号相同，则判定为部分中介效应，$\beta_{j,3}\gamma_{j,4}/\gamma_{j,3}$ 即为中介效应占总效应的比例。如果两者符号不同，则判定为遮掩效应，$|\beta_{j,3}\gamma_{j,4}/\gamma_{j,3}|$ 即为遮掩效应占总效应的比例。②比较 $\beta_{j,3}\delta_{j,4}$ 和 $\delta_{j,3}$ 的符号。如果两者符号相同，则判定为部分中介效应，$\beta_{j,3}\delta_{j,4}/\delta_{j,3}$ 即为中介效应占总效应的比例。如果两者符号不同，则判定为遮掩效应，$|\beta_{j,3}\delta_{j,4}/\delta_{j,3}|$ 即为遮掩效应占总效应的比例。③比较 $\beta_{j,3}\delta_{j,5}$ 和 $\delta_{j,3}$ 的符号。如果两者符号相同，则判定为部分中介效应，$\beta_{j,3}\delta_{j,5}/\delta_{j,3}$ 即为中介效应占总效应的比例。如果两者符号不同，则判定为遮掩效应，$|\beta_{j,3}\delta_{j,5}/\delta_{j,3}|$ 即为遮掩效应占总效应的比例。

图 7 – 1 为本书的中介检验流程。

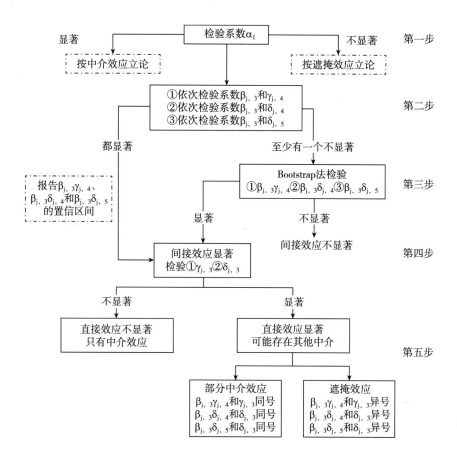

图 7-1　中介效应检验流程

第三节　实证结果与分析

一　描述性统计分析

为保证本书的统一性、连贯性和合理性，本章仍沿用第五章和第六章的数据，因此不再赘述。但为了保证本章内容的完整性，同时方便读者查阅，本章将其按照模型（7-1）、模型（7-2）和模型（7-3）整理至表7-2。

表 7 - 2 主要连续变量的描述性统计结果

Panel A EVA 考核、负债融资与非效率投资（N = 7056）						
变量	均值	最小值	25% 分位	中值	75% 分位	最大值	标准差
Ine_Inv_0	0.069	1.33E - 13	0.020	0.045	0.083	1.849	0.082
$Debt_2$	0.198	0	0.049	0.168	0.297	0.842	0.176
$Debt_3$	0.060	0	0	0.007	0.082	0.046	0.097
$Debt_4$	0.137	0	0.023	0.018	0.208	0.713	0.137
Growth	0.195	- 0.889	- 0.012	0.138	0.298	3.315	0.501
Ret	0.035	- 0.311	0.013	0.036	0.065	0.213	0.069
DN	2.172	1.609	2.079	2.197	2.197	2.708	0.204
ADM	0.109	0.007	0.043	0.072	0.112	1.376	0.166
FCF	- 0.020	- 0.335	- 0.073	- 0.021	0.030	0.282	0.097
Tan	0.239	0.001	0.102	0.206	0.342	0.748	0.175
Inv	0.051	- 0.285	- 0.005	0.032	0.091	0.520	0.113
Age	1.885	0	1.324	2.092	2.528	2.996	0.783
Size	21.595	18.807	20.775	21.453	22.253	25.827	1.258

Panel B EVA 考核、负债融资与过度投资（N = 2859）						
$Over\_Inv_1$	0.086	1.33E - 13	0.018	0.048	0.110	1.849	0.108
$Debt_2$	0.217	0	0.078	0.195	0.314	0.863	0.174
$Debt_3$	0.070	0	0	0.024	0.100	0.483	0.104
$Debt_4$	0.147	0	0.039	0.122	0.218	0.725	0.135
Growth	0.187	- 0.871	- 0.010	0.142	0.306	2.790	0.436
Ret	0.030	- 0.413	0.013	0.035	0.063	0.195	0.078
DN	2.174	1.609	2.079	2.197	2.197	2.708	0.203
ADM	0.115	0.007	0.044	0.074	0.113	1.460	0.183
FCF	- 0.022	- 0.363	- 0.073	- 0.022	0.027	0.260	0.095
Tan	0.233	0.001	0.102	0.202	0.337	0.719	0.166
Inv	0.053	- 0.294	- 0.002	0.037	0.095	0.500	0.113
Age	1.913	0	1.367	2.127	2.547	2.999	0.784
Size	21.604	18.768	20.772	21.495	22.297	25.333	1.228

续表

	Panel C EVA 考核、负债融资与投资不足（N = 4197）						
变量	均值	最小值	25% 分位	中值	75% 分位	最大值	标准差
$Under\_Inv_2$	0.057	3.88E − 07	0.021	0.043	0.072	0.387	0.056
$Debt_2$	0.183	0	0.029	0.147	0.279	0.853	0.177
$Debt_3$	0.052	0	0	0.001	0.068	0.437	0.092
$Debt_4$	0.129	0	0.013	0.095	0.200	0.690	0.136
Growth	0.211	− 0.905	− 0.015	0.134	0.291	4.502	0.607
Ret	0.039	− 0.234	0.013	0.037	0.067	0.228	0.064
DN	2.170	1.609	2.079	2.197	2.197	2.708	0.205
ADM	0.104	0.007	0.042	0.071	0.112	1.207	0.146
FCF	− 0.019	− 0.327	− 0.073	− 0.021	0.033	0.312	0.099
Tan	0.244	0.001	0.101	0.208	0.347	0.760	0.180
Inv	0.049	− 0.277	− 0.006	0.029	0.086	0.538	0.113
Age	1.866	0	1.298	2.077	2.508	2.995	0.782
Size	21.591	18.807	20.777	21.432	22.210	26.221	1.287

二　相关性分析

在进行多元回归分析前，本章对模型（7 - 1）、模型（7 - 2）和模型（7 - 3）的相关变量进行了 Spearman 相关性检验，旨在估测模型（7 - 1）、模型（7 - 2）和模型（7 - 3）各自变量之间的 Spearman 相关系数。表 7 - 3 的相关性系数检验结果显示，模型（7 - 1）、模型（7 - 2）和模型（7 - 3）中的各自变量两两之间的相关系数的绝对值均小于 0.5，说明模型（7 - 1）、模型（7 - 2）和模型（7 - 3）各自变量之间的相关性较小，不存在严重的多重共线性问题，因此，不会对模型的回归结果造成不利影响。

三　多元回归分析

（一）EVA 考核、金融性负债与非效率投资

为了检验本书假设 H7 - 1 的理论预期，本章采用模型（7 - 1）、模型（7 - 2）和模型（7 - 3a）来分析 EVA 考核对非效率投资（包括总体非效率投资、总体过度投资和总体投资不足）的直接影响、

表 7 - 3　　　　　主要变量的相关性分析

Panel A EVA 考核、负债融资与非效率投资 （N = 7056）

	Ine_Inv$_0$	Debt$_2$	Debt$_3$	Debt$_4$	Growth	Ret	DN	ADM	FCF	Tan	Inv	Age	Size
Ine_Inv$_0$	1												
Debt$_2$	0.042***	1											
Debt$_3$	0.007	0.830***	1										
Debt$_4$	0.059***	0.622***	0.092***	1									
Growth	0.012	0.015	-0.024**	0.069***	1								
Ret	-0.005	-0.308***	-0.333***	-0.075***	0.221***	1							
DN	-0.015	0.093***	0.030**	0.127***	0.016	0.020*	1						
ADM	0.048***	0.026**	0.071***	-0.069***	-0.153***	-0.308***	-0.111***	1					
FCF	0.051***	-0.157***	-0.165***	-0.049***	0.067***	0.295***	0.038***	-0.082***	1				
Tan	0.072***	0.279***	0.173***	0.255***	-0.041***	-0.133***	0.165***	-0.077***	0.085***	1			
Inv	0.025**	0.011	-0.032***	0.069***	0.197***	0.199***	0.036***	-0.154***	0.086***	0.164***	1		
Age	0.005	0.145***	0.074***	0.156***	-0.019	-0.153***	-0.003	0.088***	-0.016	0.029**	-0.231***	1	
Size	-0.081***	0.163***	-0.015	0.311***	0.056***	0.110***	0.246***	-0.316***	0.037***	0.116***	0.140***	0.117***	1

续表

Panel B EVA 考核、负债融资与过度投资（N=2859）

	Ine_Inv$_0$	Debt$_2$	Debt$_3$	Debt$_4$	Growth	Ret	DN	ADM	FCF	Tan	Inv	Age	Size
Ine_Inv$_0$	1												
Debt$_2$	0.03	1											
Debt$_3$	-0.023	0.807***	1										
Debt$_4$	0.092***	0.631***	0.070***	1									
Growth	0.026	0.023	-0.009	0.054***	1								
Ret	0.084***	-0.253***	-0.283***	-0.038**	0.243***	1							
DN	0.002	0.112***	0.039**	0.139***	0.047**	0.026	1						
ADM	-0.038**	0.006	0.053***	-0.073***	-0.176***	-0.428***	-0.126***	1					
FCF	0.110***	-0.111***	-0.114***	-0.027	0.067***	0.248***	0.054***	-0.102***	1				
Tan	0.050***	0.254***	0.143***	0.242***	-0.014	-0.084***	0.175***	-0.092***	0.113***	1			
Inv	0.021	0.024	-0.016	0.061***	0.165***	0.253***	0.051***	-0.173***	0.094***	0.187***	1		
Age	-0.016	0.104***	0.019	0.156***	-0.066***	-0.165***	0.002	0.086***	-0.016	-0.050***	-0.256***	1	
Size	-0.066***	0.191***	-0.006	0.323***	0.098***	0.181***	0.273***	-0.342***	0.035	0.162***	0.166***	0.179***	1

续表

Panel C EVA 考核、负债融资与投资不足 (N=4197)

	Ine_Inv$_0$	Debt$_2$	Debt$_3$	Debt$_4$	Growth	Ret	DN	ADM	FCF	Tan	Inv	Age	Size
Ine_Inv$_0$	1												
Debt$_2$	0.065***	1											
Debt$_3$	0.057***	0.838***	1										
Debt$_4$	0.01	0.618***	0.105***	1									
Growth	0.017	0.025	-0.017	0.079***	1								
Ret	-0.100***	-0.310***	-0.334***	-0.084***	0.194***	1							
DN	-0.042***	0.080***	0.024	0.118***	-0.012	0.016	1						
ADM	0.173***	-0.005	0.034*	-0.090***	-0.130***	-0.218***	-0.101***	1					
FCF	-0.013	-0.162***	-0.174***	-0.054***	0.065***	0.328***	0.028*	-0.070***	1				
Tan	0.125***	0.298***	0.196***	0.269***	-0.053***	-0.166***	0.160***	-0.067***	0.069***	1			
Inv	0.025	0.018	-0.024	0.077***	0.215***	0.157***	0.025*	-0.138***	0.081***	0.152***	1		
Age	0.022	0.168***	0.109***	0.154***	0.016	-0.137***	-0.007	0.089***	-0.015	0.081***	-0.214***	1	
Size	-0.118***	0.155***	-0.001	0.305***	0.024	0.061***	0.227***	-0.306***	0.038**	0.087***	0.120***	0.073***	1

注：***、**、*分别表示 1%、5% 和 10% 的显著性水平。

EVA 考核对中介变量金融性负债的影响以及 EVA 考核和中介变量金融性负债对非效率投资的影响。模型（7－1）和模型（7－3a）的被解释变量分别为总体非效率投资（Ine_Inv$_0$）、总过度投资（Over_Inv$_1$）和总投资不足（Under_Inv$_2$）；模型（7－2）的被解释变量为金融性负债（Debt$_2$）。接下来，本书采用温忠麟和叶宝娟（2014）提出的新的中介效应检验流程，对模型（7－1）、模型（7－2）和模型（7－3a）的结果进行分析。

表 7－4 为检验金融性负债在 EVA 考核治理总体非效率投资过程中所起到的作用影响。①模型（7－1）的结果显示，交乘项系数 $\alpha_{0,3}$ 在 1% 的水平上显著为负；因此，根据检验流程，暂按照中介效应立论，并进行下一步检验。②模型（7－2）和模型（7－3a）的回归结果显示，系数 $\beta_{2,3}$ 和 $\gamma_{0,4}$ 均显著为正，且显著性水平均为 1%。因此，直接进行第四步检验。③模型（7－3a）的回归结果中，系数 $\gamma_{0,3}$ 在 1% 的水平上显著为负，表明 EVA 考核影响总体非效率投资的直接效应显著，进行第五步检验。④$\beta_{2,3}\gamma_{0,4}$ 的符号为正，而 $\gamma_{0,3}$ 的符号为负；两者符号不同。因此，可以判断，金融性负债在 EVA 考核治理总体非效率投资过程中发挥了遮掩作用，即金融性负债的增加加剧了企业非效率投资的程度，该遮掩效应占总效应的比例为 4%（$|\beta_{2,3}\gamma_{0,4}/\gamma_{0,3}| = 0.43 \times 0.025/0.027$）。

表 7－4 　　　　　　　　**金融性负债的遮掩效应检验结果**
（EVA 考核——总体非效率投资）

模型 变量	(7－1) Ine_Inv$_0$	(7－2) Debt$_2$	(7－3a) Ine_Inv$_0$
Property	0.013 *** (3.43)	－ 0.067 *** (－9.00)	0.014 *** (3.83)
Property × After	－ 0.026 *** (－5.61)	0.043 *** (4.75)	－ 0.027 *** (－5.80)
After	－ 0.006 (－1.16)	－ 0.042 *** (－4.47)	0.0006 (0.11)

续表

变量 \ 模型	(7-1)	(7-2)	(7-3a)
	Ine_Inv_0	$Debt_2$	Ine_Inv_0
$Debt_2$			0.025***
			(3.71)
Growth	0.003	0.010**	0.002
	(1.05)	(2.19)	(0.92)
Ret	-0.003	-0.617***	0.015
	(-0.16)	(-12.97)	(0.68)
FCF	0.036**	-0.208***	0.041***
	(2.50)	(-9.37)	(2.85)
DN	-0.009*		-0.009*
	(-1.84)		(-1.83)
ADM	0.010		0.010
	(1.16)		(1.21)
Inv		0.094***	
		(4.94)	
Tan		0.156***	
		(10.88)	
Size	-0.005***	0.031***	-0.006***
	(-5.13)	(17.59)	(-5.78)
Age	0.003**	0.022***	0.002
	(1.99)	(8.96)	(1.62)
Con	0.138***	-0.318***	0.140***
	(6.46)	(-8.92)	(6.49)
Industry	Control	Control	Control
Year	Control	Control	Control
N	7056	7056	7056
$Adj-R^2$	0.3472	0.2870	0.3663
Bootstrap 检验	z = 2.6		P = 0.009
	95% confidence interval (0.00028, 0.00201)		

注：***、**和*分别表示 0.01、0.05 和 0.1 的显著性水平（双尾检验），括号内数据为对应系数的 T 统计量。

进一步地，表 7 - 5 为检验金融性负债在 EVA 考核治理总体过度投资过程中所起到的作用影响。①模型（7 - 1）的结果显示，交乘项系数 $\alpha_{1,3}$ 在 1% 的水平上显著为负；因此，暂按照中介效应立论，并进行下一步检验。②模型（7 - 2）和模型（7 - 3a）的回归结果显示，系数 $\beta_{2,3}$ 和 $\gamma_{1,4}$ 均显著为正，显著性水平分别为 1% 和 10%。因此，直接进行第四步检验。③模型（7 - 3a）的回归结果中，系数 $\gamma_{1,3}$ 在 1% 的水平上显著为负，说明 EVA 考核影响总体过度投资的直接效应显著，进行第五步检验。④$\beta_{2,3}\gamma_{1,4}$ 的符号为正，而 $\gamma_{1,3}$ 的符号为负；两者符号不同。因此，可以判断，金融性负债在 EVA 考核治理总体过度投资过程中发挥了遮掩作用，即金融性负债的增加加剧了中央企业总体过度投资的程度，该遮掩效应占总效应的比例为 4.81%（$|\beta_{2,3}\gamma_{1,4}/\gamma_{1,3}| = 0.055 \times 0.042/0.048$）。

表 7 - 5　　　　　　　金融性负债的遮掩效应检验结果

（EVA 考核——总体过度投资）

模型 变量	（7 - 1） Over_Inv$_1$	（7 - 2） Debt$_2$	（7 - 3a） Over_Inv$_1$
Property	0.027 *** (3.47)	- 0.061 *** (- 5.49)	0.030 *** (3.63)
Property × After	- 0.045 *** (- 4.58)	0.055 *** (3.88)	- 0.048 *** (- 5.10)
After	- 0.0038 (- 0.35)	- 0.086 *** (- 5.94)	0.0001 (0.01)
Debt$_2$			0.042 * (1.68)
Growth	0.003 (0.53)	0.014 (1.63)	0.002 (0.41)
Ret	0.105 *** (3.12)	- 0.543 *** (- 7.55)	0.129 *** (3.25)

续表

模型 变量	(7-1) Over_Inv₁	(7-2) Debt₂	(7-3a) Over_Inv₁
FCF	0.080 ** (2.44)	-0.192 *** (-5.46)	0.087 ** (2.50)
DN	-0.013 (-1.34)		-0.013 (-1.32)
ADM	-0.024 * (-1.85)		-0.023 * (-1.74)
Inv		0.117 *** (3.84)	
Tan		0.129 *** (5.41)	
Size	-0.011 *** (-4.70)	0.033 *** (11.63)	-0.013 *** (-4.55)
Age	0.007 ** (2.52)	0.017 *** (4.28)	0.007 ** (2.33)
Con	0.260 *** (5.61)	-0.305 *** (-5.56)	0.274 *** (5.68)
Industry	Control	Control	Control
Year	Control	Control	Control
N	2859	2859	2859
Adj-R²	0.4529	0.2782	0.4790
Bootstrap 检验	z = 1.87		P = 0.061
	95% confidence interval (0.00007, 0.00309)		

注：***、**和*分别表示 0.01、0.05 和 0.1 的显著性水平（双尾检验），括号内数据为对应系数的 T 统计量。

表 7-6 为检验金融性负债在 EVA 考核治理总体投资不足过程中所起到的作用影响。①模型（7-1）的结果显示，交乘项系数 $\alpha_{2,3}$ 在 1% 的水平上显著为负；因此，暂按照中介效应立论，并进行下一步检验。②模型（7-2）的系数 $\beta_{2,3}$ 在 1% 的水平上显著为正；

而模型（7 - 3a）的系数 $\gamma_{2,4}$ 为正，但不显著。因此，根据检验流程，需进行第三步的 Bootstrap 检验。③Bootstrap 检验的结果显示，z 值为 1.12，P 值为 0.264，置信区间为（ - 0.00026，0.00096），并未通过统计显著性检验，停止检验。该结果表明，金融性负债并不是 EVA 考核治理中央企业投资不足的中介变量，其未表现出遮掩效应。这可能是因为导致中央企业的投资不足的原因并不仅有股东与经理人之间的代理问题，也存在一定的政策性约束、技术判断性失误或难以获取足够投资资本等因素。

由此，本书的假设 7 - 1 基本得到验证。

表 7 - 6 　　　　　　　　　金融性负债的遮掩效应检验结果

（EVA 考核——总体投资不足）

模型 变量	（7 - 1） Under_Inv$_2$	（7 - 2） Debt$_2$	（7 - 3a） Under_Inv$_2$
Property	0.003 （1.06）	- 0.070 *** （ - 7.16）	0.005 （1.44）
Property × After	- 0.011 *** （ - 2.88）	0.037 *** （3.19）	- 0.012 *** （ - 3.11）
After	- 0.003 （ - 0.57）	- 0.095 *** （ - 6.05）	- 0.001 （ - 0.21）
Debt$_2$			0.018 （1.39）
Growth	0.004 ** （1.99）	0.009 * （1.95）	0.004 * （1.92）
Ret	- 0.073 *** （ - 3.24）	- 0.666 *** （ - 10.69）	- 0.060 ** （ - 2.55）
FCF	0.009 （0.96）	- 0.213 *** （ - 7.59）	0.013 （1.31）
DN	- 0.008 * （ - 1.74）		- 0.008 * （ - 1.72）

续表

模型 变量	(7-1) Under_Inv$_2$	(7-2) Debt$_2$	(7-3a) Under_Inv$_2$
ADM	0.048*** (4.28)		0.049*** (4.36)
Inv		0.071*** (2.94)	
Tan		0.176*** (9.60)	
Size	-0.003*** (-4.05)	0.029*** (13.27)	-0.004*** (-4.56)
Age	0.0002 (0.20)	0.023*** (7.70)	-0.0002 (-0.13)
Con	0.151*** (7.81)	-0.552*** (-10.31)	0.160*** (8.11)
Industry	Control	Control	Control
Year	Control	Control	Control
N	4197	4197	4197
Adj-R^2	0.3015	0.3037	0.3339
Bootstrap 检验	z = 1.12		P = 0.264
	95% confidence interval (-0.00026, 0.00096)		

注：***、**和*分别表示0.01、0.05和0.1的显著性水平（双尾检验），括号内数据为对应系数的T统计量。

（二）EVA 考核、长短期借款与非效率投资

表7-7、表7-8和表7-9分别为长短期银行借款在EVA考核治理总体非效率投资、总体过度投资和总体投资不足过程中所发挥的作用。

表7-7中：（1）①模型（7-1）的结果显示，交乘项系数$\alpha_{0,3}$在1%的水平上显著为负；因此，暂按照中介效应立论，并进行下一步检验。②模型（7-2）和模型（7-3b）的回归结果显示，系数$\beta_{3,3}$和$\delta_{0,4}$分别在5%和1%的水平下显著为正。因此，直接进

行第四步检验。③模型（7－3b）的回归结果中，系数 $\delta_{0,3}$ 在 1% 的水平上显著为负，说明 EVA 考核影响总体非效率投资的直接效应显著，进行第五步检验。④$\beta_{3,3}\delta_{0,4}$ 的符号为正，而 $\delta_{0,3}$ 的符号为负；两者符号不同。因此，可以判断，长期银行借款在 EVA 考核治理总体非效率投资过程中发挥了遮掩作用，即长期银行借款的增加加剧了中央企业总体非效率投资的程度，该遮掩效应占总效应的比例为 3.42%（$|\beta_{3,3}\delta_{0,4}/\delta_{0,3}| = 0.012 \times 0.077/0.027$）。（2）①模型（7－1）的结果显示，交乘项系数 $\alpha_{0,3}$ 在 1% 的水平上显著为负；因此，暂按照中介效应立论，并进行下一步检验。②模型（7－2）的系数 $\beta_{4,3}$ 在 1% 的水平上显著为正；而模型（7－3b）的系数 $\delta_{0,5}$ 为正，但不显著。因此，根据检验流程，需进行第三步的 Bootstrap 检验。③Bootstrap 检验的结果显示，z 值为 0.39，P 值为 0.696，置信区间为（－0.00034，0.00051），并未通过统计显著性检验。这说明，短期银行借款并不是 EVA 考核治理中央企业非效率投资的中介变量，其未表现出遮掩效应。

表 7－7　　　　　长短期银行借款的遮掩效应检验结果

（EVA 考核——总体非效率投资）

模型 变量	（7－1） Ine_Inv$_0$	（7－2） Debt$_3$	（7－2） Debt$_4$	（7－3b） Ine_Inv$_0$
Property	0.013 *** (3.43)	－0.004 （－1.15）	－0.061 *** （－10.88）	0.013 *** (3.54)
Property × After	－0.026 *** （－5.61）	0.012 ** (2.56)	0.028 *** (4.08)	－0.027 *** （－5.85）
After	－0.006 （－1.16）	－0.004 （－0.87）	－0.036 *** （－4.48）	－0.001 （－0.23）
Debt$_3$				0.077 *** (5.57)
Debt$_4$				0.0003 (0.04)

续表

模型 变量	(7-1)	(7-2)	(7-2)	(7-3b)
	Ine_Inv$_0$	Debt$_3$	Debt$_4$	Ine_Inv$_0$
Growth	0.003 (1.05)	0.003 (1.16)	0.008** (2.10)	0.002 (0.89)
Ret	-0.003 (-0.16)	-0.066*** (-3.89)	-0.526*** (-13.08)	0.005 (0.21)
FCF	0.036** (2.50)	-0.062*** (-5.62)	-0.144*** (-8.00)	0.041*** (2.80)
DN	-0.009* (-1.84)			-0.008* (-1.74)
ADM	0.010 (1.16)			0.011 (1.29)
Inv		0.068*** (6.38)	0.028* (1.85)	
Tan		0.075*** (9.60)	0.085*** (7.45)	
Size	-0.005*** (-5.13)	0.018*** (19.83)	0.013*** (8.99)	-0.007*** (-6.36)
Age	0.003** (1.99)	0.008*** (6.79)	0.014*** (6.92)	0.002 (1.62)
Con	0.138*** (6.46)	-0.40*** (-21.18)	0.085*** (2.99)	0.165*** (7.34)
Industry	Control	Control	Control	Control
Year	Control	Control	Control	Control
N	7056	7056	7056	7056
Adj-R^2	0.3472	0.3531	0.2037	0.3501

Bootstrap 检验			
Debt$_3$	z=2.25		P=0.025
	95% confidence interval (0.00011, 0.00163)		
Debt$_4$	z=0.39		P=0.696
	95% confidence interval (-0.00034, 0.00051)		

注：***、**和*分别表示0.01、0.05和0.1的显著性水平（双尾检验），括号内数据为对应系数的 T 统计量。

表 7-8 中：（1）①模型（7-1）的结果显示，交乘项系数 $\alpha_{1,3}$ 在 1% 的水平上显著为负；因此，暂按照中介效应立论，并进行下一步检验。②模型（7-2）和模型（7-3b）的回归结果显示，系数 $\beta_{3,3}$ 和 $\delta_{1,4}$ 均显著为正，显著性水平分别为 5% 和 1%。因此，直接进行第四步检验。③模型（7-3b）的回归结果中，系数 $\delta_{1,3}$ 在 1% 的水平上显著为负，说明 EVA 考核影响总体过度投资的直接效应显著，进行第五步检验。④$\beta_{3,3}\delta_{1,4}$ 的符号为正，而 $\delta_{1,3}$ 的符号为负；两者符号不同。因此，可以判断，长期银行借款在 EVA 考核治理总体过度投资过程中发挥了遮掩作用，即长期银行借款的增加加剧了中央企业总体过度投资的程度，该遮掩效应占总效应的比例为 5.5%（$|\beta_{3,3}\delta_{1,4}/\delta_{1,3}| = 0.019 \times 0.139/0.048$）。（2）①模型（7-1）的结果显示，交乘项系数 $\alpha_{1,3}$ 在 1% 的水平上显著为负；因此，暂按照中介效应立论，并进行下一步检验。②模型（7-2）的系数 $\beta_{4,3}$ 在 1% 的水平上显著为正；而模型（7-3b）的系数 $\delta_{1,5}$ 为正，但不显著。因此，根据检验流程，需进行第三步的 Bootstrap 检验。③Bootstrap 检验的结果显示，z 值为 0.00，P 值为 0.212，置信区间为（-0.00176，0.000391），并未通过统计显著性检验。这说明，短期银行借款并不是 EVA 考核治理中央企业过度投资的中介变量，其未表现出遮掩效应。

表 7-8　　　　　长短期银行借款的遮掩效应检验结果
（EVA 考核——总体过度投资）

模型 变量	（7-1） Over_Inv$_1$	（7-2） Debt$_3$	（7-2） Debt$_4$	（7-3b） Over_Inv$_1$
Property	0.027 *** （3.47）	-0.005 （-0.82）	-0.054 *** （-6.41）	0.028 *** （3.35）
Property × After	-0.045 *** （-4.58）	0.019 ** （2.30）	0.037 *** （3.27）	-0.048 *** （-5.23）
After	-0.0038 （-0.35）	-0.004 （-0.48）	-0.082 *** （-6.25）	-0.003 （-0.23）

◇ EVA 考核、负债融资与企业投资效率

续表

模型 变量	(7 - 1) Over_Inv$_1$	(7 - 2) Debt$_3$	(7 - 2) Debt$_4$	(7 - 3b) Over_Inv$_1$
Debt$_3$				0.139*** (3.65)
Debt$_4$				0.0003 (0.01)
Growth	0.003 (0.53)	0.0007 (0.17)	0.013** (2.02)	0.003 (0.46)
Ret	0.105*** (3.12)	-0.040 (-1.44)	-0.479*** (-7.79)	0.112*** (2.70)
FCF	0.080** (2.44)	-0.058*** (-3.03)	-0.127*** (-4.42)	0.087** (2.45)
DN	-0.01317498 (-1.34)			-0.012 (-1.21)
ADM	-0.024* (-1.85)			-0.023* (-1.76)
Inv		0.071*** (4.15)	0.046* (1.90)	
Tan		0.069*** (4.99)	0.067*** (3.59)	
Size	-0.011*** (-4.70)	0.017*** (10.97)	0.015*** (6.51)	-0.014*** (-4.74)
Age	0.007** (2.52)	0.011*** (5.53)	0.006** (1.98)	0.006** (2.12)
Con	0.260*** (5.61)	-0.391*** (-12.30)	0.100** (2.28)	0.317*** (6.29)
Industry	Control	Control	Control	Control
Year	Control	Control	Control	Control
N	2859	2859	2859	2859
Adj - R^2	0.4529	0.3710	0.1876	0.4670

续表

模型 变量	(7-1) Over_Inv$_1$	(7-2) Debt$_3$	(7-2) Debt$_4$	(7-3b) Over_Inv$_1$
Bootstrap 检验	Debt$_3$	z = 2.47		P = 0.013
		95% confidence interval (0.00042, 0.00362)		
	Debt$_4$	z = 0.00		P = 0.212
		95% confidence interval (-0.00176, 0.000391)		

注：＊＊＊、＊＊和＊分别表示0.01、0.05和0.1的显著性水平（双尾检验），括号内数据为对应系数的 T 统计量。

表7-9中：（1）①模型（7-1）的结果显示，交乘项系数 $\alpha_{2,3}$ 在1%的水平上显著为负；因此，暂按照中介效应立论，并进行下一步检验。②模型（7-2）的系数 $\beta_{3,3}$ 在10%的水平上显著为正；而模型（7-3b）的系数 $\delta_{2,4}$ 为正，但不显著。因此，根据检验流程，需进行第三步的 Bootstrap 检验。③Bootstrap 检验的结果显示，z 值为 0.74，P 值为 0.461，置信区间为（-0.0002931，0.0006462），并未通过统计显著性检验。这说明，长期银行借款并不是 EVA 考核治理中央企业投资不足的中介变量，其未表现出遮掩效应。（2）①模型（7-1）的结果显示，交乘项系数 $\alpha_{2,3}$ 在1%的水平上显著为负；因此，暂按照中介效应立论，并进行下一步检验。②模型（7-2）的系数 $\beta_{4,3}$ 在5%的水平上显著为正；而模型（7-3b）的系数 $\delta_{2,5}$ 为正，但不显著。因此，根据检验流程，需进行第三步的 Bootstrap 检验。③Bootstrap 检验的结果显示，z 值为 0.30，P 值为 0.765，置信区间为（-0.00034，0.00025），并未通过统计显著性检验。这说明，短期银行借款并不是 EVA 考核治理中央企业投资不足的中介变量，其未表现出遮掩效应。

由此，本书的假设7-2得到验证。

表 7 - 9 　　　　长短期银行借款的遮掩效应检验结果
（ EVA 考核——总体投资不足 ）

模型 变量	(7 - 1) Under_Inv$_2$	(7 - 2) Debt$_3$	(7 - 2) Debt$_4$	(7 - 3b) Under_Inv$_2$
Property	0.003 (1.06)	- 0.005 (- 1.13)	- 0.063 *** (- 8.60)	0.004 (1.34)
Property × After	- 0.011 *** (- 2.88)	0.011 * (1.83)	0.022 ** (2.49)	- 0.011 *** (- 3.04)
After	- 0.003 (- 0.57)	0.005 (0.80)	- 0.090 *** (- 7.01)	- 0.001 (- 0.30)
Debt$_3$				0.011 (0.90)
Debt$_4$				0.014 (1.51)
Growth	0.004 ** (1.99)	0.004 * (1.69)	0.006 (1.44)	0.004 * (1.94)
Ret	- 0.073 *** (- 3.24)	- 0.072 *** (- 3.60)	- 0.571 *** (- 11.01)	- 0.063 *** (- 2.65)
FCF	0.009 (0.96)	- 0.065 *** (- 5.02)	- 0.149 *** (- 6.59)	0.012 (1.22)
DN	- 0.008 * (- 1.74)			- 0.008 * (- 1.73)
ADM	0.048 *** (4.28)			0.049 *** (4.35)
Inv		0.059 *** (4.36)	0.015 (0.79)	
Tan		0.082 *** (8.95)	0.093 *** (6.30)	
Size	- 0.003 *** (- 4.05)	0.017 *** (15.87)	0.012 *** (6.89)	- 0.004 *** (- 4.37)
Age	0.0002 (0.20)	0.006 *** (4.04)	0.017 *** (6.97)	- 0.00007 (- 0.06)
Con	0.151 *** (7.81)	- 0.364 *** (- 11.81)	- 0.201 *** (- 3.53)	0.157 *** (8.00)
Industry	Control	Control	Control	Control
Year	Control	Control	Control	Control

续表

模型 变量	(7 – 1) Under_Inv$_2$	(7 – 2) Debt$_3$	(7 – 2) Debt$_4$	(7 – 3b) Under_Inv$_2$
N	4197	4197	4197	4197
Adj – R^2	0.3015	0.3593	0.2277	0.3222
Bootstrap 检验	Debt$_3$	z = 0.74		P = 0.461
		95% confidence interval （ – 0.0002931，0.0006462）		
	Debt$_4$	z = 0.30		P = 0.765
		95% confidence interval （ – 0.00034，0.00025）		

注：＊＊＊、＊＊和＊分别表示 0.01、0.05 和 0.1 的显著性水平（双尾检验），括号
内数据为对应系数的 T 统计量。

四 稳健性检验

（一）采用 Sobel 检验替代 Boostrap 检验

借鉴杨林和俞安平（2016）的研究，本书采用 Sobel 检验替代
Boostrap 检验，对金融性负债、长期借款和短期借款的遮掩效应进
行重新检验。Sobel 检验法使用的前提是要保证检验系数服从正态分
布；因此，本书借鉴甄红线等（2015）的研究，将所有连续变量进
行了中心化处理（即变量的均值为 0）。接下来，按照中介效应检验
流程重新进行检验。表 7 – 10 为金融性负债在 EVA 考核治理非效率
投资过程中的遮掩效应的稳健性检验。结果显示，金融性负债在
EVA 考核治理总体非效率投资过程中起到了遮掩作用，金融性负债
的增加加剧了中央企业的过度投资行为，但对投资不足没有影响。
表 7 – 11 为长短期借款在 EVA 考核治理非效率投资过程中的遮掩效
应的稳健性检验。从结果上看，长期银行借款在 EVA 考核治理非效
率投资过程中发挥了遮掩作用，这种遮掩效应主要表现在 EVA 考核
抑制过度投资的过程中，对投资不足没有影响。同时，短期银行借
款的增加并没有影响到 EVA 考核治理非效率投资的效果。本章的稳
健性结果与前文的实证结果保持一致。

表 7 - 10　　金融性负债的遮掩效应的稳健性检验（Sobel 法）

变量	总体非效率投资			总体过度投资			总体投资不足		
模型	(7-1) Ine_Inv$_0$	(7-2) Debt$_2$	(7-3a) Ine_Inv$_1$	(7-1) Over_Inv$_1$	(7-2) Debt$_2$	(7-3a) Over_Inv$_1$	(7-1) Under_Inv$_2$	(7-2) Debt$_2$	(7-3a) Under_Inv$_2$
Property	0.011*** (3.11)	-0.067*** (-9.00)	0.013*** (3.60)	0.025*** (3.25)	-0.058*** (-5.03)	0.026*** (3.45)	0.003 (0.91)	-0.070*** (-7.14)	0.004 (1.13)
Property × After	-0.026*** (-6.10)	0.043*** (4.75)	-0.028*** (-6.55)	-0.047*** (-5.31)	0.053*** (3.81)	-0.048*** (-5.45)	-0.010*** (-2.67)	0.034*** (3.15)	-0.012*** (-3.33)
After	-0.006 (-1.14)	-0.042*** (-4.47)	-0.004 (-0.67)	-0.003 (-0.28)	-0.083*** (-5.87)	-0.0008 (-0.07)	-0.003 (-0.66)	-0.095*** (-6.01)	-0.001 (-0.15)
Debt$_2$			0.027*** (3.85)			0.028** (2.11)			0.009 (1.28)
Con	-0.054*** (-8.35)	0.223*** (17.13)	-0.054*** (-7.20)	-0.078*** (-6.20)	0.236*** (11.61)	-0.087*** (-5.47)	0.023*** (2.59)	-0.024* (-1.74)	0.015** (2.44)
Control	Yes	Yes	Yes	Yes	Yes	Yes	Yes	Yes	Yes
Industry	Control	Control	Control	Control	Control	Control	Control	Control	Control
Year	Control	Control	Control	Control	Control	Control	Control	Control	Control
N	7056	7056	7056	2859	2859	2859	4197	4197	4197
Adj – R^2	0.3461	0.286	0.3508	0.4831	0.2790	0.4848	0.3729	0.3031	0.3876
Sobel 检验	z = 3.381　P = 0.0007			z = 1.958　P = 0.0503			z = 1.548　P = 0.1217		

注：***、 ** 和 * 分别表示 0.01、0.05 和 0.1 的显著性水平（双尾检验），括号内数据为对应系数的 T 统计量。

表 7 - 11　　长短期借款的遮掩效应的稳健性检验（Sobel 法）

模型／变量	总体非效率投资 (7-1) Ine_Inv$_0$	总体非效率投资 (7-2) Debt$_3$	总体非效率投资 (7-2) Debt$_4$	总体非效率投资 (7-3b) Ine_Inv$_0$	总体过度投资 (7-1) Over_Inv$_1$	总体过度投资 (7-2) Debt$_3$	总体过度投资 (7-2) Debt$_4$	总体过度投资 (7-3b) Over_Inv$_1$	总体投资不足 (7-1) Under_Inv$_2$	总体投资不足 (7-2) Debt$_3$	总体投资不足 (7-2) Debt$_4$	总体投资不足 (7-3b) Under_Inv$_2$
Property	0.011*** (3.11)	-0.005 (-1.18)	-0.060*** (10.86)	0.012*** (3.23)	0.025*** (3.25)	-0.004 (-0.81)	-0.055*** (-6.42)	0.029*** (4.31)	0.003 (0.91)	-0.004 (-1.13)	-0.061*** (-8.58)	0.003 (1.07)
Property × After	-0.026*** (-6.10)	0.012** (2.57)	0.029*** (4.10)	-0.027*** (-6.53)	-0.047*** (-5.31)	0.017** (2.29)	0.035*** (3.26)	-0.049*** (-5.69)	-0.010*** (-2.67)	0.013* (1.84)	0.023** (2.51)	-0.012*** (-3.27)
After	-0.006 (-1.14)	-0.003 (-0.85)	-0.036*** (-4.47)	-0.004 (-0.80)	-0.003 (-0.28)	-0.004 (-0.47)	-0.080*** (-6.23)	-0.001 (-0.10)	-0.003 (-0.66)	0.005 (0.79)	-0.088*** (-6.99)	-0.001 (-0.18)
Debt$_3$				0.073*** (5.55)				0.112*** (5.08)				-0.004 (-0.33)
Debt$_4$				0.003 (0.37)				-0.015 (-0.97)				0.008 (0.88)
Con	-0.054*** (-8.35)	-0.027*** (-3.87)	0.250*** (23.18)	-0.047*** (-6.16)	-0.078*** (-6.20)	-0.042*** (-3.70)	0.280*** (15.81)	-0.012** (-2.27)	0.023*** (2.59)	-0.00001 (-0.00)	-0.031 (-0.67)	0.015** (2.44)

◆EVA考核、负债融资与企业投资效率

续表

模型／变量	总体非效率投资				总体过度投资				总体投资不足			
	(7-1)	(7-2)	(7-2)	(7-3b)	(7-1)	(7-2)	(7-2)	(7-3b)	(7-1)	(7-2)	(7-2)	(7-3b)
	Ine_Inv_0	$Debt_3$	$Debt_4$	Ine_Inv_0	$Over\_Inv_1$	$Debt_3$	$Debt_4$	$Over\_Inv_1$	$Under\_Inv_2$	$Debt_3$	$Debt_4$	$Under\_Inv_2$
Control	Yes	Yes	Yes	Yes	Yes	Yes	Yes	Yes	Yes	Yes	Yes	Yes
Industry	Control	Control	Control	Control	Control	Control	Control	Control	Control	Control	Control	Control
Year	Control	Control	Control	Control	Control	Control	Control	Control	Control	Control	Control	Control
N	7056	7056	7056	7056	2859	2859	2859	2859	4197	4197	4197	4197
Adj-R²	0.3461	0.3512	0.2044	0.3539	0.4831	0.3657	0.1895	0.4713	0.3729	0.3581	0.2286	0.3873
Sobel检验	$Debt_3$	z=2.503	P=0.0123		$Debt_3$	z=2.116	P=0.0344		$Debt_3$	z=-0.371	P=0.710	
	$Debt_4$	z=0.412	P=0.6802		$Debt_4$	z=-1.192	P=0.2333		$Debt_4$	z=1.091	P=0.275	

注：***，**和*分别表示0.01、0.05和0.1的显著性水平（双尾检验），括号内数据为对应系数的T统计量。

表 7-12　　金融性负债的遮掩效应的稳健性检验（采用地方国企样本检验）

模型 变量	总体非效率投资 (7-1) Ine_Inv$_0$	(7-2) Debt$_2$	(7-3a) Ine_Inv$_0$	总体过度投资 (7-1) Over_Inv$_1$	(7-2) Debt$_2$	(7-3a) Over_Inv$_1$	总体投资不足 (7-1) Under_Inv$_2$	(7-2) Debt$_2$	(7-3a) Under_Inv$_2$
EVADUM	0.012 (1.38)	-0.063*** (-7.99)	0.014* (1.86)	0.021 (1.59)	-0.073*** (-6.18)	0.024** (2.09)	0.005* (1.73)	-0.053*** (-4.97)	0.005* (1.81)
EVADUM ×After	-0.016*** (-4.58)	0.069*** (5.28)	-0.017*** (-5.03)	-0.028*** (-3.89)	0.072*** (3.61)	-0.031*** (-4.34)	-0.006** (-2.09)	0.059*** (3.65)	-0.007** (-2.17)
After	0.004* (1.65)	0.018* (1.70)	0.004 (1.53)	0.017 (0.37)	0.016 (0.82)	0.02 (0.44)	-0.001 (-0.65)	-0.034*** (-2.93)	-0.001 (-0.56)
Debt$_2$			0.022*** (5.01)			0.040*** (4.19)			0.004 (1.19)
Con	0.072*** (3.87)	-0.416*** (-6.35)	0.08*** (4.32)	0.110** (2.02)	-0.359** (-2.53)	0.016** (2.32)	0.052*** (3.10)	-0.611*** (-9.17)	0.003** (2.24)
Control	Yes	Yes	Yes	Yes	Yes	Yes	Yes	Yes	Yes
Industry	Control	Control	Control	Control	Control	Control	Control	Control	Control
Year	Control	Control	Control	Control	Control	Control	Control	Control	Control
N	3081	3081	3081	1216	1216	1216	1875	1875	1875
Adj-R^2	0.2619	0.2108	0.2702	0.2740	0.2394	0.2878	0.2026	0.2140	0.2033
Bootstrap 检验	z=3.73　P=0.000 95% confidence interval（0.00071，0.00230）			z=3.10　P=0.002 95% confidence interval（0.00110，0.00489）			z=1.03　P=0.304 95% confidence interval（-0.00023，0.00075）		

注：***、**和*分别表示 0.01、0.05 和 0.1 的显著性水平（双尾检验）；95% confidence interval（双尾检验），括号内数据为对应系数的 T 统计量。

表 7 – 13 长短期借款的遮掩效应的稳健性检验（采用地方国企样本检验）

模型 变量	总体非效率投资				总体过度投资				总体投资不足			
	(7-1) Ine_Inv$_0$	(7-2) Debt$_3$	(7-2) Debt$_4$	(7-3b) Ine_Inv$_0$	(7-1) Over_Inv$_1$	(7-2) Debt$_3$	(7-2) Debt$_4$	(7-3b) Over_Inv$_1$	(7-1) Under_Inv$_2$	(7-2) Debt$_3$	(7-2) Debt$_4$	(7-3b) Under_Inv$_2$
EVADUM	0.012 (1.38)	-0.005 (-1.05)	-0.056*** (-8.80)	0.013 (1.59)	0.021 (1.59)	-0.012 (-1.49)	-0.059*** (-6.03)	0.023* (1.88)	0.005* (1.73)	0.002 (0.30)	-0.054*** (-6.21)	0.004 (1.63)
EVADUM ×After	-0.016*** (-4.58)	0.024*** (2.93)	0.048*** (4.79)	-0.017*** (-5.06)	-0.028*** (-3.89)	0.028** (1.98)	0.045*** (3.05)	-0.031*** (-4.38)	-0.006** (-2.09)	0.017* (1.72)	0.049*** (3.75)	-0.007** (-2.14)
After	0.004* (1.65)	0.016** (2.52)	0.003 (0.35)	0.003 (1.38)	0.017 (0.37)	0.041*** (3.24)	-0.025 (-1.59)	0.027 (0.59)	-0.001 (-0.65)	-0.017** (-2.38)	-0.016 (-1.61)	-0.001 (-0.44)
Debt$_3$				0.047*** (6.19)				0.079*** (5.33)				0.018** (2.57)
Debt$_4$				0.007 (1.30)				0.016 (1.41)				-0.004 (-0.96)
Con	0.072*** (3.87)	-0.374*** (-10.23)	-0.038*** (-2.81)	0.093*** (4.97)	0.110** (2.02)	-0.452*** (-7.47)	0.09*** (2.71)	0.036*** (2.74)	0.052*** (3.10)	-0.419*** (-11.11)	-0.191*** (-3.53)	0.008*** (2.73)
Control	Yes	Yes	Yes	Yes	Yes	Yes	Yes	Yes	Yes	Yes	Yes	Yes

续表

模型 / 变量	总体非效率投资				总体过度投资				总体投资不足			
	(7-1)	(7-2)	(7-2)	(7-3b)	(7-1)	(7-2)	(7-2)	(7-3b)	(7-1)	(7-2)	(7-2)	(7-3b)
	Ine_Inv_0	$Debt_3$	$Debt_4$	Ine_Inv_0	$Over\_Inv_1$	$Debt_3$	$Debt_4$	$Over\_Inv_1$	$Under\_Inv_2$	$Debt_3$	$Debt_4$	$Under\_Inv_2$
Industry	Control	Control	Control	Control	Control	Control	Control	Control	Control	Control	Control	Control
Year	Control	Control	Control	Control	Control	Control	Control	Control	Control	Control	Control	Control
N	3081	3081	3081	3081	1216	1216	1216	1216	1875	1875	1875	1875
$Adj-R^2$	0.2619	0.2891	0.2524	0.2775	0.2740	0.2714	0.2522	0.1986	0.2026	0.3240	0.1840	0.2074
Bootstrap 检验	$Debt_3$	z=2.60	95% confidence interval (0.00031, 0.00223)	P=0.009	$Debt_3$	z=2.85	95% confidence interval (0.00085, 0.00461)	P=0.004	$Debt_3$	z=1.68	95% confidence interval (-0.00006, 0.00076)	P=0.094
	$Debt_4$	z=1.36	95% confidence interval (-0.00015, 0.00080)	P=0.175	$Debt_4$	z=1.26	95% confidence interval (-0.00045, 0.00208)	P=0.207	$Debt_4$	z=-0.93	95% confidence interval (-0.0006, 0.00022)	P=0.353

注：***，**和*分别表示0.01，0.05和0.1的显著性水平（双尾检验），括号内数据为对应系数的 T 统计量。

（二）以地方国有企业为样本的 DID 检验

为降低中央企业与民营企业的样本差异所造成的结果偏差，本章仍然采用地方国有企业样本对本章的研究结果进行稳健性检验。为保证研究的一致性，本部分所采用的地方国有企业样本与第五章和第六章的相同。具体地，以 2007—2012 年为检验区间，选取 2010 年开始实施 EVA 考核的地方国有企业为实验组，2010—2012 年未实施 EVA 考核的地方国有企业为对照组。解释变量 EVADUM 为 1 代表 2010 年开始实施 EVA 考核的地方国有企业；EVADUM 为 0 表示 2010—2012 年没有实施 EVA 考核的地方国有企业。解释变量 After 为 1 表示 2010—2012 年；After 为 0 表示 2007—2009 年。本部分稳健性检验结果如表 7 – 12 和表 7 – 13 所示。

从表 7 – 12 和表 7 – 13 的结果可以看出，在采用地方国有企业作为样本对模型（7 – 1）、模型（7 – 2）、模型（7 – 3a）和模型（7 – 3b）进行回归后，交乘项 EVADUM × After 的显著性水平虽然发生了一些变化，但结果仍与前文保持一致。因此，本章的研究结论具有一定的稳健性。

第四节　本章小结

基于第五章和第六章的研究内容，本章将负债融资作为 EVA 考核影响非效率投资过程中的中介变量，采用中介效应检验流程和 Bootstrap 检验法检验了金融性负债、长期银行借款、短期银行借款在 EVA 考核治理非效率投资过程中所发挥的作用。研究结果表明，金融性负债在 EVA 考核治理总体非效率投资过程中起到了遮掩作用。金融性负债的增加加剧了中央企业的过度投资行为，影响了 EVA 考核抑制过度投资的效果；但金融性负债没有对 EVA 缓解投资不足的作用产生影响。进一步地，长期银行借款在 EVA 考核治理非效率投资过程中发挥了遮掩作用，这种遮掩效应主要表现在 EVA

考核抑制过度投资的过程中，其没有影响到 EVA 缓解中央企业投资不足的效果。同时，短期银行借款的增加并没有影响到 EVA 考核治理非效率投资的效果。此外，为了提高研究结论的稳健性，本章一方面将数据进行了中心化处理，并采用 Sobel 检验法、按照中介作用检验流程重新验证了本章的研究结论；另一方面，采和地方国有企业数据进行检验。两种方法的结果均与前文一致。

第八章

研究结论与政策建议

作为全书最后一章，本章将基于前文的文献梳理、理论基础、制度背景分析以及实证研究，概括总结本书三章实证研究得出的结论；基于这些结论的理论内涵，提出对实践具有指导意义的政策建议；并就目前本书的研究不足以及研究局限，提出未来研究的方向及拓展思路。

第一节　研究结论

作为我国经济中流砥柱，国有企业承载了推动国有经济发展的重任。国有企业资本配置效率作为国有资本增值保值的重要保障之一，对巩固公有制经济主体地位和提高国有经济控制力具有显著作用。一直以来，由于国有企业经营目标的扭曲与管理层激励约束机制的缺失，国有企业资源配置效率远不如非国有企业。因此，产生了许多国有企业民营化的呼声。在此背景下，2009年国资委将EVA作为考核指标引入《中央企业负责人经营业绩考核暂行办法》中，并于2010年在中央企业全面实施。国资委此举旨在引导中央企业全面开展价值管理、提高国有资本运营效率。因此，本书以国资委大力推行EVA考核为切入点，检验EVA考核对企业投融资决策所产生的影响，以及它们之间的相互作用。主要采用规范与实证相结合的研究方法，并遵循"背景描述与问题提出—文献梳理与总结—制度背景与理论分析—实证分析与假设验证"的逻辑思路开展本书的研究。最终，得到以下结论：

一　EVA 考核对非效率投资的影响研究

该部分为本书的第五章的实证检验内容。在第五章中，本书以 2005—2014 年（即 EVA 考核实施的前后五年）作为研究区间，以该十年我国沪深两市 A 股中央企业和民营企业上市非金融类公司作为研究样本，采用双重差分模型（Difference – in – Differences）进行实证分析。首先，分别检验了 EVA 考核对中央企业非效率投资的影响，具体包含总体非效率投资、总体过度投资和总体投资不足；进一步地，基于不同类别资产之间存在的挤占效应以及不同程度的代理问题，验证了 EVA 考核分别对固定资产过度投资、无形资产过度投资、长期金融资产过度投资以及研发投资不足的治理作用效果和程度。该部分的实证研究结果发现：①实施 EVA 考核后，中央企业的总体非效率投资水平、总体过度投资水平和总体投资不足水平均显著降低。②实施 EVA 考核后，中央企业的固定资产过度投资水平、无形资产过度投资水平和长期金融资产过度投资水平均显著降低，且下降幅度按大小排列分别为无形资产过度投资、长期金融资产过度投资、固定资产过度投资。③实施 EVA 考核后，中央企业的研发投资不足水平显著下降。

基于本书第五章的实证研究结果，本书认为，实施 EVA 考核能够治理企业非效率投资行为，其不仅能够对过度投资起到有效的抑制作用，同时也能够在一定程度上缓解企业投资不足。此外，基于 EVA 考核对非效率投资的影响以及作用机理，其也能够治理由代理问题所产生的不同类别的非效率投资，从而有效缓解不同类别资产之间所存在的相互挤占问题。但值得注意的是，EVA 考核对不同类别的非效率投资的作用程度不同。这主要是由于资本投向及其所形成的资产性质不同，因此，其所产生的代理问题程度也存在很大差别。由此说明，EVA 考核的治理效果与企业内部存在的代理问题的程度有直接关系，企业的委托代理问题越严重，EVA 考核的作用效果越明显。

二　EVA 考核对负债融资的影响研究

该部分为本书的第六章的实证检验内容。为了保障本书在内容结构上的一致性和合理性、以及实证结果的可靠性和可比性，在第六章中，本书仍沿用了第五章的研究样本和实证检验方法，即以2005—2014 年作为研究区间，以该十年我国沪深两市 A 股中央企业和民营企业上市非金融类公司作为研究样本，并采用双重差分模型（Difference - in - Differences）进行实证分析。首先，检验了 EVA 考核的实施对中央企业总体负债水平所产生的影响；其次，本书基于债务异质性假说，按照负债来源维度，将其划分为经营性负债和金融性负债，并分别检验 EVA 考核对这两种不同性质的负债的作用影响；最后，基于金融性负债的期限特点，本书将其区分为长期借款和短期借款，并分别检验了 EVA 考核对两种期限的银行借款的作用影响。该部分的实证研究结果发现：①EVA 考核实施后，中央企业的总体负债水平显著提升；②EVA 考核实施后，中央企业的金融性负债水平显著提高，但经营性负债水平没有明显变化；③EVA 考核实施后，中央企业的长期借款水平和短期借款水平均有所提高，相比而言，短期借款提高的程度要高于长期借款。

基于本书的第六章的实证结果，本书认为，实施 EVA 考核对中央企业提高整体负债水平具有一定促进作用。这种促进作用主要依靠于金融性负债水平的提高，而非经营性负债。此外，EVA 考核对长期负债和短期负债均起到了提升作用，但其对二者的作用效果却有一定差别，这种差别取决于不同债务之间的特性差异，这也间接证实了债务存在异质性。可以说，实施 EVA 考核能够通过提升负债水平对融资结构决策产生一定影响。对于低杠杆的中央企业而言，这种作用无疑是积极的。实施 EVA 考核后，中央企业管理者更倾向于使用债务融资，管理者能够更加充分地利用杠杆效应，从而实现企业价值提升。这与国资委大力推行 EVA 考核、并希望通过 EVA

考核的实施实现"资本结构优化"的初衷相吻合，说明 EVA 考核在中央企业资本结构调整方面发挥了一定作用。然而，对于高杠杆的中央企业而言，负债水平的提高会加剧中央企业的财务风险，不仅使其陷入低效的陷阱中，也会给宏观经济增加动荡；同时，这也对国有企业现阶段"去杠杆"产生了一定的负面影响。尽管《办法》规定资产负债率在 75% 以上的工业企业和 80% 以上的非工业企业资本成本率为 6%，在一定程度上抑制了高杠杆中央企业增加负债，但由于 6% 与债务的真实成本差别不大，这种抑制作用仍存在一定局限性。

三　EVA 考核对非效率投资的治理：负债融资的遮掩效应

该部分为本书的第七章的实证检验内容。本书的第五章和第六章已验证证实 EVA 考核能够治理非效率投资问题；同时，EVA 考核也能够促进负债水平的提升。因此，基于前两章实证结论，第七章旨在检验在 EVA 考核治理非效率投资的过程中负债融资所扮演的"角色"。为保证本书的结构内容在整体上保持一致以及研究结论的可靠性，第七章仍沿用了第五章和第六章的研究样本。首先，检验了金融性负债在 EVA 治理总体非效率投资、总体过度投资和总体投资不足的过程中所起到的作用；其次，分别检验了长期借款和短期借款在该过程中所起到的作用。第七章的实证研究结果得出：①金融性负债在 EVA 考核治理中央企业总体非效率投资过程中发挥了遮掩作用，即金融性负债的增加加剧了非效率投资的程度，该遮掩效应占总效应的比例为 4%。进一步地，这种遮掩作用主要是由于金融性负债加剧了中央企业过度投资所造成的，对总体投资不足没有影响。②长期银行借款在 EVA 治理非效率投资的过程中表现出遮掩效应。这种遮掩效应主要表现在 EVA 考核抑制过度投资的过程中，其没有影响到 EVA 缓解中央企业投资不足的效果。③短期银行借款的增加并没有影响到 EVA 考核治理非效率投资的效果，并未表现出间接效应。

第六章的研究结果表明，在 EVA 治理非效率投资的过程当中，负债的增加在一定程度上掩盖了 EVA 考核的治理效果，说明在这个过程中负债表现资产替代效应。负债表现资产替代效应的前提是股东与经理人的利益趋于一致。因此，该结论间接说明 EVA 考核的确能够缓解股东和经理人之间的利益冲突，有效解决第一类代理问题。此外，不同期限的金融性负债的遮掩效果不同，这是由不同期限的负债所导致的股东与债权人的利益冲突程度不同所致。再次说明了债务具有异质性特点。

第二节　政策建议

一　强化 EVA 的主体地位与提高激励的有效性相结合

我国国有企业的效率问题，已经得到国家最高决策层的高度重视。2013 年 11 月召开的党的十八届三中全会对国有企业改革制订了科学的顶层设计方案。会议通过的《中央关于全面深化改革若干重大问题的决定》（以下简称《决定》）中指出要"以管资本为主加强国有资产监管"。管资本意味着要更加注重资本的功能放大，更加注重资本的运行效率。2014 年年初，国资委出台了《关于以经济增加值为核心加强中央企业价值管理的指导意见》，以正式文件的形式在中央企业的管理中引入以 EVA 为核心的价值管理理念，争取通过 EVA 价值管理工具实现资本结构更加优化、资本运营更有效率，从而全面提升企业核心竞争能力。在 2015 年 11 月 10 日召开的中央财经领导小组第十一次会议上，习近平总书记首次提出了供给侧结构性改革。旨在通过增量改革促存量调整，在增加投资过程中优化投资结构；同时，优化融资结构、促进资源整合，实现资源优化配置与优化再生。党的十九大报告指出，深化供给侧结构性改革。把发展经济的着力点放在实体经济上，把提高供给体系质量作为主攻方向，显著增强我国经济质量优势。

从本书的研究结论看，EVA 考核的实施的确带来了积极的经济后果。在投资方面，实施 EVA 考核能够有效治理中央企业非效率投资问题；其不仅能够抑制中央企业过度投资，对中央企业的投资不足也起到了一定的缓解作用。与此同时，EVA 考核的实施能够在一定程度上缓解不同资产投资之间存在的挤占问题，起到了优化中央企业投资结构的作用。在融资方面，EVA 考核能够促进中央企业提高其负债水平。对于低杠杆的中央企业而言，这种作用无疑是积极的。EVA 考核的实施能够引导低杠杆中央企业管理层充分利用杠杆效应，提升企业价值。可以说，EVA 考核的理念与其所带来的经济后果正符合现阶段我国国有企业改革的思想。

基于此，本书认为国资委应继续推广并深化 EVA 考核。现阶段，《办法》仅在年度考核中引入了 EVA 作为年度经营业绩考核指标，并没有在任期考核中使用 EVA。国资委的任期考核的根本目标是考察国有资本增值保值能力；从本质上来讲，也就是考察国有资本在未来的价值创造能力。而 EVA 指标继承了剩余收益的理念，与价值创造紧密相连，能够在企业资本配置的整个过程中起到引导管理者站在股东的立场以企业价值最大化为目标进行投融资决策的作用。这正与任期考核的目标相契合。因此，本书建议国资委在对负责人进行任期考核的时候，也应将 EVA 作为考核内容之一，突出 EVA 价值考核的主体地位，确保国有资本增值保值的能力，从而实现企业可持续价值创造的根本目标。

此外，现阶段国资委对中央企业负责人采用的激励形式是将薪酬与全部业绩挂钩，包括 EVA 指标和利润总额指标；其中，EVA 指标的权重为 50%，利润总额指标的权重为 20%。国资委根据中央企业业绩完成情况计算其综合得分，并根据得分将业绩分为 A、B、C、D 四个等级（2016 年《办法》）[①]；最终，以此为依据对企业负

---

① 2009 年《办法》和 2012 年《办法》将考核结果分为 A、B、C、D、E 五个等级。

责人实施奖惩。[①] 这种薪酬与全部业绩相挂钩的激励模式虽能够在一定程度上强化考核的价值导向，但由于业绩等级并不完全由 EVA 业绩所决定，这种激励模式在一定程度上会削弱 EVA 考核的激励作用，具有一定的局限性。此外，年度绩效奖金存在上下限，企业年终业绩超出业绩目标时，负责人的奖金会随业绩的提升而增加，但当企业业绩达到一定水平时，奖金将不再增加；相应地，当实际业绩低于目标业绩时，负责人的奖金会相应减少，但当业绩水平下降到一定水平时，不论业绩再如何下降，奖金都会保持在最低水平。这种做法在一定程度上也会影响 EVA 考核激励作用的发挥，限制管理者的潜能。因此，本书认为对中央企业负责人的激励模式应尝试采用 EVA 业绩与薪酬单独挂钩的方式。所谓的单独挂钩并非是指将 EVA 业绩与全部薪酬直接挂钩，而是将 EVA 业绩与部分薪酬直接联系起来。在实施初期，可以仅在绩效年薪中采用单独挂钩的激励模式；对于基本年薪，仍可以保留全部挂钩的模式，由现阶段国资委的业绩评级而决定。具体地，可以将负责人的绩效年薪分为两个部分：一部分为个人绩效，另一部分为 EVA 绩效。个人绩效仍采用业绩评级的分配制度，根据业绩综合得分对其实施褒奖；EVA 业绩部分则根据 EVA 的业绩表现进行激励，上不封顶、下不设限。当EVA 业绩很高的时候，EVA 绩效奖金也可以很高；当然，当 EVA 业绩下滑的时候，EVA 绩效奖金也随之下滑，甚至为负，管理者要为业绩下滑付出相应的代价。当然，为了遵循国家薪酬政策[②]，可以对"上不封顶"方案进行适当的权变设计。如可以针对 EVA 绩效设定提奖系数，通过提奖比例来反映业绩的好坏。这样既符合我国政情，也能够发挥 EVA 业绩与薪酬单独挂钩模式的激励效用。

---

① 2015 年 1 月 1 日前，中央企业负责人薪酬结构由基本年薪和绩效两部分构成。2015 年 1 月 1 日起实施《中央管理企业负责人薪酬制度改革方案》，规定中央企业负责人年薪由基本年薪、绩效年薪和任期激励三部分构成。

② 2015 年 1 月 1 日起实施的《中央管理企业负责人薪酬制度改革方案》规定，中央企业负责人基本年薪固定，绩效年薪不超过基本年薪的 2 倍，任期激励收入不超过年薪的总水平的 30%，总的收入不超过在职员工平均工资的 7—8 倍。

二 完善差异化考核与加速"去杠杆"相结合

2015 年以来，国有企业改革思路展现出以供给侧结构性改革为核心的指导思路；其中，"去杠杆"也成为推进国有企业改革的一项重要任务。2016 年 10 月，国务院发布了《国务院关于积极稳妥降低企业杠杆率的意见》，指出要完善现代企业制度、强化自我约束、优化债务结构，积极稳妥降低企业杠杆率，助推供给侧结构性改革，助推国有企业改革深化，助推经济转型升级和优化布局，为经济长期持续健康发展夯实基础。2016 年 12 月，国资委印发了《中央企业负责人经营业绩考核办法》，强调要落实以管资本为主，加强国有资产监管的要求，突出经济增加值考核。通过考核经济增加值，着力引导企业资本投向更加合理，资本结构更加优化。

从本书第六章的研究结论看，实施 EVA 考核对中央企业提高负债具有促进作用。这显然与"去杠杆"政策存在一定的制度冲突。本书认为，这种冲突的根源并不在于制度本身，而是由制度设计所致。现阶段，国资委在计算 EVA 时，将资本成本率统一规定为 5.5%，这是基于我国现阶段的市场环境和制度背景、从中央企业的实际出发、本着稳健起步的考虑而确定的，但这种做法也显然存在一定弊端。5.5% 的成本率与债务融资的真实成本相差不大，甚至要低于债务融资的真实成本；因此，导致企业对债务融资的滥用。本书认为：下一步，国资委在完善考核办法时，应将差异化考核作为重点之一，根据企业性质和特征合理设置资本成本率。如在差异化考核推行初期，可以采用风险溢价法，以实际的中长期银行借款利率为基础，以企业所处行业特征为辅助进行成本加成，计算行业的平均资本成本率，并根据实际情况进行定期调整。同时，在年度考核中增加资产负债率作为考核内容之一，根据行业特征规定行业资产负债率上限，在一定程度上限制高杠杆企业对债务的使用，降低由过高负债所带来的经营风险。争取通过考核制度的完善，使考核政策和"去杠杆"政策协调发展，实现国资委"资本结构优化"的初衷，促进供给侧结构性改革，最终实现国有企业价值的提升。

三 强化商业银行内部治理与完善政府外部治理相结合

从本书的第七章内容来看，负债在 EVA 考核治理过度投资的过程中发挥了遮掩效应，具体是由负债发生了资产替代所致。这说明，EVA 考核的治理作用在一定程度上受到了股东与债权人代理冲突的制约。

提高债务融资成本是解决股东与债权人之间冲突的有效途径之一。通过债务融资成本的提升加强对债权人的利益保护，削弱股东进行资产替代的动机。1996 年，我国启动利率市场化进程，并遵循"先外币、后本币；先贷款、后存款；先长期、大额，后短期、小额"的指导思路，逐步放开利率管制。理论上，我国的利率上限已经放开，利率市场化改革近于完成。然而，我国的利率市场化进程正处于收尾阶段，仍存在一些问题，从而导致利率并未完全市场化。目前，我国在国家级、省级和市级建立了三级利率定价自律机制，对自主定价能力较弱的中小金融机构进行定价方案指导。本质上，这种行业自律机制在一定程度上仍继续影响利率上限。此外，商业银行自身在定价能力和配套风控机制等方面也尚未准备到位，依然习惯于参照基准利率进行存贷款利率的定价。这些因素成为利率市场化改革的最后一道堡垒，导致央行调节银行间市场利率后政策效果难以通畅地传导。也就是说，风险问题仍是利率市场化收尾工作的重点。基于此，本书认为，我国银行等金融机构应加强银行内部的宏观和微观的审慎监管。银行等金融机构在对企业进行信贷支持时，应严格按照审批流程实施借贷，并加强对金融风险的防范。此外，商业银行要强化对由银行股东、管理层所制定的不切实际的考核任务所带来的信贷风险的防范措施；从而减少风险对银行业的冲击，实现利率市场化收尾工作的平稳衔接。争取通过利率市场化的完善，增强债务人对债务融资成本的灵活使用；通过调节债务融资成本进行风险调节，抑制股东通过资产替代对债权人实施的利益侵占。

与此同时，政府部门也应进一步完善债权人保护机制。我国现行的公司法律规定向债权人披露信息的义务只限于公司合并分立、减资清算。债权人与股东之间存在严重的信息不对称问题。因此，政府部门应完善现有的债权人法律保护机制，扩充企业强制性披露信息的内容，同时对于信息的真实性强加监管，加大打击力度。例如，2013 年全国人大常委会对公司法进行了修订，规定于 2014 年 3 月 1 日开始实施公司注册资本认缴制，公司在申请注册登记时，拟定并承诺注册资金金额，不再需要专门的验资证明该资金实际是否到位。这在一定程度上加剧了股东与债务人之间的信息不对称程度。在这种情况下，法律应强制企业对出资实缴信息进行公示。这种做法一方面可以督促别有用心的股东尽快完成认缴出资；另一方面对于交易方选择交易公司时也可以做到心中有数，对交易风险进行较为合理的评估。此外，法律应规定并允许债权人参与到公司经营决策中。具体地，可以类比董事会，建立一种以债权人为核心的外部制衡机制。通过债权人内部推选，选取一定数量且满足一定条件的债权人代表直接参加公司的经营管理，在一定程度上制约股东的资产替代行为，进而为债权人利益提供保障。

第三节　研究局限与未来展望

由于受到学术水平和研究能力的限制，本书仍存在研究不足；目前尚有的研究局限也构成未来的研究方向与探索领域，具体内容如下：

其一，本书实证部分采用了双重差分模型对 EVA 考核影响非效率投资和负债融资进行回归检验；在实验组和对照组的选择方面，本书选取中央企业作为模型的实验组，民营企业作为对照组。虽然本书在稳健性检验中采用了倾向匹配得分法进行配对检验能够在一定程度上降低自选择问题，同时又以部分地方国有企业作为研究样本进行了检验，但仍不够完善。原本计划采用全部国有企业进行检验，但由于地方国有企业实施 EVA 考核是陆续进行的，且尚未有直接披露上市公司是否实施 EVA 考核的相关信息，手工搜集的数据会造成一定误差；因此，采用全部国有企业作为研究样本的计划实施起来存在一定难度。在今后的研究中，随着数据获取途径和精确程度的逐渐完善，本书作者将偿试采用全部国有企业数据重新进行验证。

其二，由于 EVA 考核在我国开始实施的时间较晚，目前对 EVA 的经济后果的验证都局限于考核实施初期。但是，EVA 本身是一种价值衡量指标，侧重的是企业未来的可持续创造价值的能力；除此之外，中国式 EVA 考核本身存在一定弊端，短期之内虽然起到了明显的积极后果，但长期进行是否会产生新的问题？比如，本书验证了 EVA 考核抑制固定资产、无形资产和长期金融资产过度投资以及缓解研发的不足作用，但长期实施下去是否会造成固定资产、无形资产和长期金融资产投资的不足或研发投资的过度？这是一个值得探讨的问题。因此，本书认为对 EVA 考核的经济后果监控并不应该局限于考核初期，而是应该进行长期的过程监控。与此同时，EVA 考核滋生的负面影响也是未来研究中的重中之重。这样做的目的是及时发现考核中存在的弊端，制定相应的解决措施，提高考核制度的有效性。

参考文献

陈德萍、曾智海：《资本结构与企业绩效的互动关系研究——基于创业板上市公司的实证检验》，《会计研究》2012年第8期。

陈之荣、赵定涛：《市场波动条件下的经理人EVA激励契约研究》，《科学学与科学技术管理》2010年第31卷第8期。

池国华、王志、杨金：《EVA考核提升了企业价值吗？——来自中国国有上市公司的经验证据》，《会计研究》2013年第11期。

池国华、杨金、郭菁晶：《内部控制、EVA考核对非效率投资的综合治理效应研究——来自国有控股上市公司的经验证据》，《会计研究》2016年第10期。

池国华、杨金、张彬：《EVA考核提升了企业自主创新能力吗？——基于管理者风险特质及行业性质视角的研究》，《审计与经济研究》2016年第31卷第1期。

池国华、张彪：《中央企业实施EVA的现状分析与启示》，《财务与会计》（理财版）2010年第7期。

池国华、邹威：《EVA考核、管理层薪酬与非效率投资——基于沪深A股国有上市公司的经验证据》，《财经问题研究》2014年第7期。

池国华、李昕潼、李昭英：《政府干预背景下的EVA考核、金字塔股权结构与过度投资——来自国有上市公司的经验证据》，《财务研究》2015年第6期。

方红星、金玉娜：《公司治理、内部控制与非效率投资：理论分析与经验证据》，《会计研究》2013年第7期。

方军雄、方芳：《IPO 超募与资金滥用研究》，《证券市场导报》2011 年第 9 期。

冯根福、马亚军：《上市公司高管人员自利对资本结构影响的实证分析》，《财贸经济》2004 年第 6 期。

傅传略：《企业资本结构优化理论研究》，东北财经大学出版社1999 年版。

高晨、汤谷良：《管理控制工具的整合模式：理论分析与中国国有企业的创新——基于中国国有企业的多案例研究》，《会计研究》2007 年第 8 期。

郭岚、张祥建：《上市公司的成长能力与投资行为研究》，《软科学》2010 年第 24 卷第 3 期。

郭永康、杨熠：《管理费用之自由现金流量假说检验》，《中国经济问题》2003 年第 6 期。

郝颖、刘星：《资本投向、利益攫取与挤占效应》，《管理世界》2009 年第 5 期。

郝婷、赵息：《EVA 考核对国有企业研发投入的影响》，《科学学与科学技术管理》2017 年第 38 卷第 1 期。

何金耿、丁加华：《上市公司投资决策行为的实证分析》，《证券市场导报》2001 年第 9 期。

洪锡熙、沈艺峰：《我国上市公司资本结构影响因素的实证分析》，《厦门大学学报》（哲学社会科学版）2000 年第 3 期。

黄继承、阚铄、朱冰、郑志刚：《经理薪酬激励与资本结构动态调整》，《管理世界》2016 年第 11 期。

黄久美、车士义、黄福广：《不确定性对企业固定资产投资影响的研究》，《软科学》2010 年第 24 卷第 1 期。

黄小琳、朱松、陈关亭：《持股金融机构对企业负债融资与债务结构的影响——基于上市公司的实证研究》，《金融研究》2015 年第 12 期。

姜付秀、黄继承：《CEO 财务经历与资本结构决策》，《会计研究》2013 年第 5 期。

姜付秀、伊志宏、苏飞、黄磊：《管理者背景特征与企业过度投资行为》，《管理世界》2009 年第 1 期。

李春霞、叶瑶：《基于负债和经理激励视角的企业投资不足研究——来自中国上市公司的经验证据》，《南方经济》2015 年第 1 期。

李健、陈传明：《企业家政治关联、所有制与企业债务期限结构——基于转型经济制度背景的实证研究》，《金融研究》2013 年第 3 期。

李维安：《国有企业改革的攻坚战："中央企业"的董事会建设》，《南开管理评论》2006 年第 4 期。

李心合、王亚星、叶玲：《债务异质性假说与资本结构选择理论的新解释》，《会计研究》2014 年第 12 期。

李延喜、盖宇坤、薛光：《管理者能力与企业投资效率——基于中国 A 股上市公司的实证研究》，《东北大学学报》（社会科学版）2018 年第 2 期。

李志学、郝亚平、张昊：《基于 EVA 的中央企业上市公司研发支出变化研究》，《科技管理研究》2014 年第 34 卷第 21 期。

连玉君、程建：《投资—现金流敏感性：融资约束还是代理成本？》，《财经研究》2007 年第 2 期。

刘凤委、李琦：《市场竞争、EVA 评价与企业过度投资》，《会计研究》2013 年第 2 期。

刘海英：《上市公司高管层薪酬激励与资本结构关系实证研究》，《福建论坛》（人文社会科学版）2009 年第 8 期。

刘怀珍、欧阳令南：《经理私人利益与过度投资》，《系统工程理论与实践》2004 年第 10 期。

刘慧龙、吴联生、王亚平：《国有企业改制、董事会独立性与投资效率》，《金融研究》2012 年第 9 期。

刘力、宋志毅：《衡量企业经营业绩的新方法——经济增加值

（REVA）与修正的经济增加值（REVA）指标》，《会计研究》1999年第 1 期。

刘媛媛、赵建丽：《管理层激励、投融资行为与公司风险》，《会计之友》2013 年第 3 期。

刘运国、陈国菲：《BSC 与 EVA 相结合的企业绩效评价研究——基于 GP 企业集团的案例分析》，《会计研究》2007 年第 9 期。

卢闯、孙健、张修平、向晶薪：《股权激励与上市公司投资行为——基于倾向得分配对方法的分析》，《中国软科学》2015 年第 5 期。

鲁冰、徐凯、孙俊奇、吴冰清：《EVA 对中央企业上市公司研发投入影响的实证研究》，《现代管理科学》2015 年第 2 期。

罗付岩、沈中华：《股权激励、代理成本与企业投资效率》，《财贸研究》2013 年第 2 期。

罗富碧、冉茂盛、杜家廷：《高管人员股权激励与投资决策关系的实证研究》，《会计研究》2008 年第 8 期。

罗红霞、李红霞、刘璐：《公司高管个人特征对企业绩效的影响——引入中介变量：投资效率》，《经济问题》2014 年第 1 期。

吕长江、张海平：《股权激励计划对公司投资行为的影响》，《管理世界》2011 年第 11 期。

钱雪松、杜立、马文涛：《中国货币政策利率传导有效性研究：中介效应和体制内外差异》，《管理世界》2015 年第 11 期。

强国令：《制度环境、管理层股权激励与债务期限结构》，《上海经济研究》2014 年第 8 期。

乔华、张双全：《公司价值与经济附加值的相关性：中国上市公司的经验研究》，《世界经济》2001 年第 1 期。

冉茂盛、刘先福、黄凌云：《高新企业股权激励与 R&D 支出的契约模型研究》，《软科学》2008 年第 11 期。

沈维涛、叶晓铭：《EVA 对上市公司资本结构影响的实证研究》，《经济研究》2004 年第 11 期。

宋雷娟、储敏伟：《税率降低与企业固定资产投资的 DID 实证分析——来自上市公司的经验证据》，《财经理论与实践》2010 年第 3 期。

孙铮、吴茜：《经济增加值：盛誉下的思索》，《会计研究》2003 年第 3 期。

汤洪波：《现代资本结构理论的发展：从 MM 定理到融资契约理论》，《金融研究》2006 年第 2 期。

唐雪松、周晓苏、马如静：《上市公司过度投资行为及其制约机制的实证研究》，《会计研究》2007 年第 7 期。

田利辉、李春霞：《债务约束、经理薪酬与上市公司过度投资研究》，《证券市场导报》2014 年第 6 期。

汪平、孙士霞：《自由现金流量、股权结构与我国上市公司过度投资问题研究》，《当代财经》2009 年第 4 期。

王斌、高晨：《论管理会计工具整合系统》，《会计研究》2004 年第 4 期。

王化成、程小可、佟岩：《经济增加值的价值相关性——与盈余、现金流量、剩余收益指标的对比》，《会计研究》2004 年第 5 期。

王明虎、王小韦：《企业规模、融资约束与资本结构波动》，《南京审计学院学报》2015 年第 2 期。

温忠麟、叶宝娟：《中介效应分析：方法和模型发展》，《心理科学进展》2014 年第 5 期。

夏冠军、于研：《高管薪酬契约对公司投资行为的影响——基于证券市场非有效视角的分析》，《财经研究》2012 年第 6 期。

肖珉：《现金股利、内部现金流与投资效率》，《金融研究》2010 年第 10 期。

肖作平：《资本结构影响因素和双向效应动态模型——来自中国上市公司面板数据的证据》，《会计研究》2004 年第 2 期。

辛清泉、林斌、王彦超：《政府控制、经理薪酬与资本投资》，《经济研究》2007 年第 8 期。

徐倩：《不确定性、股权激励与非效率投资》，《会计研究》2014 年第 3 期。

徐晓东、张天西：《公司治理、自由现金流与非效率投资》，《财经研究》2009 年第 10 期。

杨林、俞安平：《企业家认知对企业战略变革前瞻性的影响：知识创造过程的中介效应》，《南开管理评论》2016 年第 1 期。

杨兴全、张丽平、吴昊旻：《控股股东控制、管理层激励与公司过度投资》，《商业经济与管理》2012 年第 10 期。

杨志强等：《混合所有制、股权激励与融资决策中的防御行为——基于动态权衡理论的证据》，《财经研究》2016 年第 8 期。

姚颐、刘志远、冯程：《中央企业负责人、货币性薪酬与公司业绩》，《南开管理评论》2013 年第 6 期。

印猛、李燕萍：《基于 BSC 和 EVA 整合战略管理的应用研究》，《南开管理评论》2006 年第 5 期。

于晓红、胡荣、姜百灵：《董事长总经理两职合一、盈余管理与过度投资》，《会计之友》2016 年第 16 期。

余海宗、师芙琴：《基于 EVA 公司绩效与股票价值相关性的实证分析》，《财会通讯》（学术版）2007 年第 3 期。

余明桂、钟慧洁、范蕊：《业绩考核制度可以促进中央企业创新吗?》，《经济研究》2016 年第 12 期。

袁晓玲、白天元、李政大：《EVA 考核与中央企业创新能力：短期和长期视角》，《当代经济科学》2013 年第 6 期。

袁晓玲、李政大、白天元：《EVA 考核与国有资本调整的制度冲突》，《审计与经济研究》2013 年第 1 期。

曾广录、曾汪泉：《财务治理影响企业资本结构吗?》，《北京工商大学学报》（社会科学版）2017 年第 1 期。

翟淑萍、卓然、王玥：《业绩预期压力、高管股权激励与企业投资不足》，《金融论坛》2017 年第 6 期。

张纯：《论新经济时代 EVA 的效用性》，《会计研究》2003 年第 4 期。

张会丽、陆正飞：《现金分布、公司治理与过度投资——基于我国上市公司及其子公司的现金持有状况的考察》，《管理世界》2012 年第 3 期。

张为国、翟春燕：《上市公司变更募集资金投向动因研究》，《会计研究》2005 年第 7 期。

张维迎：《企业理论与中国国有企业改革》，上海人民出版社 1999 年版。

张维迎：《企业理论与中国国有企业改革》，北京大学出版社 1999 年版。

张五常：《制度的选择》，中信出版社 2014 年版。

张先治、李琦：《基于 EVA 的业绩评价对中央企业过度投资行为影响的实证分析》，《当代财经》2012 年第 5 期。

张兆国、曾牧、刘永丽：《政治关系、债务融资与企业投资行为——来自我国上市公司的经验证据》，《中国软科学》2011 年第 5 期。

赵宇恒、邢丽慧、孙悦：《政治关联、高管激励与资本结构》，《管理评论》2016 年第 11 期。

甄红线、张先治、迟国泰：《制度环境、终极控制权对公司绩效的影响——基于代理成本的中介效应检验》，《金融研究》2015 年第 12 期。

周艳菊、邹飞、王宗润：《盈利能力、技术创新能力与资本结构——基于高新技术企业的实证分析》，《科研管理》2014 年第 1 期。

Adams, J. S., *Inequities in Social Exchange*, New York: Academic Press, 1965.

Aggarwal, R. and Samwich, A., "Empire - builders and Shirkers:

Investment, Firm Performance and Managerial Incentives", *Journal of Corporate Finance*, 2006, 12 (3): 489 - 515.

Agrawal, A. and Knoeber, C. , "Firm Performance and Mechanisms to Control Agency Problems between Managers and Shareholder", *Journal of Financial and Quantities Analysis*, 1996, 31: 377 - 397.

Akerlof, G. A. , "The Market for 'Lemons': Quality Uncertainty and Market Mechanism", *The Quarterly Journal of Economics*, 1970, 83 (3): 488 - 500.

Alderfer, C. P. , " Existence, Relatedness, and Growth: Human Needs in Organizational Settings", *Contemporary Sociology*, 1974, 3 (6): 511.

Alwin, D. F. and Hauser, R. M. , "The Decomposition of Effects in Path Analysis", *American Sociological Review*, 1975, 40: 37 - 47.

Alti, S. , "How Sensitive is Investment to Cash Flow When Financing is Frictionless?", *Journal of Business*, 2002, 63 (3): 27 - 55.

Anderson, R. , Bates, T. , Bizjak, J. and Lemon, M. , "Corporate Government and Firm Diversification", *Financial Management*, 2000, 29 (1): 5 - 22.

Augustine, D. , Raghavan, J. and Ernet, M. Z. , "Performance Choice, Executive Bonuses and Corporate Leverage", *Journal of Corporate Finance*, 2012, 18 (5): 1286 - 1305.

Baker, G. and Hall, B. J. , " CEO Incentives and Firm Size ", *Journal of Labor Economics*, 2004, 22: 767 - 798.

Baron, R. M. and Kenny, D. A. , "The Moderator - mediator Variable Distinction in Social Psychological Research: Conceptual, Strategic, and Statistical Considerations", *Journal of Personality and Social Psychology*, 1986, 51: 1173 - 1182.

Baxter, P. , "Leverage, Risk of Ruin and Cost of Capital", *Journal of Finance*, 1967, 22 (3): 395 - 405.

Berger, P. E. and Ofek, D. Y. , "Managerial Entrenchment and Capital Structure Decision", *Journal of Finance*, 1997 (52).

Bertrand, M. and Mullainathan, S. , "Enjoying the Quiet Life? Corporate Governance and Managerial Preferences", *Journal of Political Economy*, 2003, 111 (5): 1043 - 1075.

Bertrand, Marianne and Schoar, "Managing with Style: The Effect of Managers on Firm Policies", *Quarterly Journal of Economics*, 2003, 118: 1169 - 1208.

Biddle, G. C. , Bowen, R. M. and Wallace, J. S. , "Does EVA Beat Earnings? Evidence on Associations with Stock Returns and Firm Values", *Journal of Accounting and Economics*, 1997, 24 (3): 301 - 336.

Biddle, Hilary and Verdi, "How does Financial Reporting Quality Improve Investment Efficiency?", *Journal of Accounting and Economics*, 2009, 48 (2): 112 - 131.

Broussard and Pilotte, "CEO Incentives, Cash Flow, Investment", *Financial Management*, 2004, 33: 51 - 70.

Bushee, B. J. , "The Institutional Investors on Myopic R&D Investment Behavior", *The Accounting Reviews*, 1998, 73 (3): 305 - 333.

Chen, S. and Dodd, J. L. , "Operating Income, Residual Income and EVA: Which Metric is More Value Relevant?", *Journal of Managerial Issues*, 1998, 13 (1): 65.

Chen, S. and Dodd, J. L. , "Economic Value Added (EVA): An Empirical Examination of a New Corporate Performance Measure", *Journal of Managerial Issues*, 1997, 9 (3): 318 - 333.

Conyon, M. J. and Murphy, K. J. , "The Prince and the Pauper? CEO Pay in the United States and United Kingdom", *The Economic Journal*, 2000, 110: 640 - 671.

Davis, J. A. , *The Logic of Causal Order*, Beverly Hills, CA: Sage

Publications, 1985.

Deis and Mihov, "The Choice among Bank Debt, Non – Bank Private Debt and Public Debt: Evidence from New Corporate Borrowings", *Journal of Financial Economics*, 2003, 70: 3 – 26.

Demirag, "The Impact of Managers' Short – term Perceptions on Technology Management and R&D in UK Companies", *Technology Analysis & Strategic Management*, 1995, 8: 12 – 21.

Degryse, H. and Jong, A D., "Investment and Internal Finance: Asymmetric Information or Managerial Discretion?", *International Journal of Industrial Organization*, 2006, 24 (1): 125 – 147.

Dong, Z., Wang, C. and Xie, F., "Do Executive Stock Options Induce Excessive Risk Taking?," *Journal of Banking & Finance*, 2010, 34 (10): 2518 – 2529.

Dyck, A. and Zingales, L., "Private Benefits of Control: An International Comparison", *Journal of Finance*, 2004, 59: 537 – 600.

Fama, E. and Miller, M. H., *The Theory of Finance*, New York: Holt, Rinehart and Winston, 1972.

House, R. J. and Filley, A. C., "Managerial Process and Organizational Behavior", *Administrative Science Quarterly*, 1976, 15 (2): 260.

Friend, I. and Lang, L., "An Empirical Test of the Impact of Managerial Self – interest on Corporate Capital Structure", *Journal of Finance*, 1988, 43 (2): 271 – 280.

Geroski, P. A. and Gugler, K., "Corporate Growth Convergence in Europe", *Oxford Economic Papers*, 2004, 56 (4): 597 – 620.

Glaessens, S., Djankov, S., Fan, P. H. and Lang, L. H. P., "Disentangling the Incentive and Entrenchment Effects of Large Shareholdings", *Journal of Finance*, 2002, 57: 1031 – 1069.

Grossman, S. F. and Hart, O., *Corporate Financial Structure and*

Managerial Incentives, Chicago: The Economics of Information and Uncertainty, 1982.

Grossman, S. J. and Hart, O. D. , "The Costs and Benefits of Ownership: A Theory of Vertical and Lateral Integration", *Journal of Political Economy*, 1988, 94: 56 – 92.

Gugler, K. , "Corporate Governance, Dividend Payout Policy and the Interrelation between Dividends, R&D and Capital Investment", *Journal of Banking & Finance*, 2003, 27: 1297 – 1321.

Hart, O. and Moore, J. , "Debt and Seniority: An Analysis of the Role of Hard Claims in Constraining Management", *American Economic Review*, 1995, 85 (3): 567 – 585.

Heider, F. , *The Psychology of Interpersonal Relations*, New York: John Wiley & Sons, 1958.

Helwege, J. and Liang, N. , "Is There a Pecking Order? Evidence from a Panel of IPO Firms", *Journal of Financial Economics*, 1996, 40 (3): 429 – 458.

Hennessy, N. , "Tobin's Q, Debt Overhang, and Investment", *Journal of Finance*, 2004, 59 (9): 1717 – 1742.

Herzberg, F. , Mausner, B. and Snyderman, B. C. , *The Motivation to Work*, New York: John Wiley & Sons, 1959.

Holland, P. W. , "Causal Inference, Path Analysis, and Recursive Structural Equations Models", *Sociological Methodology*, 1988, 18: 448 – 484.

Hollmstrom, B. and Costa, J. R. , "Managerial Incentives and Capital Management", *The Quarterly Journal of Economics*, 1986, 101 (4): 835 – 860.

Holmstrom, B. , "Managerial Incentive Problems: A Dynamic Perspective", *Review of Economic Studies*, 1999, 66 (1): 169 – 182.

Holmstrom, B. and Costa, J. R. I. , " Managerial Incentives and

Capital Management", *Quarterly Journal of Economics*, 1986, 101 (4): 835 – 860.

Ismail, A., "Is Economic Value Added More Associated with Stock Return Than Accounting Earnings? The UK Evidence", *International Journal of Managerial Finance*, 2006, 2 (9): 343 – 353.

James, L. R. and Brett, J. M., "Mediators, Moderators and Tests for Mediation", *Journal of Applied Psychology*, 1984, 69 (2): 307 – 321.

Jensen, M. C. and Meckling, W. H., "Theory of the Firm: Managerial Behavior, Agency Costs and Ownership Structure", *Journal of Financial Economics*, 1976, 3 (4): 305 – 306.

Jensen, M. C., "The Modern Industrial Revolution, Exit and the Failure of Internal Control Systems", *Journal of Finance*, 1993, 48: 831 – 880.

Jensen, M. C., "Agency Costs of Free Cash Flow, Corporate Finance and Takeovers", *American Economic Review*, 1986, 76: 323 – 329.

Jensen, M. C. and Murphy, K. J., "Performance Pay and Top – Management Incentives", *Journal of Political Economy*, 1990, 98 (2): 225 – 264.

Jogenson, D. W., "Capital Theory and Investment Behavior", *The American Economic Review*, 1963, 53 (2): 274 – 259.

Ken and McCabe, "MVA and the Cross – section of Expected Stock Return", *Journal of Portfolio Management*, 2001, 1: 75 – 85.

Kester, C. W., "Capital and Ownership Structure: A Comparison of United States and Japanese Corporations", *Financial Management*, 1986, 15: 5 – 16.

Kleiman, R., "Some New Evidence on EVA Companies", *Journal of Applied Corporate Finance*, 1999, 12 (2): 80 – 91.

Lambert, R. A. , Larcker, D. F. and Verrecchia, R. E. , "Portfolio Considerations in Valuing Executive Compensation", *Journal of Accounting Research*, 1991, pp. 129 – 149.

Lehn, K. and Makhija, A. K. , "EVA & MVA as Performance Measures and Signals for Strategic Change", *Strategy & Leadership*, 1996, 24 (3): 34 – 38.

Lipton, M. and Lorsch, J. W. , "A Modest Proposal for Improved Corporate Governance", *Business Lawyer*, 1992, 48 (1): 59 – 77.

Lyanders, J. , "Strategic Cost of Diversification", *The Review of Financial Studies*, 2007, 20 (5): 1901 – 1940.

Mackinnon, D. P. , Krull, J. L. , and Lockwood, C. W. , "Equivalence of the Mediation Confounding and Suppression Effect", *Prevention Science*, 2000, 1: 173 – 181.

Malmendier, U. and Tate, G. , "CEO Overconfidence and Corporate Investment", *The Journal of Finance*, 2005, 60 (6): 2661 – 2700.

Maslow, A. H. , *A Theory of Human Motivation*, Washington DC: American Psychological Association, 1943.

Mark, C. , "A Tes of Stulz's over Investment Hypothesis", *Financial Review*, 1995, 30 (5): 387 – 398.

Marsh, P. , "The Choice between Equity and Debt: An Empirical Study", *Journal of Finance*, 1982, 37: 121 – 144.

Mehran and Hamid, "Executive Incentive Plans Corporate Control, and Capital Structure", *Journal of Financial and Quantitative Analysis*, 1992 (27) .

Mikkelson, X. , "Convertible Calls and Security Returns", *Journal of Financial Economics*, 1981, 67 (9): 237 – 264.

Miller, M. , "Debt and Taxes", *Journal of Finance*, 1977, 32 (7): 261 – 275.

Mirrlees, J. , "The Optimal Structure of Incentives and Authority within an Organization", *Bell Journal of Economics and Management Science*, 1976, 7 (1): 105 – 131.

Modigliani, F. and Miller, M. H. , "The Cost of Capital, Corporation Finance and the Theory of Investment", *American Economic Review*, 1958, 48 (3): 262 – 297.

Modigliani, F. and Miller, M. H. , "Corporate Income Taxes and Cost of Capital: A Correction", *American Economic Review*, 1963, 53 (6): 433 – 443.

Morgado, A. and Pindado, J. , "The Underinvestment and Overinvestment Hypotheses: An Analysis Using Panel Data", *European Financial Management*, 2003, 9 (2) : 163 – 177.

Murphy, K. J. , "Corporate Performance and Managerial Remuneration: An Empirical Analysis", *Journal of Accounting and Economics*, 1985, 7: 11 – 42.

Myers, S. C. and Majluf, N. , "Corporate Financing and Investment Decisions When Firms Have Information Investors Do not Have", *Journal of Financial Economics*, 1984, 13 (2): 187 – 221.

Myers, S. C. , "Determinants of Corporate Borrowing", *Journal of Financial Economics*, 1977, 5: 147 – 175.

Myers, S. C. , "The Capital Structure Puzzle", *Journal of Finance*, 1984, 39: 575 – 592.

Narayanan, M. P. , "Managerial Incentives for Short – Term Results", *Journal of Finance*, 1985, 40 (5): 1469 – 1484.

Nofsinger, J. R. , "Social Mood and Financial Economics", *Journal of Behavioral Finance*, 2005, 6: 144 – 160.

O' Byrne, S. F. , "EVA and Market Value", *Journal of Applied Corporate Finance*, 1996 (23): 116 – 125.

Parrino, W. , "Measuring Investment Distortions Arising from

Stockholder – Bondholder Conflicts", *Journal of Financial Economics*, 1999, 53 (11): 3 – 42.

Paul, E., David, O. and Steven, W., "Interactions of Corporate Financing and Investment Decision: The Effects of Agency Conflicts", *Journal of Financial Economics*, 2005, 76 (6): 667 – 690.

Prakash, A. J., "Adoption of Economic Value Added and Financial Ratios", *The International Journal of Finance*, 2003, 15 (2): 2574 – 2592.

Rajan, R. and Zingales, L., "What do We Know about Optimal Capital Structure? Some Evidence from International Data", *Journal of Finance*, 1995, 50: 1421 – 1460.

Richard, M., "Earnings Management, Surplus Free Cash Flow, and External Monitoring", *Journal of Business Research*, 2005 (4): 230 – 247.

Ross, S. A., "The Determination of Financial Structure: The Incentive Signaling Approach", *Bell Journal of Economics*, 1977, 8: 1 – 32.

Ross, S. A., "The Economic Theory of Agency: The Principal's Problem", *The American Economic Review*, 1973, 63 (2): 134 – 139.

Rothschild, M. and Stiglitz, J., "Equilibrium in Competitive Insurance Markets: An Essay on the Economics of Imperfect Information", *Quarterly Journal of Economics*, 1976: 629 – 650.

Santos, E. and Winton, T., "Bank Loans, Bonds, and Information Monopolies Across the Business Cycle", *Journal of Finance*, 2008, 63 (12): 1315 – 1359.

Shleifer, A. and Vishny, R. W., "Politician and Firms", *The Quarterly Journal of Economics*, 1994, 9: 995 – 1025.

Shleifer, A. and Vishny, R. W., "The Efficiency of Investment in the Presence of Aggregate Demand Spillovers", *Journal of Political Econ-*

omy，1988，96（6）：1221 – 1231.

Shleifer，A. and Vishny，R. W.，"The Management Entrenchment：The Case of Managerial Specific Investment"，*Journal of Financial Economics*，1989，25：123 – 139.

Shleifer，A. and Vishny，R.，"Large Shareholders and Corporate Control"，*Journal of Finance*，2004，59：537 – 600.

Skinner，B. F.，Gamzu，E. and Williams，D. R.，"Autoshaping"，*Science*，1971，173（3998）：752 – 753.

Smith，C. and Watts，R.，"The Investment Opportunity Set and Corporate Financing Dividend，and Compensation Policies"，*Journal of Financial Economics*，1992，32（12）：263 – 292.

Smith，C. W. and Warner，J. B.，"On Financial Contracting：An Analysis of Bond Covenants"，*Journal of Financial Economics*，1979，7（2）：117 – 161.

Sobel，M. E.，"Effect Analysis and Causation in Linear Structural Equation Models"，*Psychometrika*，1990，55（3）：495 – 515.

Spence，M.，"Job market Signaling"，*The Quarterly Journal of Economics*，1973，87（3）：355 – 374.

Stein，J.，"Efficient Capital Markets，Inefficient Firms：A Model of Myopic Corporate Behavior"，*Quarterly Journal of Economics*，1989，104（4）：655 – 669.

Stiglitz，V.，"Some Aspect of the Pure Theory of Corporate Finance：Bankruptcies and Takeovers"，*Bell Journal of Economics and Management Science*，1972，23（1）：60 – 67.

Strong，M.，"Sustaining Investment，Discretionary Investment，and Valuation：A Residual Funds Study of the Paper Industry"，*Asymmetric Information Corporate Finance，and Investment*，Chicago：University of Chicago Press，1990：127 – 148.

Stulz，R. M.，"Managerial Discretion and Optimal Financing Polices", *Journal of Financial Economics*, 1990, 26 (1): 3 – 27.

Tortella and Brusco, "The Economic Value Added (EVA): An Analysis of Market Reaction", *Advances in Accounting*, 2003, 20: 265 – 290.

Tzelgov, J. and Henik, A. , "Suppression Situations in Psychological Research: Definitions, Implications, and Applications", *Psychological Bulletin*, 1991, 109: 524 – 536.

Uyemura, Kantor and Pettit, "EVA for Banks: Value Creation, Risk Management, and Profitability Measurement", *Journal of Applied Corporate Finance*, 1996, 9 (2): 94 – 113.

Visaltanachoti, N. , Luo, R. and Yi, Y. , "Economic Value Added (EVA) and Sector Return", *Asian Academy of Management Journal of Accounting & Finance*, 2008, 4 (2): 21 – 41.

Vogt, F. , "The Cash Flow/Investment Relationship: Evidence From U. S Manufacturing Firms", *Financial Management*, 1994, 23 (1): 3 – 20.

Vroom, V. H. , *Work and Motivation*, New York: John Wiley & Sons, 1964.

Wald, J. K. , "How Firm Characteristics Affect Capital Structure: An International Comparison", *Journal of Financial Research*, 1999, 22: 161 – 187.

Wallace, J. S. , "Adopting Residual Income – based Compensation Plans: Do You Get What You Pay For?", *Journal of Accounting & Economics*, 1997, 24 (3): 275 – 300.

Weiner, B. and Press, A. , *Cognitive Views of Human Motivation*, New York: Academic Press, 1974.

后　记

　　本书内容主要基于本人博士学位论文成果。因此，一直都想写一个与众不同的后记作为结尾。然当我欲将书稿画上句号、笔搁于此之时，掩卷沉思，不禁浮想联翩，颇感良多。既叹求博之路的艰辛，又叹这一刻来得太过突然。认识已至而立，虽不愿面对，却已至读博尾声，这也意味着人生中，为这二十多年的辛苦求学之路作以最后收笔。蓦然回首，刚踏入东财校门一如昨日。感谢东北财经大学，这一座积淀深厚的学府，这一块远离浮华与喧嚣的净土，这一片求博学子心中的圣地。回想当初，父母的叮嘱，亲友的祝福，伴随校园的书香，樱花的烂漫，梧桐的繁茂，逐渐驱散了再次离家的落寞。一晃四载寒窗时光已去，捧着即将完稿的成果，如同捧着一枚二十多年才结出的硕果一般，备感珍惜，也备感来之不易。同时，从心底油然而生为这枚果子的诞生而辛苦孕育过它、培植过它、福泽过它的那些恩人们的感激之情。

　　攻读博士学位的四年多经历是一笔宝贵的财富。期初是课业的繁忙，随后是专注科研的刻苦，以及最后在繁忙刻苦中萦绕着的毕业的压力。然而，自恃前世福报积攒，换来今生命运之眷顾，我有幸成为池国华先生的门下弟子，乃上苍赐福于我。先生俯国际经济之大势，察全球经济之变迁，洞悉内外经济之法，熟稔经济运行之则，视野开阔，理论精深。无论学识之广博、造诣之精湛，还是为人之笃诚、教法之独到，其循循善诱，尽心尽力，皆为师德之典范。令弟子如沐春风、如化春雨，得以知、行、德、能之滋养，潜移默化，受益良多。四年来，先生赠予的学术典籍填补了我贫瘠的科研思想，不时之课程安排与学术讨论更是提升了我的研究水平，授业之恩，师恩如海，拙笔怎能书尽。先生平时工作繁多，却诲人不倦，总能及时答疑解惑，指点迷津。对处于论文书写烦躁期的我无疑是醍醐灌顶。博士论文能够得以顺利付梓，皆先生，培植之有方，垂教之得体，独具慧眼，点石成金，其功高而劳苦，令我没齿难忘。此外，感谢东北财经大学的诸位老师的言传身教，正是得益于各位老师的悉心指导，才能够使本书在反复推敲中不断完善和提高。正如一棵果树，没有几位老师的精心修剪和热心呵护，便不会枝繁叶茂，瓜果飘香。感谢博士求学期间同僚与好友们的鼓励陪伴与相互扶持，是他们的兄弟姐妹之深情感召，才让我信心倍增、和舟共济、砥砺前行。最后，感谢恩育辛劳的父母多年对我的支持与鼓励。誓愿步入社会，时刻谨记父母恩德，学勤志坚，自强不息以奋进事业，厚德载物以教辅家庭。

舀尽辽河千壶水，难书一路感恩情。求博之路，亦苦亦甜。老话重提，旧意翻新。饮水思源，深恩难忘。岁月似水，逝去难留。唯垂恩于我者，历历铭刻于心，永志不忘，结草衔环，永生难报。如今，身边已然聚集诸多散发热光、积极智慧、怀揣伟大梦想之人，追逐他们的脚步，我一直洋溢着青春的感觉。从未想过成就一个惊天动地的自己，唯愿牢守静好年华，坚定从容，勿忘初心，不负此生。

李昕潼

2020 年 12 月